AUSSER DIENST

HELMUT SCHMIDT

AUSSER DIENST

Eine Bilanz

Weltbild

Einkaufen im Internet:
www.weltbild.de

Genehmigte Lizenzausgabe für Verlagsgruppe Weltbild GmbH,
Steinerne Furt, 86167 Augsburg
Copyright der Originalausgabe © 2008 by Siedler Verlag, München,
in der Verlagsgruppe Random House GmbH
Umschlaggestaltung: Atelier Seidel, Verlagsgrafik, Teising
Umschlagmotiv: © Ullstein Bild / Röhrbein
Gesamtherstellung: GGP Media GmbH, Pößneck
Printed in the EU
978-3-8289-3007-0

2010   2009
Die letzte Jahreszahl gibt die aktuelle Lizenzausgabe an.

Inhalt

Vorrede

Gegen Ende des Lebens wollte ich einmal aufschreiben, was ich glaube, im Laufe der Jahrzehnte politisch gelernt zu haben. Denn vielleicht könnte doch einer von den Jüngeren daraus einen Nutzen ziehen. Die meisten meiner Weggefährten haben schon endgültig ihre Adresse gewechselt; ihnen habe ich vor zwölf Jahren in dem Band »Weggefährten« meinen Dank abgetragen. In dem hier vorgelegten Buch geht es in erster Linie um persönliche Erfahrungen. Sie werden nicht chronologisch vorgetragen, eine Autobiographie war nicht beabsichtigt. Ebensowenig wollte ich eine systematische, nach Themen geordnete Darstellung versuchen. Viele Einsichten, die ich im Laufe meines Lebens gewonnen habe – auch und gerade in den letzten 25 Jahren »außer Dienst« –, verdanke ich Menschen, die einen bleibenden Eindruck auf mich machten; meine Erinnerungen an sie sind untrennbar verbunden mit den Themen, die uns beschäftigten. Auch bitte ich den Leser zu berücksichtigen, daß mir in der Rückschau nicht alles gleich wichtig war. Weil mir an bestimmten Erkenntnissen mehr liegt als an anderen, unterscheiden sich die einzelnen Kapitel durch unterschiedliche Gewichtung; gelegentliche Überschneidungen waren hier und da unvermeidlich.

Nach dem Ende des Hitlerschen Weltkriegs begann ich, mich politisch zu engagieren. Berufspolitiker wurde ich zwar mehr durch Zufall, aber nachdem ich es einmal geworden war, bin ich es aus eigenem Willen geblieben. Als ich 1987 nach drei Jahrzehnten als Bundestagsabgeordneter aus dem Parlament wieder ausschied, hatte ich allerdings nicht das Gefühl, aus dem Dienst am öffentlichen Wohl entlassen zu sein. Der Titel dieses Buches enthält deshalb ein Quentchen Selbstironie. Ich habe mich auch nach dem Ausscheiden aus allen öffentlichen Ämtern nicht wirklich »außer Dienst« gefühlt, denn das Bewußtsein eigener Mitverantwortung ist mir geblieben. Der Wechsel vom Politiker zum publizistischen Autor hat daran nichts geändert.

Schon vor langer Zeit habe ich mir den alten römischen Satz zur Richtschnur gemacht: *Salus publica suprema lex.* Inzwischen habe ich begriffen, daß die Maxime vom öffentlichen Wohl als dem obersten Gebot für manche Politiker – und ebenso für manche Manager – nicht zu gelten scheint; sie räumen ihrer persönlichen Geltung, ihrer persönlichen Macht oder auch ihrem persönlichen Reichtum offenbar vorrangige Bedeutung ein. Zwar kann man aus Gründen der Vernunft und der Moral zu durchaus verschiedenen Meinungen darüber gelangen, was in einer konkreten Situation im Sinne des Gemeinwohls geboten ist. Aber – und auch das habe ich im Laufe des Lebens gelernt – sowohl die Demokratie im Inneren als auch der Friede im Äußeren verlangen die Bereitschaft zu Kompromiß und Toleranz.

Die Verantwortung eines Politikers ist nicht abstrakt. Vielmehr ergibt sie sich immer wieder aufs neue sehr konkret und oft bedrückend. In jeder Lage, vor jedwedem Problem, in jedem Streit, immer wieder muß er eine Antwort auf die Frage finden: Was ist hier und jetzt meine Aufgabe und meine Pflicht? Was ist meine Pflicht, wenn zwei oder mehr Interessen miteinander kollidieren? Hat etwa ein persönliches Interesse oder das Interesse meiner Partei Vorrang? Und wenn das Interesse der Nation Vorrang hat, was liegt dann konkret im Interesse der Nation?

Fragestellungen dieser Art haben im Westen unseres Landes erbitterte Streitigkeiten ausgelöst – vom Schuman-Plan 1950 und dem Beginn der europäischen Integration über die Hallstein-Doktrin, den NATO-Beitritt, die Notstandsgesetzgebung, die Ostpolitik, die Helsinki-Schlußakte und den NATO-Doppelbeschluß bis hin zur Vereinigung der beiden deutschen Nachkriegsstaaten. In Ostdeutschland war es sehr viel schwieriger, sich ein eigenes Urteil zu bilden. In Westdeutschland war man sich seit den späten fünfziger Jahren einig über die Zugehörigkeit zur Europäischen Gemeinschaft. Gleichwohl konnten sich viele 1989 nicht vorstellen, daß die Regierungen Frankreichs, Englands, Italiens oder Hollands und Dänemarks die Vereinigung der beiden deutschen Staaten mit tiefer Skepsis betrachteten und sie ablehnten. Es waren die Vereinigten Staaten von Amerika, die aus strategischem Interesse gegenüber der damals noch existierenden Supermacht Sowjetunion und gegenüber dem Kommunismus schließlich die Zustimmung unserer Nachbarn zur deutschen Einheit herbeigeführt haben.

Damals wußten wir in Deutschland sehr wenig von der Geschichte und von den Interessen unserer Nachbarn, insbesondere unserer Nachbarn im Osten, und ihren Erfahrungen mit uns Deutschen. Wir wissen heute immer noch zu wenig von den Polen und Tschechen, aber auch von Franzosen und Engländern, den Holländern, Belgiern und Dänen. Auf der anderen Seite sieht es zumeist nicht besser aus. Es ist ein vielen europäischen Völkern gemeinsames Phänomen, daß ihnen die bösen Erfahrungen, die sie im Laufe der Jahrhunderte mit ihren Nachbarn gemacht haben, meist am besten im Bewußtsein haften.

Haben wir Deutsche aus unserer Geschichte genug gelernt? Gelingt es uns wenigstens, das große Glück der Wiedervereinigung in einen ökonomischen und zugleich sozialen Erfolg umzumünzen? Warum sind wir fähig, im Export Weltmeister zu sein, aber zugleich unfähig, im eigenen Land eine gefährliche Massenarbeitslosigkeit zu bewältigen? Ist die politische Klasse in Deutschland nicht in der Lage zu erkennen, was das öffentliche Wohl gebietet? Oder mangelt es ihr an der Courage, den Wählern unpopuläre Wahrheiten zuzumuten? Oder weigert sich der Wähler, solchen Wahrheiten ins Gesicht zu sehen? Oder alles zugleich? Wissen wir eigentlich, wer wir sind? Wissen wir, wer wir sein wollen? Die heutigen Deutschen unterscheiden sich in vielerlei Hinsicht von ihren Vorfahren; ein Vergleich mit dem 19. und 20. Jahrhundert, mit Wilhelminismus, Nazi-Zeit und vierzig Jahren kommunistischer Herrschaft im Osten offenbart gewaltige Wandlungen unserer rechtlichen und politischen Kultur. Auch unsere soziale und ökonomische Kultur hat enorme Veränderungen durchgemacht; diese Veränderungen haben das Denken vieler Menschen und ihr Verhalten beeinflußt. Wir sind gereift.

Wir sind nicht mehr dieselben, aber dürfen wir deshalb sagen: Wir sind wesentlich anders geworden? Wir haben schwere Beschädigungen unserer Seele davongetragen und daraus gelernt, aber wie weit haben wir auch unser geschichtliches Bild von uns selbst revidiert? Welches Bild von uns haben wir heute? Die Wunden jedenfalls, die Deutschland seinen Nachbarn zugefügt hat, sind nur zum Teil ausgeheilt; sie könnten wieder aufbrechen. Wir Deutschen bleiben eine gefährdete Nation – gefährdet sowohl von innen als auch von außen.

Zweimal innerhalb des 20. Jahrhunderts haben die Deutschen eine weltpolitische Führungsrolle angestrebt, beide Male sind sie damit jämmerlich gescheitert. Weil unsere politische Klasse und weil die Nation als Ganze die Konsequenzen daraus gezogen haben, muß eigentlich keiner unserer Nachbarn den Verdacht hegen, es könnte ein drittes Mal einen Versuch geben. Die Epoche der beiden Weltkriege und des anschließenden Kalten Krieges zwischen Ost und West erscheint endgültig überwunden. Die seit dem Schuman-Plan des Jahres 1950 schrittweise vollzogene Einbettung der westlichen Teilnation in den gemeinsamen Markt und später ganz Deutschlands in die Europäische Union hat uns vor riskanten Alleingängen bewahrt.

Seit sechzig Jahren trete ich für die Selbsteinbindung Deutschlands in die Gemeinschaft der europäischen Völker ein. Dabei hat mich nicht Europa-Idealismus geleitet, sondern meine Einsicht in das strategische Interesse unseres Volkes. Auch im 21. Jahrhundert kann die vernünftige Abwägung unseres strategischen Interesses zu keinem anderen Ergebnis gelangen. Deshalb setze ich meine Hoffnung auch für morgen auf die fortschreitende Vertiefung der europäischen Integration und auf stetige deutsche Mitwirkung.

Die Nationen Europas spüren gegenwärtig vielerlei Gefahren – auch Gefahren von außerhalb Europas. Deshalb wollen ihre politischen Führer die Nationen enger zusammenbinden. Aber die nationalen Traditionen der Europäer – ihre unterschiedlichen Sprachen, ihre jeweilige Nationalgeschichte, ihre verschieden gewachsenen politischen Strukturen – stehen diesem Willen im Wege. Deshalb bleibt die Errichtung der Europäischen Union ein langsamer und mühevoller Prozeß. Er könnte schwere Rückschläge erleben. Er könnte auch fehlschlagen.

Wir Deutschen, in der Mitte des Kontinents lebend, sind stärker als alle anderen Nationen darauf angewiesen, daß die Union zum Erfolg geführt wird. Ungeduld und Übereifer können den Erfolg gefährden. Und ein deutscher Führungsanspruch, auch ein unausgesprochener, könnte ihn unmöglich machen. Haben alle Deutschen das endlich verstanden?

Erste Überlegungen zu diesem Buch gehen zurück in das Jahr 2003. In den folgenden Jahren wurde die Arbeit mehrfach unterbrochen; einzelne Kapitel wurden umgeschrieben. Für Kritik und Anregungen habe ich meiner Frau Loki zu danken sowie Jens Fischer, Thomas Karlauf, Birgit Krüger-Penski, Heike Lemke, Ruth Loah, Marcela Masiarik, Rosemarie Niemeier, Armin Rolfink und Theo Sommer.

Helmut Schmidt
Hamburg, im Juli 2008

I
ERFAHRUNGEN VERÄNDERN
MASSSTÄBE

Freunde und verläßliche Partner

In der Politik hat man es mit Menschen zu tun. Manche von ihnen sind bedeutend und treffen wichtige Entscheidungen. Einige halten sich nur für bedeutend, treffen aber gleichwohl wichtige Entscheidungen. Einige stehen zu ihrem Wort, andere nicht. Manche reden heute so, aber morgen reden sie anders. Wieder andere wollen ihr Versprechen halten, können es aber nicht erfüllen; denn jeder Politiker hat zu Hause eine Basis, bei der er zuweilen Rückversicherung nötig hat – in seinem Wahlkreis, in seiner Partei, in seinem Staat. In der Demokratie ist kaum jemals ein Politiker in seinen Entschlüssen völlig frei. Immerhin habe ich es sowohl in der Innen- als auch in der auswärtigen Politik mit einer Reihe von Politikern zu tun gehabt, auf deren Wort ich mich verlassen konnte – gar nicht anders als im täglichen Leben auch.

In der eigenen Partei trifft man naturgemäß mehr Frauen und Männer, deren Urteil man vertraut, auf deren Wort man baut. An erster Stelle will ich hier meinen Kabinettskollegen Hans-Jochen Vogel nennen. Schon in den späten sechziger Jahren sind mir Vogels charakterliche Qualitäten und seine Fähigkeiten als herausragend erschienen. »Macht muß dienen«, hat er einmal gesagt, und danach hat er stets gelebt und gehandelt. Weil er selbst das tat, was er von anderen forderte, ist ihm eine ungewöhnlich hohe Glaubwürdigkeit zugewachsen. Für mich war er ein wichtiger persönlicher Ratgeber, besonders in den schwierigen Zeiten des RAF-Terrorismus. Als unverzichtbare Instanz achtete er strikt darauf, daß keiner unserer Schritte den Rechtsstaat beschädigen konnte. Ich wußte, daß ich seiner Nachdenklichkeit und seiner stringenten Klugheit voll vertrauen durfte.

Ebenso galt das für Herbert Wehner. Ich habe Wehner in den späten vierziger Jahren in Hamburg kennengelernt, etwas näher dann ab 1953, als ich erstmals im Bundestag saß. Seit dieser Zeit habe ich ihn fast wöchentlich getroffen. Man merkte ihm an, daß er eine schwierige und möglicherweise auch schuldbelastete persönliche Geschichte hinter sich hatte. Die Folge war eine zerklüftete Persönlichkeitsstruktur. Aber Wehner hatte Autorität, ich möchte sie die Autorität des gebeutelten Lebens nennen. Sein Herz hing elementar an der Sache der Arbeiter. Der Artikel 20 des Grundgesetzes, der vom »demokratischen und sozialen Bundesstaat« spricht, war ihm zum Kern seiner eigenen Politik geworden. Wehner war ein strenger Moralist. Sein sehr bescheidener persönlicher Lebensstil entsprach dieser Moralität ebenso wie seine im verborgenen ausgeübte vielfältige Hilfsbereitschaft.

Wehner wollte Staat und Gesellschaft menschlicher machen. Deshalb setzte er alles daran, die Sozialdemokratie als regierungsfähig zu erweisen und an die Regierung zu bringen. 1969, am Ende der Großen Koalition, konnte er zufrieden sein; die führenden Sozialdemokraten hatten ihre Tauglichkeit als Regierende wirksam unter Beweis gestellt. Wehner war in diesen drei Jahren Bundesminister für Gesamtdeutsche Fragen gewesen, ein Amt, das er sicherlich gern ausgeübt hat, zumal er auf diesem Posten ungezählten Menschen helfen konnte, die wegen der Zweiteilung Deutschlands in Not geraten waren. Gleichwohl hat er 1969 zugestimmt, sein Ministeramt aufzugeben und als Vorsitzender in die Bundestagsfraktion zurückzukehren. Ich hatte diesen Wechsel, der für Wehner eine ziemliche Zumutung gewesen ist, zur Bedingung für die Übernahme des Verteidigungsministeriums gemacht, zu der Brandt und Wehner mich drängten. Ich wußte, in meiner Partei würden sich alsbald linke Kräfte regen und mir Knüppel zwischen die Beine werfen. Ich wußte aber auch, Herbert Wehner als Fraktionsvorsitzender würde mir den Rücken freihalten. Und das hat er getan.

Während der dreizehn Jahre der sozialliberalen Koalition habe ich mich auf Wehner verlassen können, trotz erheblicher Unterschiede in unseren persönlichen Vorgeschichten, im Urteil und im Temperament. Wir waren weder enge persönliche Freunde, noch haben wir in Fragen des persönlichen Stils oder der Wortwahl übereingestimmt – aber darauf kam es gar nicht an. Es wäre eine irreale, geradezu absurde Vorstellung, unter den Führungspersonen an der Spitze eines Staates oder auch einer Partei müßten persönliche Freundschaftsverhältnisse bestehen. Was vielmehr zählt, sind Loyalität, Solidarität, Zuverlässigkeit – das gemeinsame Ziehen am gleichen Ende des Strangs, zum gleichen Ziel und Zweck.

Zuverlässigkeit gehört, mit gewissen Einschränkungen, auch im Umgang mit Politikern anderer Parteien zu den Grundvoraussetzungen. Auch dort traf ich Menschen, deren klare Linie ich zu schätzen wußte, darunter zwei der führenden Oppositionspolitiker der sozialliberalen Koalition, Rainer Barzel und Walther Leisler Kiep, später Richard von Weizsäcker, besonders wegen seiner bahnbrechenden Rede am 8. Mai 1985. Auch die Verläßlichkeit Wolfgang Mischnicks an der Spitze der freidemokratischen Fraktion und die Geradlinigkeit seines Parteifreundes Josef Ertl will ich hier dankbar erwähnen; auch wenn Ertl und ich bisweilen aneinandergerieten, bin ich ihm gegenüber immer bei der Anrede »Bruder Josef« geblieben, worauf er frotzelnd mit »Bruder Helmut« antwortete.

Manchmal ist man darauf angewiesen, sich auf einen Menschen zu verlassen, den man gar nicht kennt. Wer in einem Verkehrsflugzeug sitzt, muß sich zum Beispiel auf den Piloten und die Airline verlassen. In der Regel aber verläßt man sich lieber auf Menschen, die einem vertraut sind. Ebendeshalb habe ich in großer Zahl alte Verbindungen gehalten. Das gilt für Freundschaften aus der Schulzeit, aus der Zeit als Soldat, aus der Studienzeit in den unmittelbaren Nachkriegsjahren, als ich im Hamburger SDS aktiv war; es gilt ebenso für zahlreiche Verbindungen aus der gemeinsamen politischen Arbeit, von den Anfängen in der Hamburger SPD in den vierziger und fünfziger Jahren bis in das Bonn der achtziger Jahre. Man kann sich immer noch aufeinander verlassen, selbst wenn manchmal Jahre vergehen, bis man sich wieder sieht; und man kann immer noch manches Wichtige gemeinsam zustande bringen.

Manchen Menschen, von denen ich gelernt habe, bin ich allerdings erst nach meinem Ausscheiden aus dem Amt begegnet, viele habe ich erst außer Dienst wirklich kennengelernt. Wer eine Zeitlang im Fokus des öffentlichen Interesses stand und sich dabei ein gewisses Ansehen erworben hat, der dürfte es in der Regel leichter haben, mit jemandem bekannt zu werden und ins Gespräch zu kommen, der ihn interessiert. Menschliches Interesse, Neugier und eine gewisse geistige Beweglichkeit sind hilfreiche Voraussetzungen – der Gesprächspartner muß spüren können, daß ich aus Interesse für ihn oder für seine Sache auf ihn zugehe. Damit aus einer bloßen Bekanntschaft aber mehr wird, muß das Gespräch auch für den Partner interessant sein, er muß etwas Wissenswertes zurückbekommen. Ist erst einmal eine Basis geschaffen, werden sich beide beim nächsten Treffen sofort erinnern, dieser Mann oder diese Frau ist ernst zu nehmen und ehrlich, und sogleich mit Offenheit das Gespräch wieder aufnehmen.

Da ich oft ungeduldig gewesen bin, bisweilen von nahezu unhöflicher Direktheit, mein Gegenüber zum Widerspruch provozierend, habe ich die Eingangsfloskeln solcher Gespräche gern abgekürzt. Bevor mein Gegenüber widersprechen konnte, mußte er nachdenken, und während er noch antwortete, dachte er weiter nach. So kann ziemlich schnell ein in die Tiefe gehendes Gespräch zustande kommen. Allerdings muß ich gestehen, daß ich mir mit meiner Entschiedenheit nicht nur Freunde gemacht habe.

Offenheit und Respekt vor dem anderen sind entscheidende

Voraussetzungen für das Entstehen einer zuverlässigen Freundschaft. Vor einigen Jahren erhielt ich einen Brief meines Freundes George Shultz, den ich 1972 kennengelernt habe, als er unter Nixon Finanzminister war. Aus Empörung über den Watergate-Skandal war er zurückgetreten und in die Industrie gegangen, 1982 berief ihn Ronald Reagan zum Außenminister. In seinem Brief kam Shultz auf eine Unterhaltung zurück, die wir einige Wochen zuvor gehabt hatten – der Anlaß ist mir entfallen –, und schrieb dann: »You are as sharp as ever.« Das war durchaus als Kompliment zu verstehen, denn auch Shultz hat stets Klartext gesprochen. Von ihm habe ich am meisten über die politische Mentalität der amerikanischen Nation gelernt. In seiner Person verkörperten sich für mich auf vorbildliche Weise drei amerikanische Tugenden: *common sense, fairness* und *patriotism*.

Man muß nicht immer gleicher Meinung sein. Manches von dem, was Henry Kissinger in seinen Jahren als Nixons Sicherheitsberater machte, hat mir nicht gefallen, wie umgekehrt er möglicherweise mit mir als dem damaligen deutschen Verteidigungsminister nur teilweise einverstanden war. Dennoch dauert unsere gegenseitige persönliche Hochschätzung – und ich scheue, was mein Verhältnis zu ihm betrifft, nicht das Wort Faszination – nun schon ein halbes Jahrhundert; immerhin kennen wir uns seit 1958. Mein Eindruck damals: Dieser junge Assistant Professor in Harvard, als jüdischer Deutscher geboren, hat eine stupende analytische Urteilskraft, und er hat Substanz. Das haben alsbald rasch nacheinander Nelson Rockefeller, Richard Nixon und Gerald Ford erkannt. Seit 1976 ohne öffentliches Amt, gleichwohl in der ganzen Welt als außenpolitischer Analytiker anerkannt, ist Kissinger noch immer der inoffizielle Doyen der strategischen Denker Amerikas. Von ihm habe ich viel darüber gelernt, wie anders die Welt aussieht, wenn man sie von der amerikanischen Warte aus betrachtet. Fährt man allerdings über die Grenze nach Kanada – das hat mir später mein Freund Pierre Trudeau vermittelt –, erscheint die Welt abermals anders.

Die Welt mit den Augen der anderen zu betrachten, mit den Augen der Mitspieler und Gegenspieler – und unter dem Aspekt ihrer Interessen –, ist eine Kunst, die man nur im Gespräch mit Menschen anderer Kulturkreise erlernen kann. Das komplexe strategische Problem des Dauerkonflikts zwischen Israel und seinen arabischen Nachbarn habe ich durch den Austausch mit Nahum Goldman, Moshe Dayan, Anwar as-Sadat und König Fahd verstehen gelernt, und vielleicht verstehe ich es besser als manche Araber oder Israelis, die nur ihre eigene Sicht der Dinge kennen und wegen ihrer Vorurteile über die Gegenseite nur selten zu einem objektiven Urteil gelangen. Mein Freund Lee Kuan Yew in Singapur hat mich veranlaßt, mich wenigstens mit den Grundzügen der chinesischen Geschichte und des Konfuzianismus vertraut zu machen. Von zahlreichen Besuchen in Japan wußte ich, daß viele japanische Politiker gegenüber China unter einem kulturellen Minderwertigkeitskomplex leiden, den sie gern hinter einem betonten Nationalismus gegenüber China (und auch gegenüber Korea) verstecken; mein Freund Takeo Fukuda war in seiner offenen Haltung gegenüber China eine seltene Ausnahme. Von dem Koreaner Shin Hyon-Hwak habe ich viel über die für das koreanische Volk leidvolle Geschichte der japanischen Unterdrückung gelernt. Kontinuierlich über anderthalb Jahrzehnte sich erstreckende Gespräche mit Deng Xiaoping haben mich den Wiederaufstieg Chinas nach dem Tode Mao Zedongs besser verstehen lassen; Deng hat eine schier unglaubliche staatsmännische Leistung vollbracht – trotz der Tienanmen-Tragödie!

Eine wesentliche Voraussetzung für den regelmäßigen Austausch mit Freunden in aller Welt ist das Reisen. Davon habe ich auch nach dem Ausscheiden aus öffentlichen Ämtern ausgiebig Gebrauch gemacht. Die Möglichkeit zu reisen besteht erst seit etwa einem halben Jahrhundert. Noch bis tief in das 20. Jahrhundert konnte nur der wirklich Wohlhabende verreisen. Es gab allerdings Ausnahmen, etwa die Wanderschaft der Handwerker, und es gab Auswanderung. Millionen Europäer sind nach Nord- und nach Lateinamerika ausgewandert; sie nahmen Teile ihrer angestammten Kultur mit, aber weil die ganz anderen Lebensverhältnisse sie zur Anpassung zwangen, mußten sie manche Maßstäbe ersetzen. Einige schrieben zuweilen einen Brief an die Verwandten in der alten Heimat, der Brief brauchte viele Wochen; der Briefwechsel blieb spärlich und schlief spätestens in der zweiten Generation meist ein. Es gab weder Luftpost noch Radio, weder Fernsehen noch Internet, deshalb blieb in Europa die Kenntnis über Amerika ziemlich gering; sie beschränkte sich auf die lesenden Schichten. Mit der Ausnahme des afro-amerikanischen Jazz erstreckte sich der Einfluß der nordamerikanischen Kultur auf Europa vor dem Ersten Weltkrieg im wesentlichen auf technische Methoden der industriellen Produktion. Erst in den zwanziger Jahren, mit der rasanten Entwicklung neuer Verkehrs- und Kommunikationstechniken, weitete sich der kulturelle und der politische Einfluß der USA aus und übernahm nach dem Zweiten Weltkrieg in Europa westlich des Eisernen Vorhangs eine dominante Rolle.

Meine Generation ist die erste gewesen, für die eine Reise auch dann denkbar wurde, wenn man nicht zur Oberschicht gehörte. Noch für meine Eltern, die in Hamburg zum beamteten Mittelstand aufgestiegen waren, ist Innsbruck das am weitesten denkbare Urlaubsziel gewesen – ein einziges Mal im Leben waren sie dort, mit der Eisenbahn. Schon Wien oder gar Italien oder Frankreich lagen außerhalb ihrer Reichweite. Für meine Generation war es zunächst Hitlers Krieg, der uns zum erstenmal auf ausländischen Boden führte. Als dann im Laufe der fünfziger Jahre für viele eine Auslandsreise erschwinglich wurde, setzte ein in dieser Breite nie dagewesener kultureller Austausch mit dem Ausland ein. Damals öffnete sich unser geographischer und geistiger Horizont.

Noch in den ersten Nachkriegsjahren hatte man sich eine Marktwirtschaft und freie Preise kaum vorstellen können; es war

normal, daß man nicht nur Geld, sondern auch eine Lebensmit-
telkarte brauchte, um Brot und Wurst zu kaufen. Es war normal,
daß man Wohnraum von einer Behörde zugeteilt bekam. Auch
der Schwarzmarkt war normal. Kurz vorher war es noch normal
gewesen, Befehle zu befolgen und andere Befehle insgeheim zu
umgehen.

Binnen weniger Jahre veränderten sich nicht nur die ökonomischen Umstände, sondern vor allem das gesellschaftliche Wer-
tesystem. Mit einem Mal kamen geistige und moralische Maßstäbe zur Geltung, die vorher nicht öffentlich formuliert und
propagiert worden waren. Das Zusammentreffen der ungewohn-
ten Freiheiten und der aufgestauten Neugier mit dem Taten-
drang, es besser zu machen, hat die Kriegsgeneration angetrie-
ben. Wir hatten mit Glück überlebt. Nun endlich wollten wir
unser Leben selber in die Hand nehmen. Aber dazu mußten wir
sehr vieles erst noch lernen.

Ich erinnere, als sei es gestern gewesen, wie ich heute vor
sechzig Jahren bei einem Besuch der National Gallery am Tra-
falgar Square in London in einem Saal voller Gemälde aus vergangenen Jahrhunderten plötzlich auf ein ganz modernes Bild
stieß. Es war der erste El Greco meines Lebens (genaugenom-
men war es wohl ein Bild aus seiner Schule). Für mich, der ich
außer den deutschen Expressionisten noch die französischen
Impressionisten liebte (und dazu Caspar David Friedrich), war
dieses 350 Jahre alte Bild, *Christus im Garten Gethsemane*, eine
Offenbarung. Ein Jahrzehnt zuvor hatten die Nazis meine Idole
Ernst Barlach und Käthe Kollwitz, Emil Nolde und Ernst-Ludwig
Kirchner als »entartete Kunst« verächtlich gemacht – für mich
ein Signal ihrer Verrücktheit. Jetzt begriff ich, daß meine künstlerischen Maßstäbe zwar nicht falsch gewesen waren, wohl aber
allzu einseitig. Ich bin dem genialen Greco alsbald weiter nach-
gegangen und ihm über das ganze Leben treu geblieben. Später
habe ich mit Goya und den japanischen Holzschnittmeistern
Hokusai und Hiroshige ähnliche Erfahrungen gemacht. Bei aller

Fremdartigkeit der asiatischen Kultur begriff ich unmittelbar: Auch in einer anderen Kultur kann große Kunst entstehen.

Ein vergleichbares Erlebnis hatte ich während des Krieges gehabt, als ich als Kurier eine Aktentasche voller Papiere nach Paris bringen mußte. Bis dahin kannte ich als Großstädte nur Hamburg, Bremen und Berlin. Das Bremer Rathaus, die backsteingotischen Kirchen Norddeutschlands und Schinkels Neue Wache Unter den Linden waren die mich prägenden architektonischen Erlebnisse gewesen. Nun wirkte die Stadt Paris auf mich als ein überwältigendes Gesamtkunstwerk: die großartigen Uferstraßen entlang der Seine, Notre Dame im Osten, der Arc de Triomphe im Westen, die Place de la Concorde, die großen und kleinen Paläste, die breiten Boulevards und die schmalen Bistros in den Nebengassen. Ich war ein junger Soldat der deutschen Besatzungsmacht, aber Paris weckte in mir das Gefühl neidvoller Bewunderung. In späteren Jahren bin ich häufig dort gewesen, ich habe dort Freunde gewonnen, aber der erste Eindruck hat sich immer wieder bestätigt. Trotz der unerfreulichen Banlieue, trotz der heute schon aus allen Nähten platzenden Ring-Autobahn Périphérique ist Paris für mich der Maßstab für eine Weltstadt geblieben. Die Kultur der Franzosen, das verstand ich schon bei meinem ersten, sehr kurzen Besuch, als ich zweiundzwanzig oder dreiundzwanzig Jahre alt war, ist der unsrigen wohl ähnlich, sie ist aber doch sehr anders, und jedenfalls haben wir Deutschen keinerlei Grund zur Überheblichkeit.

Meine vielen Reisen haben mir bestätigt, wie wichtig es ist, das eigene Land von außen zu betrachten und seine Institutionen und Gesetze mit denen anderer Staaten zu vergleichen. Diese Einsicht hat dazu beigetragen, daß ich auch später, nach dem Ausscheiden aus öffentlichen Ämtern, noch vieles gelernt habe und manchmal besser über die Welt informiert war, als ich es während meiner aktiven Zeit gewesen bin. Der Terminkalender eines Bundeskanzlers oder auch eines Bundesministers läßt nur wenig Zeit für die Vorbereitung auf den jeweils nächsten Termin.

Man wird von morgens um neun bis nachts um zwölf von einem Gespräch zum anderen gehetzt und muß sich im Laufe eines Tages mit sechs, sieben, acht verschiedenen Partnern über völlig verschiedene Themen unterhalten. Zwischendrin muß man mal eben in den Bundestag und eine kleine Rede halten. Man ist angewiesen auf die Briefings durch die Mitarbeiter und hat nur selten Gelegenheit, sich über die Dossiers hinaus eigene Informationen zu beschaffen. Einen Großteil seiner Zeit verbringt man unterwegs, oft im Flugzeug, was aufgrund der unterschiedlichen Zeitzonen eine zusätzliche Belastung bedeutet.

Heute habe ich sehr viel mehr Zeit. Das ist ein Grund, weshalb ich mich oft besser unterrichtet fühle als früher: Wer Zeit hat, Dinge aufzunehmen und zu verarbeiten, erweitert seinen Horizont. Der andere Grund ist: Das Spektrum der Menschen, mit denen ich mich unterhalte, ist sehr viel breiter geworden. Zwar habe ich mir auch im Amt die Gesprächspartner selbst ausgesucht und sie mir nicht vom Auswärtigen Amt oder sonstwem vorschreiben lassen, aber viele Termine waren durch das Amt vorgegeben und gar nicht zu umgehen. Heute kann ich mir meine Gesprächspartner nach eigenen Interessen und Vorlieben auswählen. Hinzu kommt nicht zuletzt, daß ich älter geworden bin und meine Urteilskraft – wie ich hoffe – zugenommen hat. Nur durch regelmäßiges Reisen lernt man auch den rapiden Wandel verstehen, dem große Teile unserer Welt unterworfen sind. Ich habe zum Beispiel Shanghai vor dem großen Umbruch noch deutlich vor Augen; wie es aussah, wenn am späten Nachmittag Millionen Menschen zu Fuß durch die Straßen gingen. Heute fährt man mit dem Auto, sogar mit der Magnetschwebebahn durch Shanghai.

Ein chinesisches Sprichwort sagt: «Einmal sehen ist besser als hundertmal hören.» Nach diesem Motto habe ich es mir schon früh zur Pflicht gemacht, nach meinen Reisen einen Bericht zu schreiben und diesen an das Auswärtige Amt zu schicken. Der Außenminister Gerhard Schröder interessierte sich immer dafür und bat mich nach Lektüre bisweilen zum Gespräch. Ich schrieb diese Berichte aus Schuldigkeit sowohl gegenüber dem Land, das ich gerade besucht hatte, als auch gegenüber dem Auswärtigen Amt; mein Außenminister sollte zumindest über die gleichen Informationen verfügen wie ich. Erst als Joseph Fischer ins Amt kam, habe ich diese Praxis eingestellt.

Heutzutage hat ein jüngerer Bundestagsabgeordneter sehr viele Möglichkeiten, ins Ausland zu reisen, und ich kann jedem nur dringend empfehlen, diese zu nutzen. Ich meine nicht Urlaubsreisen, sondern Reisen zu Treffen und Konferenzen, zum Studium und zum Austausch mit Partnern aus anderen Völkern und Staaten. Wenn sich dabei auch ein Urlaubstag einschieben oder der Besuch sich mit der Besichtigung von Landschaften und Sehenswürdigkeiten kombinieren läßt, so ist das erfreulich, aber es sollte nicht zur Hauptsache werden. Viele unserer Politiker haben einen Eindruck von unseren Nachbarländern und von den USA; aber einer, der niemals China und Indien, niemals Rußland, Lateinamerika und Afrika erlebt hat, ist für seinen politischen Beruf eigentlich nicht zureichend ausgerüstet.

Ich will in diesem Zusammenhang noch eine weitere Empfehlung für junge Politiker der nachfolgenden Generation aussprechen, muß dabei aber zugleich ein eigenes Versäumnis einräumen. Als ich es in den siebziger Jahren begriff, war es zum Nachholen des Versäumten längst zu spät. Ich spreche von dem schwerwiegenden Mangel, der französischen Sprache nicht mächtig zu sein. Mein Freund Valéry Giscard d'Estaing und ich haben immer nur englisch miteinander sprechen können; sein Deutsch war minimal, mein Französisch gleich Null. Bei Gegenständen, deren Behandlung schwierige Fachausdrücke erforderte, waren wir auf unsere Dolmetscherinnen angewiesen. Ich habe das als erhebliche Beeinträchtigung empfunden. Weil meine ansonsten vorzügliche Lichtwarkschule in Hamburg nicht allzuviel Wert auf Sprachen gelegt hatte, verfügte ich zunächst nur über Schulenglisch und über Anfangsgründe im Lateinischen. Ich hätte als junger Abgeordneter, noch keine vierzig Jahre alt, meine Freizeit nutzen sollen, Französisch zu lernen und anzuwenden. Als ich mit fünfzig Jahren Minister wurde, war es dafür zu spät, auch gab es keine Freizeit mehr. Ich konnte nie mehr nachholen, was ich in jüngeren Jahren versäumt hatte.

Im 21. Jahrhundert, in dem die Entfernungen noch viel mehr zusammenschrumpfen werden, wird Englisch für viele Berufe zu einer selbstverständlichen Voraussetzung werden. Ein deutscher Politiker aber, der als Fremdsprache allein das Englische einigermaßen beherrscht, kann sich nur mit Einschränkungen überall verständlich machen. Jungen Deutschen, die begabt genug sind und den Willen zum Lernen haben, stehen – fast ohne Ausnahme – alle Schulen und Hochschulen offen. Wer die Angebote nicht nutzt, parallel zu seiner speziellen Berufsvorbereitung mindestens zwei lebende Fremdsprachen zu erlernen, läuft Gefahr, für immer zweitrangig zu bleiben.

Erfahrungen aus der Wirtschaft

Im Rückblick auf lange Jahre in der Regierung, auf dreißig Jahre im Bundestag und auf sechs Jahrzehnte politischen Engagements stelle ich fest: Ich habe in diesen Jahren vieles gelernt. Einige wichtige Einsichten habe ich jedoch erst in dem Vierteljahrhundert seit meinem Ausscheiden aus der aktiven Politik gewonnen. Auch deshalb unterscheiden sich am Ende meines Lebens manche Einsichten von denen am Beginn meines politischen Engagements. Wenn ich im Laufe der Jahre manches dazugelernt habe, so verdanke ich das in erster Linie den Menschen, denen ich zugehört habe, darunter auch vielen, die durchaus anderer Ansicht waren als ich. Im folgenden soll von Persönlichkeiten die Rede sein, deren ökonomische und unternehmerische Erfahrungen für mich wichtig wurden.

Volkswirtschaftliche Zusammenhänge lernte ich zuerst begreifen in den vier Jahren, die ich als junger Mann in der von Karl Schiller geleiteten hamburgischen Behörde für Wirtschaft und Verkehr gearbeitet habe. Zunächst war ich sein persönlicher Referent, dann wurde ich Leiter der wirtschaftspolitischen Abteilung und zuletzt, 1952, Leiter des Amtes für Verkehr. Dessen umfangreichste Aufgabe war eine Verwaltungsaufgabe, nämlich Führerscheine auszugeben und einzuziehen. Aber zum Amt gehörten nicht nur die Hamburger Hochbahn, die Straßenbahn und die S-Bahn, sondern auch der Flughafen und alles, was mit dem Luftraum zusammenhing. Immerhin kann ich mich rühmen, daß ich 1952 zusammen mit Wolf Loah im Raum Kaltenkirchen nördlich von Hamburg einen Großflughafen geplant habe. Daraus ist nichts geworden, weil sowohl die Hamburger als auch die Schleswig-Holsteiner zu kleinkariert waren; die Hamburger hatten Angst, daß ihr ganzes Geld nach Schleswig-Holstein geht, und die Kieler Politiker meinten, Kaltenkirchen würde doch nur den Hamburgern nützen. Statt des einen haben wir heute gleich drei Weltflughäfen: einen in Kiel, einen in Lübeck und einen in Fuhlsbüttel.

Bei der Neugründung der Lufthansa sammelte ich auch erste Erfahrungen über Hamburg hinaus. Neben dem Bund, vertreten durch den Verkehrsminister Seebohm, waren die Länder Hessen, Baden-Württemberg, Nordrhein-Westfalen und Hamburg beteiligt, und jeder musste ein Stück vom Kuchen abbekommen. Daß Frankfurt das Zentrum des Verkehrs werden würde, war geographisch unausweichlich. Als Ausgleich erhielt Nordrhein-Westfalen die Hauptverwaltung, die noch heute in Köln sitzt, und die technische Basis ging nach Hamburg, wo sie auch geblieben ist.

Kaufmännische oder unternehmerische Erfahrung hat mir bis in die achtziger Jahre gefehlt. Allerdings erhielt ich erste, noch bescheidene Einblicke als Aufsichtsratsmitglied der Firma Auer-Druck, die der Hamburger SPD gehörte und unter anderem die Tageszeitung »Hamburger Echo« herausgab. Deren Redakteure wollten eigensinnig immer noch die gleiche Zeitung machen, die sie bis 1933 gewohnt gewesen waren. Aber für eine solche Zeitung gab es immer weniger Leser, und deshalb war ihr Ende schließlich unvermeidlich. Tradition ist etwas Wichtiges, aber es ist nicht der Hauptzweck des Lebens. Einer der Redakteure war übrigens Herbert Wehner, der einmal einen ganzseitigen Artikel über einen Kongreß der finnischen Holzarbeitergewerkschaft schrieb. Später mußte auch die von dem Journalisten Heinrich Braune sehr viel besser gemachte Boulevardzeitung »Hamburger Morgenpost« verkauft werden. Gelernt habe ich dort, daß es sinnlos ist, am Markt etwas verkaufen zu wollen, was das Publikum nicht haben will. Jahrzehnte später übernahm ich den Vorsitz im Verwaltungsrat der Kreditanstalt für Wiederaufbau; die KfW war damals keine Geschäftsbank, sondern eher eine Verwaltungsbehörde, ein verlängerter Arm des Finanzministeriums – deshalb habe ich dort nichts Wichtiges dazugelernt.

Eigene unternehmerische Erfahrungen habe ich erst nach meiner Zeit in öffentlichen Ämtern erwerben können, von 1983 an, als mein früherer CDU-Bundestagskollege und späterer Freund Gerd Bucerius mich zum Herausgeber und (für einige Jahre) zu einem von zwei Geschäftsführern des ihm gehörenden Verlages der Wochenzeitung DIE ZEIT machte. Wir kannten uns seit 1949. Nach 1953 haben wir gemeinsam mit zwei weiteren Politikern aus Bremen und Hamburg den Wiederaufbau der deutschen Seeschiffahrt durchsetzen können, zunächst gegen den Willen der Alliierten. Meine Kollegin in der Geschäftsführung der ZEIT war die umsichtige Hilde von Lang, von der ich vieles lernte; auch der temperamentvolle Verleger-Eigentümer selbst war jeden Tag im Geschäft und nahm aktiv an allem Anteil. Meine Aufgabe lag auf der publizistischen Seite, in der Zusammenarbeit mit der Redaktion unter Theo Sommer.

Inzwischen sind Marion Gräfin Dönhoff und Gerd Bucerius schon seit einigen Jahren nicht mehr unter den Lebenden, die Chefredaktion hat mehrfach gewechselt, der Verlag wurde an die Holtzbrinck-Gruppe verkauft. Der publizistische Erfolg ist der ZEIT gleichwohl treu geblieben; kaufmännisch ist sie, nach einer kurzen Verlustperiode, schon lang wieder aus den roten Zahlen heraus. Jedoch erinnere ich mich deutlich an die Zeiten, in denen wir mit Besorgnis Woche für Woche Auflage und Umsatz verfolgten und mit Bangen der Gewinn- und Verlustrechnung und der Bilanz entgegensahen. Damals habe ich das immer wiederkehrende Risiko des unternehmerischen Eigentümers begriffen. Vor allem aber habe ich gelernt, wie man eine Zeitung macht; und ich habe gelernt, daß ein Journalist nicht populistisch nach Tagesapplaus gieren darf, gleichwohl aber interessant zu lesen sein muß.

Politiker und Journalisten leben in einer antagonistischen

Symbiose: Einer kann nicht leben ohne den anderen. Aber sie sind einander nicht besonders wohlgesinnt und beobachten sich gegenseitig mit unterschwelligem Argwohn. Dabei sind ihnen mindestens zwei Probleme gemeinsam. Zum einen sollen sie schon heute über Themen und Sachverhalte reden oder schreiben, die sie erst morgen oder übermorgen ausreichend verstehen; zum andern sind beide darauf angewiesen, ihr jeweiliges Publikum zu faszinieren. Beide Berufe sind deshalb großen Versuchungen ausgesetzt – sei es mit Blick auf Wählerstimmen, sei es mit Blick auf Auflage oder Einschaltquote. Beide sind Teil der politischen Klasse, aber in beiden Berufen reicht die Spannweite vom Staatsmann bis zum Delinquenten.

Als ich 1983 von der aktiven Politik in die ZEIT wechselte, haben einige Journalisten von einem Wechsel auf die »andere Seite der Barrikade« gesprochen. Ich habe das keineswegs so empfunden. Vielmehr war das Angebot des Verlegers ein Glücksfall für mich. Ich habe in dem »Seitenwechsel« auch deshalb kein Problem gesehen, weil es für mich hier wie dort in gleicher Weise geboten erscheint, für Durchsichtigkeit und Überblick einzutreten. Auf beiden Feldern soll man das eigene Urteil plausibel begründen können – und dabei wahrhaftig bleiben. Ein Journalist, der seiner Verantwortung nicht gerecht wird, kann die Demokratie genauso beschädigen wie ein verantwortungslos handelnder Politiker.

Ich habe sowohl in Deutschland als auch in anderen Staaten eine größere Zahl von Journalisten kennenlernen dürfen, die aus Verantwortungsbewußtsein eine Information für sich behielten und sie nicht öffentlich verwertet haben. Als ich Ende 1969 als Verteidigungsminister die Befehlsgewalt über die Bundeswehr übernahm, fand ich zum Beispiel Pläne zu militärischen Vorbereitungen für einen Atomminengürtel quer durch Deutschland (Atomic Demolition Means, ADM). Die Löcher waren schon gebohrt. Weil das Militär eine politische Kontrolle seiner potentiellen atomaren Verteidigung verhindern wollte, waren die Pläne vor dem Bundestag geheimgehalten worden. Von diesen Atomminen hatten einige Journalisten gehört – und haben geschwiegen. Sie haben auch geschwiegen, als sie später erfuhren, daß mein amerikanischer Verteidigungsminister-Kollege Melvin Laird und ich gemeinsam die Einsatzvorbereitungen ganz leise beendet und annulliert haben – zum Entsetzen der militärischen Führung (mit Ausnahme des Generalinspekteurs Ulrich de Maizière). Wären die Pläne publik geworden, wäre es zu einem entsetzten Aufschrei der Angst in der öffentlichen Meinung in Deutschland und zu großer Verstimmung in unserem Verhältnis zu den USA gekommen. Aus Verantwortungsbewußtsein hat niemand darüber berichtet.

Ein anderes Beispiel war der Freikauf von Gefangenen aus der DDR, den Rainer Barzel als junger Bundesminister mit der DDR eingefädelt hatte und den alle nachfolgenden Bundesregierungen fortgesetzt haben. Auch davon haben einige Journalisten gewußt; hätten sie darüber berichtet, wäre Honecker öffentlich bloßgestellt worden und hätte die Praxis des Freikaufs unterbunden. Ein drittes Beispiel war die Geheimhaltung der Entsendung der GSG 9 nach Mogadischu, von der einige Journalisten durch Zufall erfahren hatten. Wenn sie darauf beharrt hätten, ihr Wissen in der Zeitung zu veröffentlichen, wäre die Befreiung des von islamistischen Terroristen gekaperten Flugzeugs gescheitert – mit tödlichen Folgen für sehr viele Menschen.

Mancher Journalist neigt jedoch aus Geltungsbedürfnis oder zwecks Steigerung der verkauften Auflage und der Einschaltquote zu Grenzüberschreitungen. Dabei wird immer häufiger auch die Privatsphäre von Personen verletzt, die auf der öffentlichen Bühne stehen. Vor allem tendieren manche Massenmedien dazu, einen geringfügigen Anlaß zu einem Skandal aufzubauschen. Nach der vorgezogenen Bundestagswahl 2005 konnte man erleben, wie einige Journalisten (und auch manche Politiker) sich darüber aufregten, daß der gerade eben aus dem Amt geschiedene Bundeskanzler Schröder ein Aufsichtsratsmandat im Bereich des russischen Gazprom-Konzerns angenommen hatte. Vielleicht hätte er damit noch ein oder zwei Jahre warten sollen, aber im Prinzip erschien mir die Aufregung abwegig.

Ich selbst habe nach dem Ausscheiden aus dem Amt ohne Bedenken eine Reihe von Aufsichtsrats- und Beiratsmandaten übernommen. Bei den Beiräten handelte es sich um kanadische, amerikanische, belgische, saudi-arabische und deutsche Firmen mit zumeist erheblichem internationalen Ansehen; sie waren global tätig, und ihre Beiräte waren international zusammengesetzt. Man wurde um sein Urteil gebeten, man blieb persönlich unabhängig (die Honorierung war überall ganz bescheiden), man traf interessante Menschen und lernte nebenbei, wie ein multinationaler Konzern funktioniert, wie er funktionieren muß und warum Multinationalität notwendig ist. Auf diese Weise habe ich sowohl den Niedergang der PanAm (Pan American World Airways) miterlebt als auch den Aufstieg der weltweit tätigen deutschen Handelsfirma Otto-Versand.

Meine Aufsichtsratsmandate hatten verschiedene Ursprünge. Bei der tüchtigen Maschinenbaufirma Körber AG hat mich der Eigentümer-Unternehmer, mein Freund Kurt Körber, als Vertreter der Anteilseigner berufen. Gleichwohl habe ich mich einmal in einer Streitfrage zwischen Vorstand und Belegschaft auf die Seite der Belegschaft gestellt. Bei der Deutschen Airbus hatte mich der Senat der Stadt Hamburg als Anteilseigner entsandt. Ich erlebte dort, wie ein international tätiges Unternehmen durch eine Dollar-Abwertung in Mitleidenschaft gezogen wurde. Wir mußten auf dem internationalen Markt der Luftfahrtindustrie den Airbus gegen US-Dollar verkaufen; das letzte Flugzeug einer größeren Bestellung wurde erst nach einigen Jahren geliefert und bezahlt, aber inzwischen war der DM-Gegenwert des vereinbarten Dollar-Preises deutlich geringer als beim Abschluß des Liefergeschäftes. Die Löhne und Kosten hatte die Firma aber bis zum letzten Flugzeug in DM finanzieren müssen – also machte man einen Verlust. Ich sah mich in meiner Überzeugung bestätigt, eine umfassende, starke gemeinsame europäische Währung herzustellen; auch die bis dahin unzureichende privatwirtschaftliche Kurssicherung wurde neu geordnet.

Bei der Volksfürsorge AG wurde ich von den Anteilseignern und der Belegschaft gemeinsam berufen. Ich habe dort zum wiederholten Mal erlebt – es war noch vor den amerikanischen Wirtschaftsprüfungsskandalen der New Economy –, daß ein Vorstand nur ungern die Wirtschaftsprüfungsgesellschaft wechselt, die ihn von Gesetzes wegen zu prüfen hat. Ich habe in drei Gesellschaften einen Wechsel der Wirtschaftsprüfer verlangt – allerdings in allen Fällen vergeblich. Inzwischen haben Aufsichtsbehörden und Gesetzgeber erkannt, daß ein regelmäßiger Wechsel geboten ist, um ein ansonsten mögliches Zusammenspiel zwischen Unternehmensvorstand und Wirtschaftsprüfer zu unterbinden.

Meine Erfahrungen in diesen drei Gesellschaften zusammenfassend und verallgemeinernd, darf ich sagen: Wenn ein Vorstand sich mit seinem gewählten Betriebsrat nicht einigen kann, liegt die größere Schuld meist beim Vorstand. Sofern es um die Existenz der Firma und die Erhaltung von Arbeitsplätzen geht, haben die gewählten Betriebsräte im übrigen meist mehr ökonomische Vernunft als die oft stark an Macht- und Prestigefragen orientierten hauptamtlichen Gewerkschaftsfunktionäre, die im Aufsichtsrat sitzen; allerdings sind diese oft eloquenter als die Betriebsräte. Insgesamt habe ich keinen Grund gehabt, meine Vorstellung vom Prinzip der Mitbestimmung als einem wichtigen Faktor des sozialen Friedens einzuschränken. Die propagandistisch-polemische Kritik an den Gesetzen zur Betriebsverfassung und zur Mitbestimmung durch unternehmerische Verbandsfunktionäre und einige neo-liberale Wortführer läßt mich immer noch ebenso unberührt wie ehedem.

Mein Aufsichtsratsmandat in der Ruhrkohle AG hat mich eine wichtige Einsicht auf einem ganz anderen Felde gewinnen lassen. Wohl auf Vorschlag meines Freundes Adolf Schmidt, damals Vorsitzender der Bergarbeitergewerkschaft, war ich von der

Belegschaft als Vertreter der Arbeitnehmerseite bestellt worden. Ich habe dieses Mandat besonders gern angenommen, hatte ich doch zu Zeiten der Großen Koalition in Bonn aus Überzeugung an der Zusammenfassung aller Steinkohlebergwerke in der Ruhrkohle AG mitgewirkt. Und ich war an dem sogenannten Jahrhundert-Vertrag beteiligt, der 1980 für anderthalb Jahrzehnte die Verstromung eines Teils der geförderten Kohle und damit den Absatz sicherte. Ich hatte viele Male Bergwerke besucht, war in vielen Gruben eingefahren und hatte – von der Staublunge bis zum täglichen Unfallrisiko – eine klare Vorstellung von der Schwerstarbeit unter Tage.

Ich wußte zwar, daß an der Ruhr die Kosten und die Preise unwirtschaftlich hoch waren und die Förderkapazität zu groß, so daß weitere Zechen stillgelegt werden mußten; ich kannte die Gesetze, die für soziale Verträglichkeit sorgten, indem sie die betroffenen Bergleute vorzeitig in Rente schickten. Jetzt aber erlebte ich diese Vorgänge hautnah, jedes Jahr erneut. Da es eine ähnliche »soziale Abfederung« massenhaft auch in vielen anderen Wirtschaftszweigen gab, in denen Arbeitsplätze abgebaut wurden, ahnte ich in den späten achtziger Jahren erstmals etwas von der unvermeidlich drohenden Überforderung unserer Sozialversicherung. Für die Ruhrkohle AG sah ich damals keinen Ausweg; vielmehr habe ich im Interesse der betroffenen Kumpels an der Frühverrentung mitgewirkt.

Um die gesamtwirtschaftliche Entwicklung besser zu verstehen und für die Lösung einzelner Probleme gerüstet zu sein, habe ich schon früh das Gespräch mit urteilskräftigen Menschen aus der Wirtschaft gesucht, ja, ich habe solche Gespräche, die oftmals unter vier Augen geführt wurden, nahezu systematisch herbeigeführt. Dabei ist mir klargeworden, daß Unternehmer und Manager keineswegs einem mehr oder minder einheitlichen Typus angehören. Sie unterscheiden sich in ihrer Urteilskraft ebenso voneinander wie andere Menschen auch.

Einige Eigentümer-Unternehmer sind mir als besonders ausgeprägte Charaktere in guter Erinnerung. Manche von ihnen habe ich schon in der ersten Hälfte meines Lebens in Hamburg kennengelernt. Dazu gehörte der sehr bescheiden auftretende Film- und Fernsehproduzent Gyula Trebitsch; er hatte einen sechsten Sinn für das, was das Publikum sehen und hören wollte, aber sein Streben galt nicht so sehr dem Umsatz und dem Wachstum seiner Firma als vielmehr der Qualität und der moralischen Anständigkeit seiner Filme. Als ich Werner Otto kennenlernte, war er ein mittelständischer Versandhandelskaufmann. Er trat ähnlich zurückhaltend auf wie Trebitsch, hat aber dank kaufmännischer und organisatorischer Begabung still und leise einen großen Konzern aufgebaut. Ganz anders wiederum war Kurt Körber, ein erfolgreicher Ingenieur und Erfinder mit immer wieder neuen Ideen; zwar genoß er, leicht extrovertiert, seinen unternehmerischen Erfolg, aber den größten Teil seines schnell wachsenden Vermögens machte er dem öffentlichen Wohl verfügbar. Auch Gerd Bucerius und Alfred Toepfer sind hier zu nennen. Die mittelständischen Unternehmer Hamburgs – keiner von ihnen hat Macht- und Prestigekämpfe mit einer Gewerkschaft geführt – konnten sich auch wegen ihres bescheidenen persönlichen Lebensstils in Deutschland sehen lassen. Der angeberische öffentliche Auftritt lag ihnen nicht.

Ganz anders die ehemaligen Bergassessoren, die man in den Sechzigern und Siebzigern auch die Ruhrbarone nannte. Zwar waren sie angestellte Manager, in einigen Fällen auch Erben bedeutender Väter und Großväter, aber manche traten recht selbstherrlich auf. Sie behängten ihre Ehefrauen mit kostbaren Edelsteinen und zeigten gern ihren großen Wohlstand. Es gab unter ihnen unangenehme, rechthaberische Typen. Dagegen hat mir die Sachlichkeit von Managern wie Herbert Grünewald bei Bayer in Leverkusen, Hans Merkle bei Bosch in Stuttgart oder Berthold Beitz bei Krupp in Essen imponiert. Natürlich hatten auch sie die Interessen ihrer Firma und ihrer Branche zu vertreten, aber dadurch war ihnen nicht der Blick für das Ganze verstellt. Man konnte ihrer fachlichen Urteilskraft und ihrem Anstand vertrauen. Merkle habe ich über Jahre als den inoffiziellen Doyen der deutschen Managerklasse empfunden. Er war kühl, abweisend und wortkarg, aber sein sachliches und sein moralisches Urteil war unbestechlich.

Auch unter den Gewerkschaftsführern gab es Menschen von sehr verschiedenen Qualitäten. Manche haben den pekuniären Versuchungen, denen sie durch ihre Stellung ausgesetzt waren, nicht widerstanden. Andere waren als Aufsichtsräte oder als Manager der gewerkschaftseigenen oder gewerkschaftsnahen Unternehmungen ihren Aufgaben nicht gewachsen; sie haben den Niedergang der »Bank für Gemeinwirtschaft« und der »Neuen Heimat« zu verantworten. Die große Mehrzahl der gewerkschaftlichen Führer, denen ich begegnet bin – auch sie waren und sind heute natürlich festangestellte und besoldete Manager –, ist jedoch menschlich anständig und aufrichtig gewesen. Natürlich vertraten sie mit Nachdruck die materiellen Interessen ihrer Mitglieder, und dabei trübte ihnen die Aussicht auf einen schnellen Erfolg oft genug den Blick für die Folgewirkungen – schließlich waren sie davon abhängig, demnächst wiedergewählt zu werden. Ebenso zwangsläufig mußten ihnen Einfluß, Prestige und Macht ihrer Gewerkschaft am Herzen liegen. Gleichwohl haben die meisten der deutschen Gewerkschaftsführer, mit denen ich zu tun hatte, das Augenmaß für das Mögliche nicht verloren. Auf die gesamtwirtschaftliche Verantwortung von Männern wie Hermann Rappe (IG Chemie), Eugen Loderer (IG Metall) oder Ernst Breit (DGB) konnte man bauen. Allerdings gab es auch linksextreme Agitatoren wie Detlef Hensche, einen Vorläufer jener Gewerkschaftsfunktionäre, die sich zu Beginn des 21. Jahrhunderts zur Gründung linker Parteien berufen fühlten.

Insgesamt sollte man die in Westdeutschland in den späten vierziger Jahren getroffene Entscheidung, die parteipolitisch oder religiös gebundenen Gewerkschaften der Weimarer Zeit nicht wiederherzustellen, sondern statt dessen Einheitsgewerkschaften zu gründen, als eine weitsichtige Entscheidung respektieren. Damit wurde einer übermäßigen Politisierung der Gewerkschaften entgegengewirkt und ihre politische Unabhängigkeit gestärkt. Ich erinnere mich gut an die erheblichen Kontroversen, die dieser Entscheidung vorausgingen; als erfolgreiche Anwälte der Einheitsgewerkschaft stehen mir besonders Hans Böckler und der Jesuitenpater Oswald von Nell-Breuning vor Augen.

Anders als in der ehemaligen DDR, wo die Gewerkschaft am Gängelband der diktatorisch regierenden SED laufen mußte, anders als in England, wo parteipolitisch fixierte und zugleich machtgierige Gewerkschafter in den siebziger Jahren die Wirtschaft zu ruinieren drohten, bis Margaret Thatcher ihrerseits die Gewerkschaften ruinierte, anders auch als in Frankreich oder Italien sind wir in Deutschland mit dem Prinzip der Einheitsgewerkschaft gut gefahren. Es hat uns ein hohes Maß an sozialem Frieden beschert. Der Interessenkonflikt zwischen Arbeitgebern und Arbeitnehmern wird unserer Wirtschaft auch künftig immanent bleiben. Ihn zu moderieren und zu kanalisieren bleibt eine ständige Aufgabe der Tarifpartner – aber auch, bei allem Respekt vor der Lohntarif-Autonomie, der Regierenden. Dies ist ein Feld, auf dem das Grundgesetz, die Grundrechte und die Grundwerte kaum je einen konkreten Urteilsmaßstab bieten können. Vielmehr müssen die Maßstäbe aus der praktischen Erfahrung und aus der praktischen Vernunft kommen.

Ob Regierung oder Opposition, die Politiker insgesamt brauchen ökonomischen Überblick. Deshalb sind sie auf den Kontakt mit den Wirtschaftenden angewiesen, mit Unternehmern, Managern und Gewerkschaftern. Ich jedenfalls habe es so gehalten. In der Summe waren meine Gespräche mit Bankern am ergiebigsten. Die Liste derer, mit denen ich mich über ökonomische und finanzpolitische Fragen austauschte, reichte von Hermann Josef Abs und seinen Nachfolgern an der Spitze der Deutschen Bank bis zu Alfred Herrhausen, von Karl Klasen an der Spitze der Bundesbank bis zu Paul Volcker und Alan Greenspan an der Spitze der amerikanischen Fed (Federal Reserve System), von Horst Köhler an der Spitze des IMF (International Monetary Fund) bis zu Zhou Xiaochuan an der Spitze der People's Bank of China. Am meisten haben mir einige Chefs von kleineren Privatbanken gefallen, die umsichtig und vorsichtig das Vermögen ihrer Kunden verwalteten. Inzwischen ist mein Vertrauen in die Klugheit von Bankvorständen leider einer erheblichen Skepsis gewichen.

Institutionen, Hierarchien und Loyalitäten

Während ich im persönlichen Gespräch mit Personen, deren Kompetenz und Urteilskraft ich vertraute, zeit meines Lebens viel lernen konnte, habe ich von institutioneller Beratung nie viel gehalten. Gremien, Kommissionen und sonstige Beratungsinstitutionen, die lediglich Gutachten erstellen und Empfehlungen aussprechen, aber nicht selbst handeln müssen, haben nur selten wirksamen politischen Einfluß. Viele Ministerien verfügen über einen »wissenschaftlichen Beirat«; diese Institutionen bestehen in der Regel aus ausgewiesenen Hochschullehrern und anderen Akademikern des jeweiligen Fachgebietes, ihre Tätigkeit ist meist ehrenamtlich. Es kommt ziemlich selten vor, daß ein Minister oder einer seiner leitenden Beamten den Beirat in einer speziellen Frage um ein Gutachten oder auch nur um einen Ratschlag ersucht. Oft arbeitet der Beirat über Themen seiner eigenen Wahl, ohne daß der Minister daran sonderlich interessiert ist. Dem Minister mag es schon genügen, daß er seinen Beirat fragen könnte, die bloße Existenz eines Beirates schmückt ihn ja hinlänglich.

Im Rahmen eines Forschungsbeirates beim Ministerium für Gesamtdeutsche Fragen gab es über Jahrzehnte eine Forschungsstelle für gesamtdeutsche wirtschaftliche und soziale Fragen, die regelmäßig einen Überblick über die ökonomische Entwicklung der DDR erstellte. Als 1990 im Zuge der Vereinigung höchst bedeutsame ökonomische Fragen zu entscheiden waren und es deshalb auf eine richtige Einschätzung der wirtschaftlichen Lage im Osten Deutschlands ankam, blieben die Ergebnisse dieser

Forschung völlig unbeachtet. Das vorhandene fachliche Wissen wurde von der Bundesregierung nicht abgerufen (und 1994 wurde die Forschungsstelle aufgelöst).

Seit Jahrzehnten ist der aus Professoren zusammengesetzte Sachverständigen-Rat »zur Begutachtung der gesamtwirtschaftlichen Entwicklung« (S.V.R.) das wichtigste Beratungsinstitut der Bundesregierung. Der S.V.R. verfügt über einen hauptamtlichen Stab aus meist sehr tüchtigen, akademisch ausgebildeten Ökonomen. Seine Jahresgutachten sind umfassend, bis zu 700 Druckseiten stark, gefüllt mit Zahlen und Details. Zugespitzt könnte man sagen: Es finden sich jedesmal mehrere Doktorarbeiten und eine Habilitationsschrift in einem einzigen Band. Ich kenne aber keinen Finanz- oder Wirtschaftsminister, der jemals selbst eines dieser voluminösen Jahresgutachten zur Gänze gelesen oder gar durchgearbeitet hat. Es ist also kein Wunder, daß der große Aufwand zumeist ohne praktische Folgen bleibt.

Hinzu kommt, daß eine größere Zahl universitärer, privater und staatlicher Wirtschaftsforschungsinstitute dem Sachverständigenrat höchst öffentlichkeitswirksame Konkurrenz macht. Sie publizieren in regelmäßigen Abständen kurzgefaßte Gutachten zu aktuellen Themen; ebenso regelmäßig erklären sie, warum ihre letzte Vorhersage nicht oder nicht ganz eingetroffen ist, erstellen eine neue Prognose, und damit treten die Chefs dann im Fernsehen auf. Da viele deutsche Ökonomen überdies bestimmten Lehrmeinungen anhängen, die sie bei ihren öffentlichen Auftritten einfließen oder durchblicken lassen, kommt oft nicht mehr dabei heraus als Verwirrung des Publikums. Die Politiker aber picken sich aus dem Bericht des S.V.R. heraus, was ihnen paßt. Daß dergleichen auch in anderen Ländern geschieht, ist nur ein geringer Trost.

Die wahrscheinlich älteste der deutschen Beratungsinstitutionen ist die Kultusministerkonferenz der Bundesländer (KMK); sie geht auf eine Anregung eines damaligen ostdeutschen Ministers zurück und stammt aus dem Jahr 1948. Mit Inkrafttreten des Grundgesetzes 1949 wurde die Kultur (in einem sehr engen Sinne) verfassungsrechtlich in die Zuständigkeit der Länder verwiesen. Die Regierungen der Bundesländer glaubten aber, daß auf manchen kulturpolitischen Gebieten bundeseinheitliche Regeln nötig seien; deshalb haben sie die KMK beibehalten – nunmehr ohne Beteiligung Ostdeutschlands.

Im Laufe der Jahre hat sich die KMK einen eigenen behördlichen Unterbau im Umfang eines mittleren Bundesministeriums geschaffen und sich ganz erhebliche Kompetenzen angeeignet. Dabei ist diese Behörde weder im Grundgesetz vorgesehen, noch wird sie von einem Parlament kontrolliert. Ihre Leistungsfähigkeit ist am besten an dem Rechtschreibungswirrwarr zu erkennen, den sie zum allgemeinen Ärger angerichtet hat. Trotzdem haben sich die Regierungschefs der Länder bisher nicht zur Abschaffung dieser dicht am Rande der Legalität funktionierenden Behörde entschließen mögen. Es handelt sich – nebenbei gesagt – um ein Paradebeispiel für die allgemeine Lebenserfahrung, nach der eine einmal geschaffene Bürokratie die Tendenz verfolgt, ihre Kompetenzen nach Möglichkeit auszuweiten, jedenfalls aber ihre Existenz zu perpetuieren.

Weil kein Politiker alle Felder selbst überblicken kann, muß er sich oft auf diejenigen seiner Kollegen verlassen, die er auf ihrem Spezialgebiet als urteilssicher und zuverlässig kennengelernt hat. Für sie hat der alltägliche Sprachgebrauch den Begriff »Experte« eingeführt (Wirtschaftsexperten, Verkehrsexperten, Verteidigungsexperten usw.). Jedes Parlament braucht in den Reihen seiner Mitglieder solche Experten, sie haben oft großen Einfluß auf wichtige Entscheidungen. Ich erinnere mich mit besonderem Respekt an den Juristen Adolf Arndt, der in den fünfziger und sechziger Jahren in seiner Person profunde Urteilskraft mit stringenter Moral und außerdem mit großer Beredsamkeit verband. Ich habe mich innerlich seiner Führung gern anvertraut.

Es gibt in der Politik freilich auch den glatten Typus, der sich zumeist eine Hintertür offenhält. Klug ausgedachte Schlagworte und zugleich persönliche Unverbindlichkeit – »einerseits, andererseits«! – sind Faktoren seiner Popularitätswerte. Solche Leute darf man nicht allzu nahe an sich herankommen lassen. Die große Mehrzahl der Frauen und Männer, die ich im Bundestag und in der Politik etwas näher kennengelernt habe, war dagegen von offenem und redlichem Charakter. Von sehr vielen hat man etwas gelernt, sei es in kontroverser Debatte oder im persönlichen Gespräch. Zwar tendiert die parlamentarische Debatte in der Parteiendemokratie zwangsläufig zur Schwarz-Weiß-Malerei und zur polemischen Überbetonung der Kontraste. Wenn sich aber in einer Person hohe Beredsamkeit mit herausragender Urteilskraft und Glaubwürdigkeit paart, dann darf man von einer Führungspersönlichkeit sprechen. Als solche habe ich bald nach dem Krieg Kurt Schumacher und Ludwig Erhard erlebt. Später haben die völlig unterschiedlichen, aber gleicherweise eruptiv-polemischen Redner Herbert Wehner und Franz Josef Strauß oft genug den Bundestag zur einen Hälfte empört und provoziert, zur anderen Hälfte zu emphatischem Beifall hingerissen. Dabei bildeten sich Anhängerschaften, die bisweilen zu bedingungsloser Gefolgschaft neigten. Weil im Laufe der letzten Jahrzehnte des 20. Jahrhunderts die Fernsehübertragung großer Bundestagsdebatten eine das allgemeine Publikum politisierende und emotionalisierende Bedeutung erlangte, reichte der politische Streit oft weit über das Parlament hinaus.

Manch einer verlor in diesem Prozeß seine persönliche Urteilsfähigkeit; andere entwickelten sich zu Höflingen, und einige der Höflinge nützten ihre Stellung am Hofe zur Verfolgung ihrer eigenen Ziele. Um Kanzler Brandt herum sammelten sich zum Beispiel nicht nur seine beamteten Berater und Redenschreiber, sondern auch Bewunderer und Einflüsterer. Brandt neigte nicht zur verfassungsrechtlichen oder militärstrategischen oder ökonomischen Analyse, er suchte und fand seine Urteile mehr im Gespräch mit seiner unmittelbaren persönlichen Umgebung. Der

Kreis reichte von den Amtspersonen Egon Bahr und Horst Ehmke bis zu Günter Gaus, Günter Grass oder Klaus Harpprecht und hatte erheblichen Einfluß auf den Kanzler. Dieser ließ seinen Mitarbeitern viel Spielraum, vor allem Ehmke als dem flinken Chef des Kanzleramtes. So kam es, daß Ehmke vieles dirigieren und, sich auf Brandt berufend, auch eine *ordre de moufti* verkünden konnte, die gar nicht vom Moufti stammte.

In einem Ministerium kann es zu ähnlichen Entwicklungen kommen, wenn der Minister nicht gelernt hat, einem großen bürokratischen Beamtenapparat vorzustehen, und wenn er auf ein ihm persönlich vertrautes Küchenkabinett hört, statt sich auf seine fachlich erfahrenen Spitzenbeamten zu stützen. Solche Küchenkabinette beruhen oft auf Seilschaften innerhalb der jeweiligen Partei. In der Regel fehlt es ihnen an fachlicher Kompetenz, und oft genug sind sie Einflüsterungen aus ihrer Partei zugänglich, besonders im Bereich der Personalpolitik.

Nach meiner Erfahrung können die deutschen Berufsbeamten – jedenfalls in den Führungsetagen – sich in ihrer Leistung gut an ihren französischen oder englischen Kollegen messen lassen (ein Vergleich mit der amerikanischen Spitzenbeamtenschaft ist schwierig, weil lebenslange Beamte dort keineswegs die Regel sind). In allen meinen Ämtern hat mich, wenn Beförderungen anstanden – sei es zum Ministerialdirektor, zum Drei-Sterne-General oder zum »großen« Botschafter –, immer nur die fachliche und persönliche Qualifikation eines Kandidaten interessiert, nicht aber seine parteiliche Bindung oder Neigung. Jedes Parteibuch-Beamtentum war und ist mir ein Greuel. Leider besteht bei unteren Behörden, zumal in den Bereichen der Arbeits- und Sozialverwaltungen und in den kommunalen Verwaltungen, des öfteren eine erkennbare Neigung zu Parteibuch-Karrieren. Man darf dem nicht Vorschub leisten. Ich jedenfalls habe an der Ernennung sogar von beamteten Staatssekretären auch dann anstandslos mitgewirkt, wenn sie bekanntermaßen der Oppositionspartei zuneigten. An die gute Zusammenarbeit mit mehreren beamteten Ministerialdirektoren, die der CDU angehörten, erinnere mich noch heute mit Dankbarkeit.

Die Gesprächspartner, mit denen ein Minister sich regelmäßig berät, sind normalerweise seine Staatssekretäre. Dazu kommen einige seiner Ministerialdirektoren – bei weitem nicht alle – sowie die im gleichen Sachgebiet tätigen Partei- und Koalitionskollegen im Parlament. Die Abgeordneten der anderen Parteien nimmt er überwiegend als seine Gegner wahr. Die Beamten aus den vielen Stufen der Hierarchie, die unter einem der Ministerialdirektoren (Abteilungsleiter) arbeiten, lernt ein Minister kaum jemals kennen (seine persönlichen Mitarbeiter und sein Sekretariat bleiben die Ausnahme). Eine ministerielle Hierarchie ist nur ausnahmsweise innovativ; wohl aber kann man in aller Regel davon ausgehen, daß die Berufsbeamten nicht nur ihr Fach beherrschen, sondern auch Urteilskraft besitzen, wenn sie im Laufe vieler Jahre zum Ministerialrat aufgestiegen und später zum Ministerialdirigenten, am Ende zum Ministerialdirektor oder gar zum Staatssekretär befördert worden sind.

Die parteipolitische Neutralität und ebenso das Beharrungsvermögen der Berufsbeamten haben ihre Berechtigung und Legitimität. Andererseits braucht ein Minister für seine Initiativen und Innovationen Mitarbeiter, die seine Zielsetzungen teilen. Deshalb ist es durchaus zweckmäßig, daß seine Staatssekretäre als »politische Beamte« gelten, für deren Berufung und Abberufung es keinerlei gesetzliche Vorschriften gibt. Wenn ich ein Ministerium übernahm (und auch als Kanzler), habe ich daher zwar Staatssekretäre ausgewechselt, aber keinen Ministerialdirektor entlassen. Als Verteidigungsminister mußte ich einmal einen Zwei-Sterne-General vorzeitig in den Ruhestand schicken; das geschah allerdings aus politischer Notwendigkeit, weil er die Grundsätze der inneren Führung eine »Maske« genannt hatte, die man endlich abnehmen solle. Ansonsten haben politische Neigungen und Verbindungen von Beamten und Soldaten bei Beförderungen und Ernennungen für mich keine Rolle gespielt.

Mit Genugtuung habe ich später gesehen, daß einige Bundesminister aus den Reihen der CDU/CSU sich genauso verhalten haben.

Bei der Ernennung von Ministern müssen natürlich ganz andere Maßstäbe gelten als bei der Ernennung von Beamten – auch wenn manche wohlmeinende, aber naive Bürger sich immer wieder am liebsten sogenannte Fachleute als Minister wünschen. Gewiß sollte ein Minister sein Fach entweder gut kennen oder doch zumindest fähig sein, die Grundlagen alsbald zu erlernen. In einer parlamentarischen Demokratie ist man aber gezwungen, die große Mehrzahl der Minister aus dem Parlament und aus den Reihen der Regierungspartei oder der regierenden Koalition zu holen. Es darf bisweilen eine Ausnahme geben. Aber wenn es zu viele Ausnahmen gibt, können sich die Minister weder im Parlament noch in seinen Ausschüssen durchsetzen. Mit einem Wort: Man braucht Abgeordnete als Minister, die sich bei ihren Abgeordneten-Kollegen Ruf und Ansehen erworben haben.

Ein Regierungschef, der ein Kabinett zu bilden hat, gleicht ein wenig einem Regisseur, der die Rollen zu besetzen hat und für ein Shakespeare-Drama andere Darsteller aussuchen wird als für Brechts Drei-Groschen-Oper. Zugleich drängen sich ihm aber ganz andere Fragen auf: Wer hat die älteren Anrechte? Wer hat die stärkeren Bataillone unter den Abgeordneten? Sind die Bayern, sind die Leute aus dem Osten oder aus Nordrhein-Westfalen ausreichend berücksichtigt – und wenn nicht: Muß ich für diese oder jene Region jemand aus der Landespolitik holen? Viele Landespolitiker bringen zwar Verwaltungserfahrung mit, aber etwa von der Außen- und Europapolitik oder der Steuerpolitik haben sie keinen Schimmer.

Manchmal muß man jemand zum Minister machen, von dem man schon weiß, daß er nichts Besonderes und nichts anderes zustande bringen wird, als lediglich sein Haus sauber und ordentlich zu verwalten. Manchmal wird einer sogar Minister, *damit* er nichts Besonderes zustande bringt. Von einem Bonner

Postminister wußte man immer, er wird nichts bewegen; es war übrigens eine unsinnige Tradition, dem Staatsunternehmen Post einen eigenen Minister zuzugestehen, nicht jedoch dem ebenso wichtigen Staatsunternehmen Bundesbahn. Und doch habe ich einmal, aus ganz sachfremdem Grund, einen Kollegen unbedingt als Postminister haben wollen. Hans Matthöfer hatte über mehrere Jahre das nervenaufreibende Amt des Finanzministers ausgeübt, er war gesundheitlich angeschlagen und bat mich deshalb im Frühjahr 1982 um Ablösung. Ich brauchte ihn aber am Kabinettstisch und konnte ihn überreden, das Postministerium zu übernehmen; er wurde also Postminister, damit er nicht allzuviel zu tun hatte. So blieb er im Kabinett – und mir, wenn es darauf ankam, als wichtiger Eckpfeiler erhalten.

Ein Regisseur, der ein Stück besetzen muß, hat die verfügbaren Schauspieler schon in anderen Rollen beobachtet, er weiß ihre Leistungsfähigkeit einigermaßen einzuschätzen. Wer aber ein Kabinett zusammensetzen soll, der hat viele – oft genug alle! – seiner Kollegen niemals zuvor in einer exekutiven Rolle erlebt. Er kennt sie überwiegend nur als Redner und kann kaum wissen, ob sie der Leitung eines schwierigen Amtes oder einer großen Bürokratie gewachsen sind. Mit seiner Kabinettsliste geht er ein erhebliches Risiko ein.

Das Risiko ist am größten bei dem riesenhaften und vielgliedrigen Verteidigungsministerium. Hier hat es im Laufe von langen Jahrzehnten eine Reihe von Fehlbesetzungen gegeben, weil seit Theo Blank und Franz Josef Strauß nur drei der bisher vierzehn Verteidigungsminister ausreichende Verwaltungserfahrung mitbrachten, während keiner vorher die Ausübung von Befehlsgewalt gelernt hatte. Allein der Personalumfang der Bundeswehr belief sich zu meiner Ministerzeit auf 700 000 Militär- und Zivilpersonen. Kein Unternehmenskonzern von derartigem Umfang wird von einem einzigen Vorstandsmitglied geführt, der Verteidigungsminister aber ist allein. Auf der Hardthöhe war nicht nur das sture Prinzip von Befehl und Gehorsam problematisch, sondern besonders auch der Primat der Beamten; den zivilen Beamten stand das Recht zu, bis in die Kompanien hinein Erlasse zu diktieren, sie hatten im Prinzip mehr zu sagen als die militärischen Vorgesetzten. Natürlich habe ich diesen Unfug abgeschafft. Immerhin hat das Personal des Verteidigungsministeriums im Laufe eines halben Jahrhunderts erheblich an Qualität gewonnen.

Um den Erfahrungsmangel der Politiker in Verwaltungs- und Exekutivaufgaben etwas auszugleichen, haben wir in den sechziger Jahren durch die Große Koalition die Institution der parlamentarischen Staatssekretäre eingeführt, die sich in der parlamentarischen Praxis in England bewährt hatte. Damit sollte jüngeren Parlamentariern, die einem Minister beigeordnet wurden, die Gelegenheit gegeben werden, Erfahrung in der Leitung und Verwaltung eines Ministeriums zu gewinnen. Inzwischen gibt es in jeder Bundesregierung viele parlamentarische Staatssekretäre, obgleich diese Institution sich nur teilweise bewährt hat. Sie hat gewiß dazu beigetragen, daß regierende Minister ihren Kontakt mit dem Bundestag nicht vernachlässigten; sie hat auch einige Politiker erfolgreich auf ihre spätere Arbeit als Minister vorbereitet. Manch einer ist jedoch nur deshalb parlamentarischer Staatssekretär geworden, weil der Regierungschef, der Minister oder die eigene Partei ihm Anerkennung zollen wollten oder weil er als Exponent einer politischen Richtung oder auch nur einer Region galt. Gleichwohl handelt es sich per saldo um eine nützliche Institution. Wenn ich heute im Amt wäre, würde ich sie wahrscheinlich noch ein wenig ausbauen, indem ich einem Minister zusätzlich einen privaten Sekretär aus den Reihen seiner eigenen Fraktion beiordnen würde.

Die Bildung einer Regierung hat – um bei der Parallele mit dem Theater zu bleiben – eine gewisse Ähnlichkeit mit einer Uraufführung: Das große Publikum interessiert sich vornehmlich für die Haupt- und Glanzrollen. Für die Dauer der Regierung hängt es aber entscheidend davon ab, wie gut die Hauptdarsteller zusammenwirken – und ob der Regisseur, sprich der Regierungschef, die Fäden in der Hand behält. Dies letztere ist nicht ganz leicht, denn eine Regierung besteht aus vielen Personen, manche von ihnen sind eigenwillig, manche sind nur zähneknirschend der Koalitionsregierung beigetreten. In der Regel muß der Regierungschef das Regierungsgeschäft als Teamarbeit verstehen und dirigieren. Deshalb habe ich zum Beispiel nie die Richtlinienkompetenz in Anspruch genommen, die das Grundgesetz dem Bundeskanzler ausdrücklich gegeben hat; wohl aber habe ich einige weittragende Entscheidungen allein getroffen.

Ich hatte das Glück, die Arbeit im Team bereits relativ jung im hamburgischen Senat zu lernen. Auch für die Leitung der Innenbehörde war das Team, nämlich die allwöchentliche Konferenz der Abteilungsleiter (hamburgisch gesprochen: Amtsleiter), das entscheidende Führungsinstrument. Später, in der Fraktionsarbeit in Bonn und in den Ministerien, die ich zu leiten hatte, bin ich bei dem Prinzip geblieben. Je größer ein Ministerium oder eine Regierung ist, desto mehr braucht die Person an der Spitze ein loyales, ihr persönlich ergebenes inneres Führungsteam.

Seit meinen Jahren auf der Hardthöhe habe ich auf ein solches Team den größten Wert gelegt, es war mir zur Beratung und zur Selbstkontrolle immer unentbehrlich. Ich habe für diesen engsten Kreis damals das Wort Kleeblatt eingeführt, denn wir waren im Verteidigungsministerium vier Personen, nämlich die drei Staatssekretäre Willi Berkhan, Hans Birckholtz und Ernst-Wolf Mommsen sowie der Minister (ein Glücksklee ist bekanntlich vierblättrig); dazu kam ein *note-taker*, der die Ergebnisse schriftlich festhielt, und von Fall zu Fall der Generalinspekteur der Bundeswehr (zunächst General Ulrich de Maizière, danach Admiral Armin Zimmermann). Später im Kanzleramt waren wir abermals vier Personen, nämlich Klaus Bölling, Manfred Schüler und Hansjürgen Wischnewski sowie der Kanzler; dazu kam der Protokollant – und bisweilen der Außenminister Hans-Dietrich Genscher, manchmal der Finanzminister, erst Hans Apel, später Hans Matthöfer, oder der Justizminister Hans-Jochen Vogel.

Im eigentlichen Kleeblatt im Kanzleramt gab es erst scho-
nungslos offene Kritik, häufig auch Dissens, sodann Diskussion,
schließlich aber Entscheidung und Konsens. Jeder von uns
kannte sein Fach, hier traf sich Urteilskraft aus unterschiedlichen
Bereichen mit Tatkraft. Genauso wichtig aber waren die Ver-
schwiegenheit und die niemals verletzte Loyalität untereinander.
Jeder hatte sein eigenes Arbeitsgebiet. Böllings Feld war die öffentliche und die veröffentlichte Meinung, für beide hatte er ein
sensibles Gespür. Schüler hielt das Kanzleramt in Ordnung und
auf Trab, daneben setzte er, im Kontakt mit den Staatssekretären
aller Minister, allwöchentlich die Kabinetts-Tagesordnung fest.
Wischnewski, wegen seines erstaunlichen Verständnisses für alle
arabischen Probleme gern Ben Wisch genannt, war ein Allround-
man; wenn er sagte »Helmut, das kannst du nicht machen!«,
dann hat er jedesmal recht gehabt. Rückblickend habe ich mich
in keinem politischen Gremium jemals mehr zu Hause gefühlt,
jemals mehr gelernt als in jenem Kleeblatt.

Meine Erinnerungen an die Sitzungen in Partei- und Frak-
tionsvorständen oder im Präsidium der SPD, die ich über die
Jahrzehnte miterlebt habe und deren Zahl wahrscheinlich in die
Tausende geht, sind hingegen weniger positiv. Ich habe dort vor
allem gelernt, die Grenzen dessen zu erkennen, was konsensfähig
war – und mich notfalls meiner Haut zu wehren. Auch hier trafen
Urteilskraft und Tatkraft zusammen, ebenso aber Geltungsbedürfnis, Ehrgeiz, widerstreitende Interessen, ideologische Vorurteile, Dogmen und Doktrinen. Allerdings wurden die gemeinsamen Grundlagen, die gemeinsamen sozialdemokratischen Werte
nur selten und nur von einigen wenigen verletzt. Erich Ollen-
hauer und Willy Brandt, die beiden Vorsitzenden meiner Partei,
die ich als Vorstandsmitglied miterlebt habe, hatten oft große
Mühe, die Genossen zusammenzuhalten. Ich vermute, daß es in
den anderen Parteien nicht anders war und daß es in einer politischen Partei eigentlich auch nicht viel anders zugehen kann. Ich
will hier jedoch keinen Beitrag zur Soziologie oder Psychologie

politischer Parteien liefern, sondern auf die Frage der Loyalität in hierarchisch strukturierten Apparaten zurückkommen.

Ein im staatlichen Amt tätiger Politiker muß sich auf die Loyalität der beamteten Hierarchie verlassen können. Weil es aber oft mein Bestreben war, wenigstens ein wenig besser informiert zu sein als ein inländischer oder ausländischer Gesprächs- oder Verhandlungspartner, habe ich mir spezielle Sachkenntnis oft auch aus niedrigeren Stufen der Hierarchie verschafft. Zu meiner Zeit mußten im Kanzleramt die an mich gerichteten Vorlagen erkennen lassen, wer sie ursprünglich geschrieben hatte (Herrn BK vorzulegen, abgezeichnet vom Chef BK, vom Abteilungsleiter und vom Unterabteilungsleiter). Manch einer der Referenten mußte damit rechnen, per Telefon von mir zur Rücksprache gebeten zu werden. Ein solches Vorgehen konnte auf den Zwischenebenen erhebliche Unruhe auslösen. Aber wenn ich zum Beispiel über die Umstände einer angekündigten Fusion zweier Banken genauer Bescheid wissen oder wenn ich hören wollte, was die amerikanischen Generale bei der NATO in Brüssel über den Versuch dachten, einige amerikanische Geiseln im Iran mit militärischen Mitteln zu befreien, dann war es zweckmäßig, direkt einen zuständigen Bundesbankdirektor oder einen deutschen NATO-General zu befragen. Denn auf dem langen Weg nach oben können wichtige Details oder nützliche Hinweise verlorengehen.

Ohne wohlgeordnete Hierarchie können sich in einem Ministerium genau wie in einer großen Firma und in jedweder großen Organisation chaotische Verhältnisse entwickeln. Nach meiner Erfahrung braucht der Chef beides: Er braucht sowohl – wegen ihrer routinierten Leistungsfähigkeit – die Hierarchie innerhalb seines Hauses als auch – wegen der Abneigung fast jeder Bürokratie gegen Innovation – die unmittelbare Berührung mit der »Arbeitsebene«. Der Chef muß auch wissen, was in seinem Hause und in seinem Bereich vorgeht und woher der Wind weht.

Gut anderthalb Jahrzehnte nach meinem Ausscheiden aus

dem Amt habe ich ein kleines Lehrbeispiel für eine in der Vorbereitung ungenügend abgesicherte Entscheidung miterlebt. Es ging um die Neubesetzung der Spitzenposition (»Managing Director«) im Weltwährungsfonds (IMF). Die Bundesregierung hatte sich die gerechtfertigte Meinung gebildet, jetzt sei endlich auch einmal ein Deutscher an der Reihe, und offiziell einen Spitzenmann aus dem Berliner Finanzministerium für das Amt nominiert. Die deutsche Bürokratie hatte aber versäumt, sich vorher der Zustimmung der USA zu vergewissern, die im IMF die bei weitem meisten Stimmrechte besitzen. Die amerikanische Administration kannte den deutschen Kandidaten und lehnte ihn ab – das Prestige des Bundeskanzlers drohte beschädigt zu werden. Man kam zu mir und bat um einen Ratschlag. Sie müssen einen Kandidaten präsentieren, dessen internationales Ansehen so groß ist, daß Washington ihn nicht ablehnen kann, habe ich geantwortet. Wen ich denn als einen solchen ansehen würde, hat man mich prompt gefragt; darauf schlug ich Hans Tietmeyer vor, der als Präsident der Bundesbank weltweit hoch angesehen war – aber Tietmeyer lehnte ab. Als nächsten nannte ich Horst Köhler, ehedem Staatssekretär unter dem Finanzminister Theo Waigel, mittlerweile schon seit Jahren international angesehener Chef der Europäischen Bank für Wiederaufbau und Entwicklung in London. Köhler ist es dann am Ende auch geworden. Der Fehler zu Beginn dieser Geschichte, so möchte ich vermuten, lag bei der Spitzenbürokratie im Kanzleramt; ihr scheint die nationale und die internationale Vernetzung gefehlt zu haben. Hätte man sich im Vorwege bei der Bundesbank, bei unserer Botschaft in Washington, bei unserem IMF-Direktor (unterhalb der Vorstandsebene) und bei der amerikanischen Treasury erkundigt, hätte man gewiß nicht das Ansehen des Kanzlers leichtfertig der Beschädigung ausgesetzt.

Ein Gegenbeispiel, einen Fall übertriebener Beteiligung anderer Instanzen, will ich auch erwähnen. Zur Vorbereitung eines ZEIT-Artikels über den in der EU für den Euro geltenden Stabilitätspakt wollte ich mich 2005 gern mit einem Referatsleiter des Finanzministeriums unterhalten und hatte mein Büro gebeten, mit ihm einen Termin zu vereinbaren. Der Ministerialrat wollte sich aber erst mit seinem Abteilungsleiter abstimmen. Dieser wiederum meinte, zwar sei er der Leiter der Grundsatzabteilung, aber das Thema habe doch auch mit Europa zu tun, also sollte zusätzlich auch die Leiterin der Europa-Abteilung dabeisein. Am Ende kamen sie zu viert, da auch das Bundeskanzleramt involviert war. So ähnlich hätten jene pflichtbewußten Beamten sich wahrscheinlich auch verhalten, wenn nicht ein längst pensionierter Politiker, sondern der amtierende Minister um Information ersucht hätte. Ähnlich arbeitet die Hierarchie der meisten Großorganisationen. Durch Beteiligung allzu vieler Instanzen – seien sie vertikal einander übergeordnet oder auf gleicher Ebene nebeneinander tätig – kann ein Neutrum herauskommen, ähnlich dem Ergebnis jener sprichwörtlichen Kommission, die ein Pferd entwerfen sollte und die schließlich ein geflügeltes Tier mit fünf Beinen ablieferte. Für den Mann an der Spitze, den Minister, den Konzernvorstand oder den Verbandspräsidenten, kommt es deshalb oft darauf an, auch den Fachmann vor Ort zu befragen, ehe er sich entscheidet.

Als Herausgeber der ZEIT habe ich kaum jemals etwas zu entscheiden, sondern ich habe zu raten, zu empfehlen, zu loben und zu kritisieren. Ich schreibe in der Regel per Hausmitteilung an den jeweiligen Verfasser, Autor oder Redakteur, gebe aber eine Kopie an den Chefredakteur; so wird die Unmittelbarkeit des Kontaktes gewahrt, aber die Hierarchie nicht beschädigt. Quasi als Fußnote will ich hinzufügen: Erst im Laufe des Lebens habe ich gelernt, daß man seine Mitarbeiter bisweilen auch loben muß.

Netzwerke

Vor vielen Jahren – ich hatte mein Büro noch in Bonn – besuchte mich einmal ein junger Abgeordneter und stellte mir die Frage: »Wie habt ihr eigentlich zu eurer Zeit eure politische Karriere geplant?« Ich war von dieser Frage verblüfft und auch befremdet. Mir war nie in den Sinn gekommen, daß ein Politiker seine Lebenslaufbahn planen könnte. Ich selbst hatte mir eine politische Karriere jedenfalls nie vorgestellt und war eher zufällig in die Politik geraten. Es käme für einen neu ins Parlament Gewählten zunächst darauf an – antwortete ich, vielleicht ein wenig schroff –, wenigstens auf einem der vielen fachpolitischen Gebiete etwas zu leisten und damit zum Gelingen des Ganzen beizutragen. Später ist mir diese Frage noch mehrfach begegnet, aber sie will mir immer noch nicht sonderlich sympathisch vorkommen.

Wer in die Politik gehen will, soll einen Beruf gelernt und ausgeübt haben, in den er jederzeit zurückkehren kann, denn nur so kann er sich seine Unabhängigkeit bewahren. Er soll die ersten zwanzig Artikel des Grundgesetzes verinnerlicht haben und das übrige in seinen Grundzügen kennen. Er soll die deutsche Geschichte mindestens seit der Französischen Revolution kennen, darüber hinaus auch die Geschichte unserer wichtigsten Nachbarn und außerdem die Geschichte der europäischen Integration. Schließlich aber muß er spätestens nach seiner Wahl ins Parlament sich auf mindestens einem Fachgebiet so weit einarbeiten, daß er sich in diesem Fach auf sein eigenes Urteil verlassen kann.

Man kann den hier skizzierten Kanon dessen, was ein Berufspolitiker an Voraussetzungen mitzubringen hat, gewiß noch erweitern und auch variieren. An der Forderung nach Kenntnissen sowohl der deutschen als auch der Geschichte Europas würde ich auf jeden Fall festhalten. Dabei ist mir bewußt, daß es für Leute, die aus Arbeiter- oder aus Büroberufen kommen – oder für jemanden, der Elektrotechnik oder Zahnmedizin studiert hat –, sehr schwer ist, sich solide historische Kenntnisse zu erwerben. Auch will ich gern einräumen, daß er sie nicht nötig hat, um gewählt zu werden. Wenn er aber den politischen Beruf ernst nimmt, muß er vieles lernen, das er bisher nur von weitem gekannt hat – und dazu zählt die den meisten nur in Umrissen bekannte neuere deutsche Geschichte. Wer von der Geschichte nichts weiß, kann seine Gegenwart nicht verstehen, wer nicht beurteilen kann, worüber er im Parlament abstimmt, kann seiner Verantwortung als Politiker nicht gerecht werden. Es ist ein Mißverständnis, wenn manche Anfänger in den Ortsvereinen glauben, eine gefestigte politische Gesinnung reiche schon für einen Berufspolitiker aus. Er muß außerdem neugierig und lernfähig sein.

In engem Zusammenhang mit der heutzutage oft zitierten »Karriereplanung« steht der Begriff »Netzwerk«, in Kreisen der Wirtschaft und Politik bisweilen auch »Vitamin B« genannt. Den Ausdruck Netzwerk hat es zu meiner Zeit noch nicht gegeben. Aber natürlich hat man vielfältige persönliche Kontakte geknüpft und sie langfristig aufrechterhalten. Wer sich gegen seine Zeitgenossen abschließt, hat es schwerer, zu abgewogenen Urteilen zu gelangen, als einer, der sich öffnet und Kontakt und Austausch sucht. Dies gilt offenkundig besonders für Politiker. Einige von ihnen haben es im Knüpfen persönlicher Netze zu wahrer Meisterschaft gebracht. Mir wollen weniger jene Netzwerke wichtig erscheinen, welche einem bestimmten Interesse oder der eigenen Karriere dienen, als vielmehr solche, die der geistigen Anregung und dem gedanklichen Austausch förderlich sind.

Um ein kontinuierliches Gespräch über Berufs- und Parteigrenzen hinweg zu ermöglichen, gibt es seit mehr als zwanzig

Jahren in meiner Heimatstadt Hamburg die Freitagsgesellschaft, deren Mitglieder sich sechs oder sieben Mal im Jahr treffen, um sich durch Vorträge und Diskussionen gegenseitig zu bereichern. Wir sind einige zwanzig Frauen und Männer aus den unterschiedlichsten Berufen, einige von uns sind oder waren früher hauptberufliche Politiker, aber wir hängen – als Wähler oder als Mitglieder – unterschiedlichen politischen Parteien an. Was uns eint, sind Engagement für das öffentliche Wohl, die *Salus publica*, Offenheit und Toleranz. Einige Jahre nach Gründung der Freitagsgesellschaft haben Marion Dönhoff und Richard von Weizsäcker in Berlin in ähnlicher Weise die Tradition der ehrwürdigen Mittwochsgesellschaft wieder aufgenommen, die bereits von 1863 bis 1944 ihren Mitgliedern Unterrichtung und geistige Orientierung geboten hatte.

Nur selten habe ich Sitzungen der Freitagsgesellschaft und der Mittwochsgesellschaft versäumt. Sie waren – und sind immer noch – sehr attraktiv, weil sie vielfältige Anregung und Begegnungen mit interessanten Gästen bieten. Beides gilt auch für den Senat der Deutschen Nationalstiftung, der sich in ähnlicher Manier aus Menschen unterschiedlichster Provenienz zusammensetzt. Durch die Initiativen von Richard Schröder und Kurt Biedenkopf hat dieser Senat der öffentlichen Meinung unseres Landes viele Impulse gegeben, die auf die Vertiefung des Bewußtseins der Deutschen als Nation und zugleich des Bewußtseins der kulturellen, geschichtlichen und politischen Identität der europäischen Völker gerichtet sind.

Wenn ich diese drei Gremien hier besonders hervorhebe, verbinde ich damit auch die Hoffnung, daß sie als anregendes Beispiel verstanden werden. In früheren Zeiten hat es in einer Reihe deutscher Städte Lesegesellschaften gegeben, in denen aus der Literatur vorgelesen und sodann darüber diskutiert wurde. Im Zeitalter der elektronischen Medien droht das Gespräch einzutrocknen, weil viele allzu einseitig auf Fernsehen und Internet eingestellt sind und zugleich ihr Freundes- und Bekanntenkreis auf ihr berufliches Umfeld beschränkt bleibt. Manager unter sich, Arbeitgeber unter sich, Gewerkschafter unter sich, Wissenschaftler, Ärzte, Juristen und Ingenieure jeweils unter sich, Politiker derselben Partei unter sich – allzu viele Menschen neigen zu geistiger Inzucht. Damit laufen wir die doppelte Gefahr einer Verflachung unserer gesellschaftlichen Kultur und einer Aufspaltung unserer Gesellschaft in Interessengruppen.

Diese Entwicklung geht Hand in Hand mit der Verflachung unserer Lesekultur. Fachliteratur, Ratgeberliteratur aller Art, Reise- und Unterhaltungsliteratur: Damit läßt sich auf Dauer kein fruchtbringendes Gespräch über Partikularinteressen hinaus gestalten. So wie ich eine gründliche Kenntnis zumindest der wichtigsten historischen Entwicklungen für unerläßlich halte, so ist in meinen Augen auch die Kenntnis wichtiger Werke der Weltliteratur eine Voraussetzung dafür, Zusammenhänge besser zu verstehen. Meine eigene literarische Bildung ist sehr lückenhaft gewesen, als ich mit achtzehn Jahren Soldat werden mußte. Als ich mit gut sechsundzwanzig Jahren die Uniform wieder ausziehen konnte, hatte ich zwar Kriegs- und Lebenserfahrung dazugewonnen, aber weder Bildung noch Berufsausbildung. Deshalb begann Ende 1945 mit der sehr verspäteten Aufnahme des Studiums für mich eine Periode des konzentrierten Lesens; ich hatte vieles nachzuholen.

In meiner Schulzeit hatte ich einige Bücher über deutsche Geschichte gelesen, vornehmlich aber die großen Romanschriftsteller, Deutsche, Russen, Skandinavier, Franzosen und Engländer. Die Palette umfaßte alles, was die »Öffentliche Bücherhalle« am Hamburger Hasselbrook-Bahnhof hergab, sie reichte von Thomas Mann über Iwan Turgenjew und Fjodor Dostojewski bis zu Victor Hugo und Émile Zola. Politische Literatur kannte ich hingegen praktisch nicht, bis auf zwei Ausnahmen aus dem Bücherschrank meines Vaters: ein Buch des Franzosen Gustave le Bon und ein Buch des Spaniers José Ortega y Gasset. Durch sie war mir in Umrissen erstmals der Begriff der Masse, ihrer politischen und psychologischen Verführbarkeiten deutlich geworden. Ansonsten war da noch Erich Maria Remarque gewesen, dessen ungewöhnlicher Realismus mich vor dem Krieg schaudern ließ – und Oswald Spengler. Sein »Untergang des Abendlandes« war für mich zwar viel zu umfangreich und vor allem zu schwierig, weil er vielerlei Kenntnisse voraussetzte, die ich nicht hatte. Aber Spenglers quasi biologische Vorstellung von Wachsen, Blütezeit, Ernte und Niedergang einer Kultur hat mir eingeleuchtet. Während des Krieges sind die sogenannten Selbstbetrachtungen des römischen Kaisers Marcus Aurelius mein Brevier gewesen. Er hat mich bei all meiner Angst immer wieder zu innerer Gelassenheit und zur Pflichterfüllung ermahnt.

Nach dem Krieg wurde ich dank Rowohlts Rotations-Romanen mit den großen amerikanischen Autoren bekannt, die während der Nazi-Zeit nicht zugänglich gewesen waren. Zur Abrundung meines Studiums vertiefte ich mich jetzt aber vor allem in die Klassiker der politischen und ökonomischen Literatur. Ich lernte von Rousseau und Montesquieu, von Adam Smith und David Ricardo, von William Henry Beveridge und John Maynard Keynes. Zum erstenmal fand ich Maßstäbe zur Beurteilung staatlicher, rechtlicher, ökonomischer und moralischer Fragen. Allerdings musste ich im Studium auch einige überflüssige Dinge lernen, denn die meisten Nationalökonomen meiner Universität lebten weit in der Vergangenheit und in obsoleten Theorien. Immerhin habe ich begriffen, warum der Weimarer Demokratieversuch gescheitert war – und daß die Nazi-Herrschaft eine Regierung von Verbrechern war.

Ich war dreißig Jahre alt, als ich zum erstenmal im nunmehr erlernten ökonomischen Beruf Geld verdienen konnte. Vier Jahre später wurde ich zum erstenmal in den Bundestag gewählt. Für Lektüre blieb da nur noch wenig Zeit, das meiste von dem, was mir zum Politiker an Bildung fehlte, mußte ich »on the job« lernen. Im Laufe von drei Jahrzehnten habe ich dann meine Maßstäbe und meine Urteile zwar sorgfältiger ausfeilen, verbessern

und auch revidieren können, aber wirklich Zeit zum Lesen fand
ich erst wieder, nachdem ich aus allen Ämtern ausgeschieden
war. Ich habe versucht, die Bildungslücken, die mir besonders bei
meinen Reisen deutlich wurden, einigermaßen systematisch aus-
zufüllen; auch in dieser Hinsicht empfand ich die letzten fünfundzwanzig Jahre außer Dienst als Bereicherung.

Zurück zu den sogenannten Netzwerken. Über eine längere Reihe
von Jahren hat der frühere US-Präsident Gerald Ford jeweils im
Sommer ein Treffen amerikanischer Spitzenmanager in Vail im
Bundesstaat Colorado veranstaltet. Regelmäßig lud er seine alten
Partner und Freunde Jim Callaghan, Valéry Giscard d'Estaing
und mich dazu. Man lernte die unternehmerische Seite Amerikas
verstehen, man steuerte selbst einen kleinen Vortrag bei. Vor
allem saß man einen Abend zu viert zusammen – aber man redete weniger von alten Zeiten als vielmehr über Gegenwart und
Zukunft. Als die NATO Ende 1983 einen neuen Generalsekretär
brauchte, weil der Holländer Josef Luns in den Ruhestand ging,
fanden wir vier den englischen Lord Peter Carrington hervorra-
gend geeignet und beschlossen, gemeinsam darauf hinzuwirken,
daß er berufen wurde. 1984 hat der Nordatlantik-Rat Carrington ernannt, der das Amt des NATO-Generalsekretärs dann fünf
Jahre lang sehr erfolgreich ausübte. Die Freundschaft mit Giscard
und Carrington hat bis heute gehalten, die Freundschaft mit Ford
und Callaghan bis zu ihrem Tode.

Ein anderes Beispiel für politische Wirksamkeit außerhalb
staatlicher Ämter war das »Committee for the Monetary Union
of Europe«, das Giscard und ich Anfang der achtziger Jahre gemeinsam gründeten. Wir brachten eine Reihe herausragender
Politiker, Banker und Manager aus den zwölf Mitgliedsstaaten
der damaligen Europäischen Wirtschaftsgemeinschaft zusammen und erregten erhebliche publizistische Aufmerksamkeit.
Giscard und ich hatten in unseren Ämtern das europäische Währungssystem mit dem ECU (European Currency Unit) im Zen-

trum zustande gebracht und von Anfang an die Absicht verfolgt, mit einer gemeinsamen europäischen Währung unsere kleinen nationalen Währungen zu ersetzen, weil sie allesamt nicht genug Gewicht hatten, um den wilden Spekulationen und Turbulenzen der Weltfinanzmärkte standzuhalten. Mitte der achtziger Jahre schien uns die Zeit dafür gekommen.

Wir stießen auf die Bereitschaft von Jacques Delors, damals Präsident der EG-Kommission in Brüssel, der einen Ausschuß der Zentralbank-Präsidenten der Europäischen Gemeinschaft ins Leben rief. Damals bestand die EG noch aus zwölf, nicht wie heute die EU aus 27 Mitgliedsstaaten. Natürlich waren die Leute an der Spitze der nationalen Zentralbanken von diesen Aktivitäten nicht begeistert. Abermals bestätigte sich die Erfahrung, daß keine Bürokratie ihrer eigenen Entmachtung zustimmt. Besonders die Deutsche Bundesbank leistete zähen Widerstand. Sie erfand sogar eine eigene »Krönungstheorie«, nach der eine gemeinsame Währung nur dann zweckmäßig und lebensfähig war, wenn sie erst nach einer Gründung der Vereinigten Staaten von Europa, gleichsam als Krönung, ins Leben gerufen würde.

Als aber 1990 der französische Präsident Mitterrand, der angesichts der bevorstehenden Vereinigung Deutschlands eine Übermacht der Deutschen Mark befürchtete, die Herstellung einer gemeinsamen Währung zur Bedingung machte und als Kanzler Kohl – vernünftigerweise! – darauf einging, erwiesen sich unsere und Delors' Vorarbeiten als sehr brauchbar. So kam es 1992 im Maastrichter Vertrag zur Begründung der gemeinsamen Euro-Währung. Allerdings, wenn es dazu in einer Reihe von Ländern einer Volksabstimmung bedurft hätte, wäre die Sache vermutlich schiefgegangen. Heute, anderthalb Jahrzehnte später, ist klar erkennbar: Der Euro ist hinsichtlich seiner Kaufkraft im Innern (also im Blick auf seine Inflationsrate) genauso stabil wie der Dollar, aber sein Wechselkurs im Verhältnis zu allen anderen Währungen der Welt und seine Kaufkraft jenseits der eigenen Grenzen sind weitaus stabiler als die des Dollars. So hat unsere

gemeinsame Währung sich zu einer entscheidend wichtigen Be-
dingung für die globale Wettbewerbsfähigkeit der europäischen
Volkswirtschaften und für die Entfaltung des gemeinsamen
Marktes in Europa entwickelt.

Daß man auch ohne Staatsamt politisch manches bewirken kann, zeigt die Arbeit des InterAction Council, einer Vereinigung ehemaliger Staats- und Ministerpräsidenten, an deren
Gründung Mitte der achtziger Jahre ich beteiligt war. 1992 haben
wir den Regierungen der westlichen Welt das Zeichen gegeben,
den Dialog mit China wieder aufzunehmen. Im Juni 1989 hatte
die Tragödie am Tienanmen-Platz in Peking – und eine über-
treibende westliche Medien-Berichterstattung! – im Westen der
Welt große Empörung ausgelöst. Besuche und Gespräche wurden abgesagt, man verhängte ein Waffenlieferungsembargo gegen
China. Es bestand die Gefahr, daß sich daraus ein kalter Krieg
gegen das kommunistische China entwickelte. Um einen eigenen Eindruck von der Situation zu gewinnen, flog ich 1990 nach
Peking und sprach dort sowohl mit chinesischen Amtsträgern
als auch mit Privatleuten, ebenso mit dort tätigen westlichen Diplomaten, Geschäftsleuten und Journalisten. Die Lage erschien
mir prekär, aber nicht aussichtslos. Jedenfalls konnte nach meinem Urteil eine Isolierung Chinas die Situation nur noch ver-
schlechtern.

Von dieser Einsicht konnte ich meine Kollegen im Inter-
Action Council überzeugen, und wir beschlossen, solchen Tendenzen entgegenzuwirken. Deshalb luden wir ehemaligen Regierungschefs uns demonstrativ selbst in China ein, flogen im
Frühjahr 1993 nach Shanghai und Beijing und besuchten die
kommunistische Staatsführung unter Jiang Zemin. Die Besuchs-
delegation war hochkarätig zusammengesetzt: Der Japaner Takeo
Fukuda, der Brite James Callaghan, der Australier Malcolm Fra-
ser, Valéry Giscard d' Estaing aus Frankreich, Lee Kuan Yew aus
Singapur, Olusegun Obasanjo aus Nigeria, Pierre Trudeau aus
Kanada gehörten dazu; außerdem waren als besondere Gäste

Flora Lewis von der »New York Times«, Henry Kissinger und Weltbankpräsident Robert McNamara beteiligt. Unser demonstrativer Besuch hat sich bald positiv ausgewirkt, die Gefahr eines kalten Krieges ging vorüber.

Als damaliger Vorsitzender des InterAction Councils war ich besonders engagiert bei der Ausarbeitung des 1997 verabschiedeten »Entwurfs einer Allgemeinen Erklärung der Menschenpflichten«. Wir haben in diesem Papier, dem Ergebnis zehnjähriger gemeinsamer Arbeit, der Menschenrechtserklärung der Vereinten Nationen von 1948 einen Katalog der Verantwortlichkeiten in neunzehn Artikeln an die Seite gestellt. Dabei sind wir von der allen großen Religionen gemeinsamen »goldenen Regel« ausgegangen, nach der jeder den anderen so behandeln soll, wie er von diesem behandelt zu werden wünscht. Artikel 15 will ich hier gern zitieren, weil er zu Beginn des 21. Jahrhunderts noch wichtiger geworden ist, als er es am Ende des vorigen Jahrhunderts bereits war: »Während Religionsfreiheit garantiert sein muß, haben die Repräsentanten der Religionen die besondere Pflicht, Äußerungen von Vorurteilen und diskriminierende Handlungen gegenüber Andersgläubigen zu vermeiden. Sie sollen Haß, Fanatismus oder Glaubenskriege weder anstiften noch legitimieren, vielmehr sollen sie Toleranz und gegenseitige Achtung unter allen Menschen fördern.« (Der vollständige Text ist abgedruckt im Anhang meines Buches »Auf der Suche nach einer öffentlichen Moral«.)

Von Jimmy Carter bis Michail Gorbatschow, von Shimon Peres (Israel) bis Salim al-Hoss (Libanon), von Lee Kuan Yew (Singapur) bis zu Kenneth Kaunda (Sambia) haben sich viele Staatsmänner aus allen fünf Kontinenten an der Ausarbeitung dieses Textes beteiligt. Wir haben ihn dem Generalsekretär der Vereinten Nationen zugeleitet, und er hat ihn auf die Tagesordnung der Generalversammlung gesetzt. Obwohl das öffentliche Echo bisher recht verhalten war, habe ich die Hoffnung nicht aufgegeben, mit diesem Dokument der internationalen Ethik und

Toleranz eines Tages doch noch das Interesse der amtierenden
Regierungen zu gewinnen.

Was den notwendigen Austausch zwischen den Konfessionen
angeht, habe ich im Jahr 1996 einige wichtige Erkenntnisse auf
einer Konferenz gewonnen, zu der der Großscheich der Al Azhar-
Universität, Mohamed S. Tantawi, unter der Ägide des ägyptischen Präsidenten Mubarak eingeladen hatte. Das Thema war
»Islam im Dialog«. Fünfzig oder sechzig muslimische Delega-
tionen nahmen daran teil, dazu einige wenige Vertreter anderer
Religionen. Ich habe vielen der dort gehaltenen Vorträge und
Diskussionsbeiträge kaum folgen können, weil mir die vorausge-
setzten Kenntnisse fehlten. Ich begriff jedoch deutlich, daß es den
allermeisten Teilnehmern – teils Priester, teils Politiker – nicht
um Dialog mit anderen Religionen oder allgemein mit dem Westen ging, sondern in erster Linie um Probleme innerhalb des Islam. Da der Islam nicht über ein gemeinsames Zentrum verfügt,
anders als noch vor tausend Jahren in Gestalt der Kalifen, ganz
anders als die katholische Kirche in Gestalt des Papstes und des
Vatikans, wußten die Mullahs, Imams und Ayatollahs über die
Grenzen ihres eigenen Landes hinaus offenbar relativ wenig voneinander. Sie waren aber offensichtlich wißbegierig und neugierig aufeinander nach Kairo gekommen. Die große Kluft des
Nichtwissens über andere Religionen war gleichfalls spürbar. Immerhin hat Tantawi mich später gebeten, Papst Johannes Paul II.
eine Einladung zum Gespräch mit ihm nahezulegen; es reichte
aber leider nicht einmal die Hilfe von Kardinal König, den Vatikan dazu zu überreden. So ist mir abermals die Notwendigkeit
interreligiöser Toleranz demonstriert worden.

Solange Lebensalter und Gesundheit es zuließen, habe ich
viele außerdienstliche Einladungen zu Besuchen und zu Konferenzen angenommen. Unvergeßlich ist mir die erste internationale Konferenz, die ich – unmittelbar nach dem Krieg, noch vor
der Währungsreform – gemeinsam mit meinem Freund Ernst
Heinsen für den damals sehr honorigen Sozialistischen Deut-

schen Studentenbund (SDS) organisiert habe. Deutschland bestand aus vier Besatzungszonen, es gab weder die Bundesrepublik
noch die Deutsche Demokratische Republik; die eingeladenen
Kommilitonen kamen aus vielen Staaten der Welt, aus England,
Frankreich, den USA, Kanada, Indien, Ceylon, Kenia, Dänemark,
Norwegen, Schweden, Finnland, Holland und Belgien, in das
kleine Dorf Barsbüttel vor den Toren Hamburgs. Zu den etwa
fünfzig Studenten und Studentinnen gesellten sich für ein paar
Tage etwa zwanzig Deutsche. Manche der ausländischen Gäste
waren drei Jahre zuvor noch Soldat im Krieg gegen Deutschland
gewesen. Jetzt brachten sie nicht nur menschliche und politische
Neugier mit, sondern vor allem den Willen zur Verständigung
und sogar zur Freundschaft (und außerdem reichlich Zigaretten
und ganze Koffer voller Lebensmittel). Wir Deutschen waren
überwältigt von der Unvoreingenommenheit und der Vorurteils-
freiheit unserer Gäste, von denen wir vieles lernten. Einige von
ihnen wurden später in ihrer Heimat Bürgermeister oder Minister; und einige der damals geschlossenen Freundschaften haben
ein Leben lang gehalten.

In den fünfziger Jahren nahm ich an den verdienstvollen internationalen Bilderberg-Konferenzen teil, die Prinz Bernhard
der Niederlande eingerichtet hatte. Dazu kam bald die Mitwirkung an den deutsch-englischen Königswinter-Konferenzen.
Herbert Wehner empfahl mich in das Komitee für die Vereinigten
Staaten Europas unter dem Vorsitz Jean Monnets. Etwas später
schickte mich Fritz Erler – der damals als Politiker mein Vorbild
war – in ein Gremium des Londoner International Institute for
Strategic Studies (IISS). So habe ich während meiner ersten acht
Jahre als Bundestagsabgeordneter (1953 bis 1961) das Glück gehabt, eine Reihe von politisch erfahrenen, klugen Europäern ken-
nenzulernen und die Probleme der europäischen Einigung unter
den divergierenden nationalen Aspekten zu begreifen. Von Monnet habe ich vor allem zwei Dinge gelernt: die Notwendigkeit des
politischen Weitblicks auf ein sehr entferntes Ziel und die gleich-

zeitige Notwendigkeit des schrittweisen Vorgehens. Dankbar möchte ich hinzufügen, daß Monnet noch in hohem Alter mich als Bundeskanzler besucht hat, um mir bezüglich der weiteren Schritte der europäischen Integration seinen Rat zu geben.

Zu den interessantesten und zugleich unterhaltsamsten Konferenzen gehörte für mich die alljährliche Verleihung des Premium Imperiale, der japanischen kaiserlichen Kunstpreise. Bei den internationale Beratungen, die dem feierlichen Akt vorausgingen, traf ich Jacques Chirac wieder, Ted Heath, Raymond Barre, David Rockefeller sen., Amintore Fanfani, Yasuhiro Nakasone und viele weitere alte Bekannte und Freunde. Aber ich lernte auch die ausgezeichneten Künstler kennen, den großen Cellisten Mstislaw Rostropowitsch etwa oder den indischen Komponisten Ravi Shankar. Unter den Architekten ragten für mich Jeoh Ming Pei, Kenzo Tange und Richard Meier hervor; allerdings habe ich vergessen, welcher Architekt es war, der zum Smoking grüne Socken trug – rather funny. Dagegen habe ich nicht die für mich peinliche Episode vergessen, als ich den italienischen Regisseur Federico Fellini fragte, was denn aus der bezaubernden Giulietta Masini, der Hauptdarstellerin von »La Strada«, geworden sei. Da zeigte er auf eine ältere Dame, offenbar seine Ehefrau, und sagte: »Da steht sie doch!«

Auch Diktatoren zuhören

Am Schluß dieses Kapitels dürfen ein paar unerfreuliche Begegnungen zumindest nicht unerwähnt bleiben. Ich will nicht ver-
schweigen, daß ich neben einer großen Zahl verläßlicher Gesprächspartner und Freunde in aller Welt auch viele Politiker
kennengelernt habe, die sich nicht öffnen wollten oder konnten,
einige farblose Personen, schließlich auch einige sehr unangenehme Menschen. Unter den letzteren ragen in meiner Erinnerung Präsident Robert Mugabe in Simbabwe und besonders
der rumänische Diktator Nicolae Ceauşescu hervor, beide vom
Größenwahn befallen. Im Vergleich mit Mugabe war mein nige-
rianischer Freund Olusegun Obasanjo, der den bei weitem be-
völkerungsreichsten, zugleich aber heterogensten und deshalb
schwierigsten Staat Afrikas zu regieren hatte, eine Lichtgestalt,
wie man sie in Afrika nur selten antrifft (Nelson Mandela, den
anderen herausragenden afrikanischen Staatsmann, habe ich leider nur einmal und nur flüchtig getroffen).

Die politische Kultur der Demokratie, der Gewaltenteilung
und des Rechtsstaates ist nur sehr schwer zu verpflanzen. Wir vergessen gern, daß es in Europa und Nordamerika vieler Revolu-
tionen und auch Bürgerkriege bedurfte, um Demokratie und
Menschenrechte dauerhaft durchzusetzen. Wer Demokratie von
Völkern und Staaten verlangt, die eine ganz andere Geschichte
durchlaufen und eine ganz andere, meist oligarchische und jedenfalls autoritative Kultur des Regierens entwickelt haben, verkennt die unterschiedlichen Voraussetzungen. Wer gar mit Ge-

walt anderen Völkern Demokratie oktroyieren will, nimmt
zwangsläufig Kriege in Kauf. Die Mehrzahl der Entwicklungsländer in Afrika, Asien (einschließlich des Mittleren Ostens) und Lateinamerika ist einstweilen nur autoritär regierbar – bestenfalls
von einem vom Volk gewählten diktatorischen Präsidenten. Viele
von ihnen stützen sich auf eine ihnen ergebene Armee. Solche
Einsichten kann man allerdings kaum im Studium an einer amerikanischen oder europäischen Universität oder durch westliche
Medien gewinnen; dazu muß man reisen und sich an Ort und
Stelle persönlich ein Bild machen.

Unter den autoritär oder diktatorisch regierenden Präsidenten und Königen habe ich sehr verschiedene Charaktere getroffen. So war der innerhalb seines jugoslawischen Kunststaates
durchaus rücksichtslose Machthaber Josip Broz Tito ein interes-
santer und urteilsfähiger Gesprächspartner, wenn es um Fragen
der Weltpolitik ging, wobei er großen Abstand sowohl zu Moskau als auch zu Washington hielt. Sein ungarischer Nachbar
János Kádár regierte in den siebziger Jahren mit vergleichsweise
sanfter Hand; im Gespräch unter vier Augen empfand ich ihn
ähnlich offen wie Tito, sein weltpolitischer Horizont war jedoch
viel enger. Letzteres galt auch für den Polen Edward Gierek; er ist
in polnischer Sicht heute mancherlei Kritik ausgesetzt, persönlich habe ich ihn aber als ehrlich und offen erlebt. Menschlich
nicht unsympathisch, aber von begrenztem Horizont war auch
der mächtige Leonid Breschnew. Während sein Vorgänger Nikita
Chruschtschow vermutlich sehr autokratisch regierte, schien
Breschnew stärker vom Konsens im inneren Zirkel des Politbüros
abhängig.

Meine vielen Begegnungen mit kommunistischen Führern
haben durchaus dazu beigetragen, daß ich mir ein realistisches
Urteil über die Machtverhältnisse in ihrem Teil der Welt und über
die zu erwartenden Veränderungen bilden und meine Eindrücke
immer wieder ergänzen und korrigieren konnte. Erich Honecker
erregte mehrfach beinahe mein Mitleid, weil er in allem von

Moskau abhängig war, ohne daß er wissen konnte, welche Meinung sich in der sowjetischen Hauptstadt durchsetzen würde. Seine Gesprächsführung war deshalb von großer Vorsicht geprägt und somit unergiebig. Als ich ihn 1987 in Bonn das letzte Mal sprach, hatte er den von Gorbatschow ausgelösten gewaltigen Prozeß der inneren Veränderung der Sowjetunion überhaupt nicht verstanden. Er hielt Perestroika und Glasnost für einen bloßen »Tapetenwechsel«, das Gebäude würde nicht verändert. Honecker glaubte an den internationalen Kommunismus; er ist in seiner gesamten Regierungszeit ein typischer kommunistischer Funktionär geblieben, dem es nicht nur am eigenen Urteil mangelte, sondern auch an jedwedem Patriotismus. Immerhin muß man ihm die langen Zuchthausjahre während der Nazi-Zeit zugute halten.

Unter allen kommunistischen Führern, die ich näher kennengelernt habe, ragt der tatkräftige chinesische Patriot Deng Xiaoping weit heraus – wegen seiner Urteilskraft und zugleich wegen seiner inneren Gelassenheit. Deng redete im privaten Gespräch Klartext. Ich konnte mich darauf verlassen, daß alles, was er sagte, seiner wohlüberlegten inneren Überzeugung entsprach. Ich muß bekennen: Der Mann hat mir gefallen, er hat mir auch imponiert. Gewiß wurde China durch die Kommunistische Partei diktatorisch regiert, aber Deng führte die Partei kraft seiner persönlichen Autorität.

Ich habe China im letzten Vierteljahrhundert ein gutes Dutzend Male besucht, wenn auch fast immer nur für kurze Zeit. Aber ich habe begriffen: Manche unserer europäischen Maßstäbe können dort nicht angewandt werden. Die sich über mehrere Jahrtausende erstreckende chinesische Kultur hat ihre eigenen Gesetzlichkeiten entwickelt. Während alle anderen Großreiche der Weltgeschichte, alle anderen Hochkulturen längst verschwunden sind, entfaltet die chinesische Kultur, dank Deng Xiaoping, plötzlich und unerwartet so viel Kraft, daß es gelang, die maoistisch-kommunistischen Strukturen zu durchdringen, die ökonomischen Funktionen tiefgreifend zu verändern und dadurch die Lebensbedingungen der chinesischen Massen gewaltig zu verbessern. Solche Erkenntnisse kann man gewiß auch zu Hause gewinnen und durch Lesen und Nachdenken vertiefen; aber die an Ort und Stelle gewonnenen Eindrücke sind im Vergleich dazu viel unmittelbarer und prägnanter. Und jede meiner Reisen nach Ostasien – neben China standen oft auch Japan und Korea auf dem Programm – hat meinen Respekt vor den dortigen Kulturen weiter wachsen lassen.

Um aus diesem einleitenden Kapitel ein vorläufiges Fazit zu ziehen: Ein Politiker muß lernen, fremde Menschen zu fragen und ihre Antworten zu wägen, sonst bleibt er in seinen Vorurteilen gefangen. Zuhören zu können ist eine Tugend, die jedem Politiker dringend zu wünschen ist.

II
AUS DER GESCHICHTE
LERNEN

Deutschland zu Beginn des 21. Jahrhunderts

Irgendwann im November 1945 sollte die hamburgische Universität wieder eröffnet werden. Wie die ganze Stadt, so war auch die Universität weithin zerstört. Der Vorlesungsbetrieb war deshalb behelfsmäßig auf allerlei halbwegs hergerichtete andere Gebäude verteilt. Mit etwa zweihundert jungen Männern, die meisten von uns in Uniformreste gekleidet, von denen wir die Hoheitsabzeichen entfernt hatten, saß ich auf den Stufen eines Auditoriums im Völkerkundemuseum und wartete – die Vorlesung war »c. t.« angekündigt worden – auf den Ablauf der akademischen Viertelstunde.

Ich war fast siebenundzwanzig Jahre alt, mein Abitur lag bald neun Jahre zurück. Lange Jahre, in denen ich als Wehrpflichtsoldat gedient hatte, davon fünfeinhalb Jahre im Krieg. Als Soldaten hatten wir mancherlei erlebt, mancherlei Ängste überstanden, wir hatten schreckliche und aufwühlende Erfahrungen gesammelt, aber auch Solidarität und Kameradschaft kennengelernt. Wir waren längst voll erwachsen. Manche waren verheiratet, einige hatten bereits Kinder. Das Wichtigste aber: Wir waren davongekommen. Jetzt sollte endlich das normale Leben beginnen, wenn es sich zunächst auch nur um die allerersten Anfänge einer beruflichen Ausbildung handelte. Man redete miteinander, halblaut, aber voller Zuversicht, erste Bekanntschaften wurden begründet, Adressen ausgetauscht.

Plötzliche Stille. Ein kleiner, weißhaariger alter Herr schritt mit Würde auf das Podium zu, um seine Einführung in das Römische Recht zu beginnen. Ich habe in über sechs Jahrzehnten die Worte nicht vergessen, mit denen der Professor der juristischen Fakultät Leo Raape seine Vorlesung begann: »Meine Herren! Ich bin erschüttert, Sie wieder in der Heimat zu sehen.«

In den folgenden Tagen und auch manchmal in späteren Jahren habe ich mich gefragt: Was hat er mit diesem ihm aus dem Herzen kommenden und uns ehemaligen Soldaten zu Herzen gehenden Wort gemeint? Wollte er seine Erschütterung über den Krieg ausdrücken? Oder vielleicht nur seine Erschütterung über den Ausgang des Krieges? War er glücklich darüber, uns wohlbehalten »wieder in der Heimat zu sehen«? Oder schwang doch ein leiser Vorwurf mit? In den ersten Nachkriegsjahren habe ich einige Professoren näher kennengelernt, die – ihre in der Nazi-Zeit begonnene Karriere verschweigend – die vor ihnen sitzenden und von ihnen abhängigen kriegsgedienten Studenten sehr überheblich behandelten; solche Professoren haben mir nur geringen Respekt abgefordert. Aber Leo Raape, der erste Professor in meinem Leben, war von anderem Schlag. Ich glaube, sein Wort war Ausdruck elementarer Mitmenschlichkeit. So will ich ihn jedenfalls in Erinnerung behalten.

Kameradschaft, Solidarität, Fraternité, Brüderlichkeit – es gibt viele ähnliche Worte, jedes hat einen etwas anderen Beiklang, aber sie alle meinen dasselbe: Mitmenschlichkeit. Daß es immer wieder auch Menschen gegeben hat, die einem beistanden, das war die beste, ja die allein beglückende Erfahrung, die unsereiner aus der Nazi-Zeit und aus dem Krieg mitgebracht hatte.

Sechzig Jahre später saßen wir einmal in drei Generationen zusammen: mein Bruder und ich, dazu unsere Frauen, unsere Töchter und die Enkeltöchter. Die lange schon erwachsenen Enkeltöchter stellten die Frage nach dem Sinn des Lebens, nach einer Orientierung für das eigene Dasein. Uns Alten kam der Krieg in Erinnerung: die Nächte in den Bunkern, wo man mit unbekannten Menschen zusammengepfercht saß, das Verbinden eines schwerverletzten Kameraden, die Obhut für fremde Kinder.

Und ich dachte: Die Pflicht zur Mitmenschlichkeit, das ist die Antwort auf die Sinnfrage.

Wenn ich mich heute frage, was haben wir aus dem zerstörerischen Krieg gelernt, was aus der mörderischen Nazi-Zeit, was aus dem Fehlschlag des Weimarer Demokratie-Versuchs, welche Lehren ziehen wir aus der Ära des anmaßenden Wilhelminismus, aus Bismarcks reaktionärer, machtorientierter Innenpolitik, dann komme ich im Kern auf die gleiche Antwort. Freilich ist die Pflicht zur Mitmenschlichkeit nicht die einzige Schlußfolgerung, die wir aus der deutschen Geschichte ziehen können. Es gibt vieles, was aus unserer Geschichte zu lernen ist.

Eine der Bedingungen dafür, daß wir aus der Geschichte lernen, ist zunächst einmal die Kenntnis der Geschichte – jedenfalls die Kenntnis des für unsere eigenen Lebensumstände, für unsere Arbeit und unseren Verantwortungsbereich wichtigen Teils der Geschichte. Die meisten Menschen kennen nur einen kleinen, überdies subjektiv gefärbten Ausschnitt aus der Geschichte, ihre Kenntnis ist in der Regel auf die Zeitspanne ihres eigenen Lebens beschränkt; dazu mag ein Weniges von dem kommen, was sie von den Eltern oder in der Schule gehört, in der Zeitung gelesen oder im Fernsehen gesehen haben. Das alles sind nur Partikelchen, die sich in ihrem Bewußtsein aber doch zu einem Gesamtbild verbinden – einem Gesamtbild, das freilich unvollkommen und unzureichend ist.

Wenn wir als Wähler zu einer politischen Entscheidung aufgerufen werden, sind es vornehmlich unsere eigenen, manchmal sehr egoistischen Interessen, die unsere Entscheidung bestimmen. Hinzu treten Sympathien und Antipathien, Affekte und Stimmungen; deshalb kommt die Entscheidung bisweilen erst in der Kabine zustande, in der ein Wahlzettel angekreuzt werden muß. Das war schon bei der Volksabstimmung oder beim Ostrazismus im klassischen Athen nicht anders. Aber auch die Menschen, welche zur Wahl stehen, die bisher Regierenden ebenso wie die Kandidaten der Opposition, sie alle gehen mit wenigen

Ausnahmen von sehr partiellen Erfahrungen aus, wenn sie Entscheidungen treffen. Auch ihr Geschichtsbewußtsein ist in hohem Maße eingeschränkt. Ich habe herausragende Sozialpolitiker kennengelernt, denen alle sozialpolitischen Entwicklungen seit Bismarck oder Beveridge geläufig waren, nicht aber die gesellschaftlichen und politischen Umstände, denen sich diese Innovationen verdankten. Ich erinnere mich an marxistische Politiker, für die alle bisherige Geschichte – bis zurück in das antike Athen und darüber hinaus – lediglich aus Klassenkämpfen bestand und die aus dieser vermeintlich grundlegenden Erkenntnis ihre sämtlichen politischen Schlußfolgerungen zogen. Überall in der Welt habe ich Politiker getroffen, die an außenpolitischen und geostrategischen Entscheidungen beteiligt waren oder beteiligt sein wollten, die weit über die Grenzen ihres Landes hinaus wirkten, ohne daß sie als handelnde Personen von den betroffenen Völkern und Staaten genug wußten – fast nichts von deren Geschichte und kaum etwas von deren gegenwärtigen Bedürfnissen und Interessen.

Im Laufe des 20. Jahrhunderts und besonders gegen dessen Ende haben die rasante Vermehrung der Weltbevölkerung und die ebenso rasante Ausbreitung der modernen Verkehrsmittel und der Telekommunikation die Staaten der Welt und ihre Volkswirtschaften eng miteinander verflochten und voneinander abhängig gemacht. Die meisten Menschen sehen die Welt jedoch nach wie vor aus national-egozentrischer und national-egoistischer Perspektive. Ob in Amerika oder China, in Rußland oder Frankreich oder Deutschland, fast überall in der Welt herrscht in der öffentlichen Meinung ebenso wie in der politischen Klasse ein national beschränktes Verständnis vor.

In den meisten Staaten haben es die Historiker bisher versäumt, der heimischen Gesellschaft zumindest in Umrissen ein Bild von der Geschichte ihrer Nachbarn und der Geschichte jener Völker und Staaten zu vermitteln, mit denen man es vornehmlich zu tun hat. Während die Medizin, die Naturwissenschaften insgesamt, die Künste, während Handel, Verkehr und Finanzwelt sich internationalisieren und vernetzen, verharrt das Geschichtsbewußtsein der Nationen weitgehend in den jeweiligen nationalen Grenzen. Das gilt auch für uns Deutsche.

Es sei die Aufgabe der Geschichtswissenschaft nachzuweisen, »wie es eigentlich gewesen ist«, hat Leopold von Ranke 1824 gefordert. Zur gleichen Zeit erklärte Georg Wilhelm Friedrich Hegel, der preußische Obrigkeitsstaat Friedrich Wilhelms III. sei von Gott gewollt. Etwas später hat Heinrich von Treitschke die deutsche Selbstbeweihräucherung (und den intellektuellen Antisemitismus) auf die Spitze getrieben. Manche späteren Historiker sind ihnen gefolgt (bis hin zum simplifizierenden Hitler-Apologeten Ernst Nolte). Nicht nur die Historiker mit ihren diversen Geschichtsphilosophien haben zu einem diffusen, weil einseitigen Geschichtsbewußtsein beigetragen. Von manchen Theologen und manchen christlichen Würdenträgern wurden wir belehrt, daß die Juden von Übel seien, weil sie Jesus von Nazareth ans Kreuz genagelt haben – wobei sie die geschichtliche Tatsache geflissentlich verschwiegen, daß er selbst ein gläubiger Jude gewesen ist. Marx, Engels und Kautsky haben uns die internationale proletarische Revolution versprochen, mit der alles anders und alles besser werden würde – selbst August Bebel hat an den bevorstehenden »großen Kladderadatsch« geglaubt. Einige der Geschichtsphilosophien, welche die öffentliche Meinung in Deutschland bestimmt hatten, verloren durch den Ersten Weltkrieg an Attraktivität. Nunmehr überwog das Wehklagen über den Versailler Vertrag, und die Historiker beeilten sich, die »Kriegsschuldlüge« geschichtswissenschaftlich zu widerlegen.

Bis an das Ende des ersten deutschen Demokratie-Versuchs wurde den Deutschen nicht wirksam erklärt, wie denn und warum in England oder in Holland, in Frankreich oder in Skandinavien eine Demokratie funktioniert. Weder die Historiker noch die Staatsrechtler, weder die Soziologen noch die Politiker haben für die öffentliche Meinung in Deutschland die verschiedenen Typen demokratischer Verfassungen, ihre Vorzüge und Nachteile erläutert. Die praktischen Erfahrungen, die unsere Nachbarn mit dieser Regierungsform gemacht hatten, blieben außerhalb des Blickfeldes, die Deutschen konnten davon nicht profitieren. Im Reichstag des Jahres 1919 gab es kaum jemanden, der eigene Kenntnisse und diesbezügliche Erfahrung mitbrachte. Auch wenn zunehmend aufgeklärte Stimmen zu Wort kamen, blieben die politischen Konsequenzen aus, die man hätte ziehen müssen.

Nach 1930, als der Reichstag entmachtet war, hatten die Lehren von der Demokratie und von den Rechten des einzelnen Staatsbürgers nur noch geringe Chancen. In den zwölf Jahren der Nazi-Diktatur verstummten sie vollends. Bei Hitlers Machtantritt war ich gerade vierzehn Jahre alt geworden – aber bis 1945 habe ich nicht einmal den Begriff Demokratie gekannt.

Wenn man einmal von der Politik absieht, dann brauchen wir Deutsche uns unserer Leistungen in den Jahrhunderten seit Beginn der europäischen Aufklärung nicht zu schämen. Zwar war es eine nationalistische Übertreibung, das Wort des Engländers Edward George Bulwer-Lytton (1837 formuliert) von den Deutschen als »Volk der Dichter und Kritiker« zu übernehmen und selbstgefällig mit »Volk der Dichter und Denker« zu übersetzen. Aber von Christian Wolff, Gottfried Wilhelm Leibniz, Gotthold Ephraim Lessing und Immanuel Kant über Schiller, Herder, Goethe und Heine bis hin zu Theodor Fontane und den Brüdern Heinrich und Thomas Mann haben wir Deutschen achtbare Beiträge zur europäischen Kultur im weitesten Sinn geleistet. Das gilt auch für Friedrich den Großen, für Karl vom Stein, Karl August von Hardenberg, Gerhard von Scharnhorst und die Brüder Wilhelm und Alexander von Humboldt in Preußen oder für Maximilian von Montgelas in Bayern – und auch für das allerdings ergebnislose Aufbegehren einiger Demokraten in den Jahren 1848/49. Es gilt für die Altertumswissenschaft, die Sprach-

wissenschaft, die Kunstwissenschaft; für zahlreiche Errungenschaften der Industrialisierung ebenso wie für die Emanzipation
der Arbeiterbewegung; es gilt für die Malerei der deutschen Ro-
mantik wie für den deutschen Expressionismus und natürlich für
die deutsche Musik. Alle diese Leistungen haben zugleich das Bewußtsein der Deutschen von sich selbst geprägt – quer durch alle
gesellschaftlichen Klassen.

Allerdings, und dies ist eine entscheidende Einschränkung:
Die Erziehung zu bewußten Staatsbürgern, zu dem, was die Griechen das *zoon politikon* nannten, hat uns immer gefehlt. Das
Staatsdenken, auch das ökonomische Denken hat in Deutschland
nie sehr viel gegolten. Gestalten wie Rousseau oder Montesquieu,
John Locke oder David Hume, Adam Smith oder David Ricardo,
Thomas Jefferson oder die Autoren der amerikanischen »Federa-
list Papers«, die zu politischen Erziehern ihrer Nationen wurden,
finden in der jüngeren deutschen Geschichte kaum Entsprechun-
gen. Erst nach dem letzten Krieg sind Karl Dietrich Bracher,
Theodor Eschenburg, Wilhelm Hennis, Dolf Sternberger und andere als öffentlich wirksame Erzieher zur Demokratie hervorge-
treten. Das deutsche Defizit ist freilich keineswegs verwunderlich vor dem Hintergrund von vier Staatszusammenbrüchen im
Laufe eines einzigen Jahrhunderts: 1918/19 das Ende des Kaiser-
reichs, 1930/33 der Niedergang der Weimarer Republik, 1945 der
Kollaps des Dritten Reiches und schließlich 1989/90 das Zerbre-
chen der DDR.

Daß 1990 die staatliche Wiedervereinigung geglückt ist (wobei allerdings die volle ökonomische Vereinigung noch weit zu-
rückhängt), verdanken wir im wesentlichen den revolutionären
Vorgängen im Osten Mitteleuropas, der deutlichen Schwäche der
Sowjetunion und besonders der internationalen Staatskunst der
Regierung in Washington unter George Bush sen. Dagegen blieb
der Anteil der deutschen Politiker relativ beschränkt, Bundeskanzler Kohl allein hätte sich gegen den Widerstand Frankreichs
und Englands nicht durchsetzen können. Immerhin waren auf

deutscher Seite schon früh wichtige Weichen gestellt worden. Dazu gehörte die eindeutige Westbindung der alten Bundesrepublik ebenso wie ihre Ostpolitik nach 1969; dazu gehörte die westdeutsche Bereitschaft, das vornehmlich von Frankreich ausgehende Angebot der europäischen Integration anzunehmen; und ohne den im Westen wie im Osten unseres Volkes elementaren Willen, festzuhalten am Bewußtsein der Einheit der Nation, wäre die Wiedervereinigung nicht zustande gekommen. Wir Deutschen haben im Lauf der zweiten Hälfte des 20. Jahrhunderts tatsächlich einige wichtige Lehren aus unserer katastrophenreichen Geschichte in der ersten Hälfte gezogen. Wir haben etwas aus der Geschichte gelernt.

Zwar hat Deutschland mit mehreren ungelösten Problemen und mit Defiziten zu tun – ich komme im folgenden darauf zurück – , aber alles in allem sind zu Beginn des 21. Jahrhunderts unsere Nation und unser Staat in einer besseren und solideren inneren und äußeren Verfassung als jemals zuvor. Diese Leistung, die kaum ein Angehöriger der ersten Nachkriegsgenerationen auch nur für möglich gehalten hat, hätten wir Deutschen allein und nur aus eigener Kraft nicht zustande gebracht. Sie wäre ohne die Einbettung in die Europäische Union und in das Nordatlantische Bündnis, ohne die Hilfen durch unsere Nachbarn und durch die westlichen Siegermächte des Zweiten Weltkriegs nicht möglich gewesen. Der moralische und politische Absturz durch Hitler und seinen totalen Krieg ist tiefer und zerstörerischer gewesen als alle Katastrophen, die Deutschland seit dem Dreißigjährigen Krieg erlebt hatte. Trotzdem haben wir die nationale Einheit erreicht. Es gibt keine Grenz- und Gebietsprobleme mit unseren Nachbarn. Es gibt auch keinen Separatismus. Es gibt jedoch ein allen Schichten und Klassen der Gesellschaft weithin gemeinsames Bewußtsein von der Gültigkeit des demokratischen Prinzips, des rechtsstaatlichen Prinzips, des föderativen Prinzips und des Prinzips der sozialen Gerechtigkeit. Eine derartig breite Überein-

stimmung in den grundlegenden und maßgebenden Werten hat
es weder zur Kaiserzeit noch in der Weimarer Republik gegeben –
und auch noch nicht in den unmittelbaren Nachkriegsjahrzehn-
ten. Zwar herrscht unter den Nachgeborenen vielerlei Kritik und
Unzufriedenheit, es gibt mancherlei Verstöße gegen das Prinzip
der Solidargemeinschaft, auch grobe Ungerechtigkeiten, und
natürlich gibt es Neid. Aber eine geradezu überwältigende Mehrheit der Deutschen empfindet die Bundesrepublik Deutschland
heute als ihren Staat und will in keinem anderen leben.

Anders als zu Weimarer Zeiten wollen alle unsere größeren
politischen Parteien die Verfassung achten. Sie sind, bei allem
Streit und aller Polemik, in ihrer Politik weitgehend vom Geist
der Aufklärung geleitet. Ein Kampf zwischen den Kirchen und
dem Staat ist nahezu undenkbar. Weder der Staat noch die politischen Parteien haben in der Verteidigung gegen mörderischen
Terrorismus das Prinzip des Rechtsstaates verlassen. Erstmalig in
unserer Geschichte sind die Streitkräfte und ihre Offiziere innerlich der Demokratie verpflichtet. Wir haben mehrere Regierungswechsel (und auch Koalitionswechsel!) erlebt: 1966, 1969, 1982,
1998 und abermals 2005 – die überwältigende Mehrheit der Deutschen begreift solche Wechsel heute als Teil der demokratischen
Normalität. Kein vernünftiger Mensch muß deshalb den »Untergang des Vaterlandes« oder die »Wiederkehr des Faschismus« befürchten. Die schweren, von weltanschaulichen Vorurteilen und
Verdächtigungen inspirierten Wahlkämpfe früherer Jahrzehnte
gehören offensichtlich der Vergangenheit an; an ihre Stelle ist
eine erheblich sachlichere Auseinandersetzung getreten.

Zwar werden die Wahlkämpfe in Deutschland auch künftig
von Unfairneß, Unwahrheiten und Übertreibungen überschattet
sein, aber sie werden sich von den Wahlkämpfen in unseren demokratisch regierten Nachbarstaaten nicht sonderlich unterscheiden. Nirgendwo auf der Welt finden Wahlkämpfe auf einer
moralischen Hochebene statt. Wenn sie bei uns inzwischen die
Sümpfe der Tiefebene verlassen haben, ist das ein Verdienst vieler

einzelner; aber weniger die Bischöfe, die parlamentarischen Führer, die Kanzler oder Kanzlerkandidaten ragen dabei sonderlich
hervor, sondern eher die Bundespräsidenten, die ihr Amt als
Staatsoberhaupt gelassen, aber mit großem Verantwortungsbewußtsein ausgeübt haben und auf Ausgleich bedacht waren.

Eine Beobachtung zum Sprachgebrauch der Deutschen sei
hier am Rande vermerkt. Ich weiß, daß die Worte Führen und Führung wegen des nationalsozialistischen Führerkults in Deutschland recht ungern gebraucht werden, aber es gibt in unserer Sprache kein anderes Wort, das besser geeignet wäre. Anders als in
England oder den USA, wo das Wort »leader« selbstverständlich
ist, vermeiden wir immer noch das Wort Führer. Aber ein Bundeskanzler muß Führer der Regierung und des Staates sein – wie
anders könnte er sonst die »Richtlinien der Politik« bestimmen,
wozu ihn das Grundgesetz berufen hat? In den Unternehmungen
redet man vom Chef, vom Vorstandsvorsitzenden oder englisch
vom CEO (Chief Executive Officer), ein Schiffsführer heißt von
alters her Kapitän. So wie ein Unternehmen, eine Stadt oder ein
Land hat auch eine politische Partei, eine Bundestagsfraktion
und jede Regierung Führung nötig. Die Opposition hat ebenfalls
Führung nötig – und an dem Wort Oppositionsführer hat kein
Deutscher je Anstoß genommen. Ich habe mir als Kanzler einmal
den Scherz erlaubt, mich den »leitenden Angestellten« der Bundesrepublik zu nennen; die meisten Leute fanden das nicht gut.

Sieht man von wenigen rühmlichen Ausnahmen ab – ich
nenne an erster Stelle Kurt Schumacher, Konrad Adenauer und
Theodor Heuss –, bestand die erste Generation der deutschen
Nachkriegspolitiker zu einem großen Teil aus ehemaligen Nazis
und ehemaligen Mitläufern. Von Karl Schiller über Kurt Georg
Kiesinger bis hin zum späteren Bundespräsidenten Lübke handelte es sich um Leute, die sich in der Zeit des »Dritten Reiches«
angepaßt hatten. Dennoch hatte Deutschland mit seinen politischen Führern nach 1949 alles in allem ziemlich viel Glück. Dabei
denke ich nicht nur an die Regierenden oder an einige herausra-

gende Ministerpräsidenten in den Ländern, sondern auch an jene Spitzenpolitiker, die wie Ernst Reuter und Fritz Erler oder Rainer Barzel und Hans-Jochen Vogel als Führer oder Sprecher der Opposition durch ihre kritische Argumentation und ihren jeweils besonderen Stil zur Entwicklung der politischen Landschaft wesentlich beigetragen haben. Glück hatten wir auch bei der Entwicklung einer kritischen, zugleich wegweisenden politischen Publizistik, vor allem in den Medien; einige Namen habe ich bereits genannt – hinzufügen will ich ihnen an dieser Stelle in dankbarer Erinnerung Paul Sethe, Rudolf Augstein und Marion Gräfin Dönhoff.

Sie alle sind leidenschaftliche und streitbare Menschen gewesen, sie haben vielerlei Zustimmung gefunden und vielerlei Abneigung hervorgerufen. Manch einem zeitgenössischen Beobachter gingen die Auseinandersetzungen mitunter zu weit. Aber die spießbürgerliche Sehnsucht nach politischer Harmonie hat letztlich die große Stärke des demokratischen Prinzips doch nicht verdeckt. Lernfähigkeit und Anpassungsfähigkeit der Demokratie können nur gedeihen in einem Klima, in dem Diskussion, Konflikt und Streit selbstverständlich sind. Kultureller und politischer Fortschritt bedürfen des Konfliktes. Demokratie ist weniger ein Zustand als vielmehr ein Prozeß. Diese Erkenntnis ist im Kaiserreich weder dem Adel und dem Militär noch dem Bürgertum oder der Arbeiterbewegung möglich gewesen; später haben Nazis und Kommunisten versucht, durch ihre Diktatur wenigstens äußerliche Harmonie zu erzwingen.

Wenn wir dagegen heute endlich verstanden haben, daß Demokratie immer auch offene Austragung von Konflikten bedeutet, daß es gleichwohl moralische und rechtliche Grenzen für jeden Streit und jeden Kampf gibt, die wir nicht verletzen dürfen, dann haben wir Deutschen tatsächlich einen großen Schritt nach vorn gemacht. Zu Pessimismus ist kein Anlaß.

Die schwerste Hypothek

Bei aller Normalität, zu der die Deutschen nach vielen Irrwegen in ihrer Geschichte während der zweiten Hälfte des 20. Jahrhunderts endlich gefunden haben, lastet auf unserer Nation eine schwere Hypothek, die kein Deutscher jemals wird tilgen können: der millionenfache Mord an den europäischen Juden. Der Holocaust wird nicht nur unser Verhältnis zu den Juden und zum Staat Israel durch lange künftige Generationen bestimmen; seine Schatten liegen auch über unseren nachbarschaftlichen Beziehungen, denn kaum ein Land in Europa blieb von den Vernichtungsaktionen der Nationalsozialisten gegen die Juden verschont. Auch wenn uns die Integration der Deutschen in die Europäische Union heute als selbstverständlich erscheinen mag, dürfen wir nicht vergessen, daß der Zweite Weltkrieg kein »normaler Krieg« war. Im Laufe der Jahrhunderte haben die europäischen Nationen viele Kriege gegeneinander geführt, darunter auch zahlreiche Angriffskriege zur Erweiterung des eigenen Territoriums. Der Holocaust war jedoch nicht gegen eine bestimmte Nation gerichtet, sondern er war ein Vernichtungskrieg gegen die Juden; dabei handelte es sich nicht um eine kriegerische Auseinandersetzung zwischen Staaten, sondern um verbrecherischen millionenfachen Mord.

Noch in meiner Schulzeit in den zwanziger und frühen dreißiger Jahren habe ich von Juden nichts gewußt. Die jüdischen Mitschüler waren normale Klassenkameraden wie alle anderen auch. Erst nach 1945 erfuhr ich, daß mein Schulfreund Helmuth

Gerson ein Jude war. Indem Hitler und die Nazis die jüdischen Mitbürger ausgrenzten, machten sie aus ihnen etwas Besonderes. Mein Freund Fritz Stern, 1926 in Breslau geboren und dort in bürgerlichen Verhältnissen aufgewachsen, hat einmal mit der ihm eigenen Ironie gesagt: »Es war der Führer, der mich zum Juden gemacht hat.«

Im Juli 1980 feierte mein Freund Nahum Goldman in Amsterdam seinen 85. Geburtstag. Er sprach über Juden und Deutsche und erwähnte, daß die klassischen Zionisten Herzl, Nordau und Hess alle auf Deutsch geschrieben haben. Dann kam jene Passage, die mich heute noch zutiefst anrührt. Der Präsident des World Jewish Congress sagte nämlich: »Ich war fünf Jahre alt, als ich nach Deutschland kam. Meine Sprache und meine Kultur sind zuallererst deutsch. Wenn ich liebe, so in Deutsch. Wenn ich hasse, so in Deutsch. Wenn ich träume, so ist es in Deutsch.« Ich war erschüttert und dachte bei mir: Mein Gott, warum hast du den Holocaust zugelassen?

Gott sei gerecht, heißt es, aber ich habe dieses Wort nie wirklich akzeptieren können. Gott hat zu viele und zu große Verbrechen zugelassen. Gerechtigkeit zählt zwar zu den Kardinaltugenden, und die meisten Menschen streben nach Gerechtigkeit. Auch wir Sozialdemokraten haben die Gerechtigkeit den beiden anderen Grundwerten Freiheit und Solidarität an die Seite gestellt. Aber die Geschichte der Menschheit zeichnet sich bisher nicht sonderlich durch Gerechtigkeit aus. In der deutschen Geschichte bedeutet die Ausgrenzung und Entrechtung der Juden nach 1933 den schwersten Verstoß gegen das Gebot der Gerechtigkeit – und darüber hinaus auch gegen das Gebot zur solidarischen Mitmenschlichkeit.

Mit dem furchtbaren Makel des Holocaust werden auch die nachgeborenen Deutschen leben müssen. Es wird ihnen allerdings immer schwerer fallen zu verstehen, wie es zu diesem Kolossalverbrechen gekommen ist. Auch die heute lebenden Deutschen, die sich noch an die Nazi-Herrschaft erinnern, können es sich nur teilweise erklären. Zwar kennen wir inzwischen die lange Geschichte des in Europa weitverbreiteten Antisemitismus einschließlich der unheilvollen Rolle, welche die christlichen Kirchen dabei gespielt haben. Wir besitzen ganze Bücherregale voller Spezialliteratur zu allen möglichen Aspekten der Vorgeschichte und verfolgen mit Interesse die historischen Kontroversen, die in der Öffentlichkeit immer erneut geführt werden. In Wahrheit fragen wir uns aber immer noch, ob es im kulturellen deutschen Erbe spezifische Anlagen gegeben haben könnte, die wir in anderen Nationen nicht finden, die aber den Boden dafür bereiteten, daß Zehntausende deutsche SS-Männer, Gestapo-Beamte, Soldaten und staatliche Funktionäre zu Mördern und Beihelfern zum Mord wurden.

Eine klare oder gar eine einfache Antwort auf diese Frage wird es nicht geben. Zwar hat sich die Debatte in den letzten Jahren einigermaßen versachlicht. Von der ideologisch angeheizten Hysterie der siebziger und achtziger Jahre ist heute deutlich weniger zu spüren, so wie auf der anderen Seite die demonstrative Borniertheit seltener geworden ist. Die Thesen von der »kollektiven Schuld« aller Deutschen und vom verbrecherischen Charakter der gesamten Wehrmacht habe ich aus Überzeugung immer verworfen; umgekehrt konnten mir aber auch die Behauptung von der »Ehre« der deutschen Soldaten und der generelle Freispruch der Wehrmacht von jeglicher Verantwortung keineswegs einleuchten. Die meisten der in der Nazi-Zeit lebenden Deutschen waren, ob als einzelne persönlich schuldig oder unschuldig, in das Unheil verstrickt. Millionen und Abermillionen haben ihre Väter und Brüder im Krieg verloren, ihre Mütter und Geschwister und dazu noch all ihre Habe.

Aber wer von den Nachgeborenen kann sich in die seelische Befindlichkeit unserer Generation einfühlen, die in den Kriegsjahren vor allem eines hatte: Angst? Angst vor den Bombenteppichen, Angst vor schwerer Verstümmelung, Angst vor sowjetischer Gefangenschaft, aber genauso Angst vor der Gestapo, vor der SS,

vor dem Kriegsgericht, vor dem Nazi-Vorgesetzten. Die erdrük-
kende Propaganda des »Dritten Reiches« trug ihrerseits erheblich
zur Abstumpfung bei. Hinzu kam die Verrohung gegenüber dem
Feind, die jeder Krieg zwangsläufig mit sich bringt. Am Ende
hat wohl auch der seit Generationen eingeübte Gehorsam eine
wichtige Rolle gespielt. Ich erwähne diese Faktoren nicht, um die
Deutschen zu entlasten, sondern um zu zeigen, wie ungeheuer
schwer es ist, zu einem abschließenden Urteil zu gelangen.

Es steht uns Deutschen nicht zu, die Juden in der Welt zur
Versöhnung aufzurufen. Ich vergesse nicht den Satz, den Martin
Buber 1953 in Hamburg öffentlich ausgesprochen hat: »Was bin
ich, daß ich mich vermessen könnte, hier zu ›vergeben‹?« In der
gleichen Rede sagte er später: »Mein der Schwäche des Menschen
kundiges Herz weigert sich, meinen Nächsten deswegen zu ver-
dammen, weil er es nicht über sich vermocht hat, Märtyrer zu
werden.« Dieser Satz Martin Bubers ist mir noch immer Trost.

Aufgrund unserer Verantwortung für das, was den Juden Europas zwischen 1939 und 1945 von den Deutschen an Leid zugefügt wurde, wird unser Verhältnis zum Staat Israel stets ein anderes sein als unser Verhältnis zu allen übrigen Nationen. Das Wort
von der guten Nachbarschaft, die uns Deutschen geboten ist,
kann für unser Verhältnis zu dem jüdischen Staat nicht ausreichen; dieses ist ungleich diffiziler und komplexer als unsere Beziehung zu allen Nachbarn im engeren und weiteren Sinn. Mit
Recht sind sämtliche Regierungen der alten und ebenso der wiedervereinigten Bundesrepublik gegen Antisemitismus, Rassismus
und Fremdenfeindlichkeit eingetreten und haben sich für die
Selbstbehauptung des Staates Israel eingesetzt. Dabei muß es
bleiben.

Ob Golda Meir oder Moshe Dayan, Teddy Kollek oder Yitzhak Rabin: Keiner dieser von mir bewunderten politischen Führer Israels hat mich entgelten lassen, daß ich Deutscher bin. Allerdings gab es und gibt es auch israelische Politiker, die jedem
Deutschen mit tiefem Argwohn begegnen, und sogar einige, die

Deutschland der Zusammenarbeit mit den arabischen Feinden Israels verdächtigen.

In diesem Zusammenhang möchte ich die politische Klasse unseres Landes davor warnen, sich in den dringend notwendigen, aber seit sechzig Jahren vergeblich angestrebten Ausgleich zwischen Israel und seinen arabischen Nachbarn einzumischen. Auch nur den Anschein sollten wir vermeiden. Denn zum einen haben wir im Machtgefüge des Nahen und Mittleren Ostens keinerlei Hebel zur Verfügung, um den Friedensprozeß zu beeinflussen. Zum anderen ist unsere Glaubwürdigkeit auf beiden Seiten stark beeinträchtigt: Viele Palästinenser und die Araber insgesamt nehmen uns Deutschen eine unparteiische Maklerrolle nicht ab; sie glauben, wir stünden von vornherein auf der Seite Israels. Viele Israelis gehen ihrerseits davon aus, daß wir aufgrund des Holocaust zur Parteinahme für Israel verpflichtet sind. Wir Deutschen können beide Seiten nur enttäuschen. Im übrigen wird auch die Europäische Union zur Lösung der verwickelten Probleme des Mittleren Ostens kaum beitragen können. Sie sollte sich keine solchen machtpolitischen Ziele setzen.

Es wäre aber auch ein Fehler zu glauben, mit demonstrativer Zuneigung zum Staat Israel ließen sich auf Dauer auch die Probleme lösen, die in Deutschland selbst zwischen Juden und Deutschen bestehen. Es gibt an die 15 Millionen Juden auf der Welt – davon lebt mehr als ein Drittel in Israel –, und die Mehrheit aller Juden in Europa, in Israel und in Amerika beobachtet sorgfältig und sehr kritisch die Entwicklung in Deutschland. Viele glauben uns zwar, daß wir im Bewußtsein unserer Verantwortung dafür sorgen, keinerlei Antisemitismus und Atavismus in Deutschland wieder aufleben zu lassen. Aber nicht einmal wir selbst können uns in diesem Punkt absolut sicher fühlen, und darin liegt ein zusätzliches Dilemma.

Kein Volk ist vor gelegentlicher massenhafter Psychose und Hysterie gefeit – schon gar nicht wir Deutschen. In den siebziger Jahren hat uns der mörderische Terrorismus der RAF gezeigt, daß

Haß nicht nur aus sozialem Elend und Unterdrückung entsteht, sondern auch aus ideologischer Verblendung. In den dreißiger Jahren war es ganz ähnlich gewesen. Mit der Suche nach Sündenböcken fing es an, es setzte sich fort mit der Verbrennung von Büchern, steigerte sich alsbald zur Gewalt gegen Sachen, dann gegen Menschen und endete schließlich im millionenfachen Mord. Begonnen hatte die tödliche Kette bereits mit den Morden an Liebknecht, Luxemburg, Erzberger und Rathenau. In meiner Zeit hat es abermals eine tödliche Kette gegeben, die mit dem Protest an einigen Universitäten begann und sich binnen weniger Jahre zu den ideologisch motivierten Mordtaten der Baader-Meinhof-Leute steigerte. Manch einer verspürte heimliche Sympathie.

Je mehr wir unser Geschichtsbewußtsein auf die Nazi-Zeit beschränken, auf den Fehlschlag des Weimarer Demokratie-Versuchs, auf den von Hitler ausgelösten Zweiten Weltkrieg und seine katastrophalen Folgen, je stärker wir uns auf den Holocaust und die übrigen Verbrechen der Nazi-Zeit konzentrieren, desto stärker reagieren wir Deutsche mit Nervosität und auch Angst auf Veränderungen. Noch in den fünfziger Jahren war den meisten Deutschen die Kernkraft als wünschenswert erschienen; einige Jahrzehnte später hat Deutschland als eines von wenigen Ländern aus Angst vor der Kernkraft den »Einstieg in den Ausstieg« beschlossen und hält bis heute daran fest, obgleich die Kernkraftwerke inzwischen aus Gründen, der Vernunft, nämlich aus ökologischen und ökonomischen Gründen, in aller Welt gebaut werden. Als in den späten sechziger Jahren in den USA viele Studenten wegen des Vietnam-Kriegs protestierten, setzten deutsche Jugendliche die Protestbewegung fort, weil sie eine »Rückkehr des Faschismus« befürchteten. Als in den siebziger Jahren der »Club of Rome« mit zwei Berichten ziemlich irrational das »Ende des Wachstums« verkündete, fand er nirgendwo mehr geängstigte Anhänger als bei uns Deutschen. In den achtziger Jahren protestierten Hunderttausende Deutsche zweimal gegen den NATO-Doppelbeschluß. Für die Zukunft ist nicht auszuschließen, daß eine andauernde hohe Massenarbeitslosigkeit, welcher der Gesetzgeber mit vernünftigen, jedoch unpopulären Arbeitsmarkt- oder sozialpolitischen Schritten zu begegnen sucht, abermals einen Nährboden für psychotische Reaktionen bieten kann, wie bereits 2003 die Ablehnung von Kanzler Schröders durchaus vernünftiger und notwendiger »Agenda 2010« gezeigt hat.

Ich bezweifle, daß es richtig und sinnvoll ist, den Unterricht an Schulen und Universitäten auf die Nazi-Zeit zu fokussieren; im Gegenteil, ich halte diese Art der Aufklärung eher für abträglich. Die Konzentration des Unterrichts auf die zwölfjährige Nazi-Diktatur führt zur Vernachlässigung der anderen Epochen der deutschen Geschichte. Vor allem aber wird den jungen Leuten, wenn auch ungewollt, der Eindruck vermittelt, vor den Nazis und auch danach sei bei uns alles ziemlich problemlos gewesen. Tatsächlich war aber der ideologische Boden schon lange vor 1933 bereitet. Die Erziehung hatte seit Generationen versagt, nämlich die Erziehung zur Würde und Freiheit der einzelnen Person, zur Humanitas, zur Demokratie.

Heute, wo soviel von der Reform unseres Bildungssystems die Rede ist, sollte dieser Aspekt der Erziehung, der Erziehung zum eigenen kritischen Urteil, viel mehr im Vordergrund stehen. Es reicht nicht aus, die Nachwachsenden für einen Beruf im Handwerk, in der Fabrik oder im Büro auszubilden oder ihnen Anglistik oder Maschinenbau, Medizin oder Betriebswirtschaft beizubringen. Vielmehr sollten Ausbilder, Lehrer und Professoren, unabhängig von ihrem Fach, immer wieder ein eigenes Beispiel dafür geben, daß die Freiheit in einer offenen Gesellschaft jedem einzelnen große Urteils- und Handlungsspielräume gewährt, daß es auf das eigene Urteil ankommt, daß es aber für jeden einzelnen wie für jede Gruppe moralische und rechtliche Grenzen gibt, die nicht überschritten werden dürfen.

Die Deutschen als Nachbarn

Wir Deutschen sind in der Entwicklung unseres Nationalstaates um mehrere Jahrhunderte hinter den anderen großen europäischen Nationen zurückgeblieben. Stärker als alle anderen litten wir unter der religiösen Zweiteilung durch die Reformation und unter den zerstörerischen Folgen des Dreißigjährigen Krieges in der ersten Hälfte des 17. Jahrhunderts. Bis in die zweite Hälfte des 19. Jahrhunderts war Deutschland lediglich ein geographischer Begriff, zu definieren allenfalls durch die gemeinsame Sprache. Bis zur Reichsgründung durch Bismarck 1871 befaßten sich die Deutschen vornehmlich mit innerdeutschen Querelen und wurden deshalb immer wieder zum Spielball der Machtinteressen europäischer Staaten. Eine funktionstüchtige parlamentarische Demokratie gibt es in Deutschland – mit der auf ein einziges Jahrzehnt beschränkten Ausnahme in den Weimarer Jahren – erst seit 1949; und erst seit dem Oktober 1990 wird die *gesamte* Nation parlamentarisch-demokratisch regiert.

Der kurze, aber verhängnisvolle Ausflug der Deutschen in die Weltpolitik dauerte gerade einmal ein halbes Jahrhundert. Der Exzeß begann in den letzten Jahren des 19. Jahrhunderts mit der Forderung nach einem »Platz an der Sonne«: Die Deutschen verlangten, bei der Verteilung der Kolonien berücksichtigt zu werden. Am Anfang standen die beiden leicht megalomanen Antreiber Alfred von Tirpitz und Wilhelm II.; von ihnen führte eine direkte Linie zum Größenwahn Adolf Hitlers. Die katastrophalen Folgen des von ihm provozierten – und im Fernen Osten fast

gleichzeitig von der japanischen Militärkaste ins Werk gesetzten –
Zweiten Weltkrieges haben die Deutschen gezwungenermaßen
dazu gebracht, sich wieder auf ihre eigenen Angelegenheiten zu
konzentrieren. Dies gelang ihnen vor dem Hintergrund des seit
1947 sich entfaltenden Kalten Krieges und der gleichzeitigen
Zweiteilung Deutschlands, die eine Selbstbeschränkung der
Deutschen notwendig machte. Während Walter Ulbricht und die
kommunistischen Machthaber in der DDR zwangsläufig ausschließlich auf Moskau orientiert waren, hatten die westdeutschen Politiker, allen voran Adenauer und Schumacher, stets
beide Pole im Visier: Washington und Moskau. Der Streit dieser
beiden Führungspersonen drehte sich um die Einbettung Westdeutschland in den von Washington geförderten europäischen
Integrationsprozeß. Während sich Schumacher weder auf Washington noch auf Moskau fixieren wollte, entschied Adenauer
sich für die USA, die NATO und die westeuropäische Integration.
Schumacher war menschlich unanfechtbar, aber die Geschichte
hat Adenauer recht gegeben.

Über der Frage des westdeutschen Beitritts zum Vertrag über
die Nichtverbreitung von Atomwaffen (Non-Proliferation Treaty,
NPT, auch Atomwaffensperrvertrag genannt), den Moskau
und Washington gemeinsam entworfen und betrieben hatten,
wuchs den Deutschen in den sechziger Jahren vorübergehend
eine kleine Rolle in der Weltpolitik zu (in diesem Fall gab die
spätere Geschichte den Bonner Sozialdemokraten recht). Erst
in den siebziger Jahren wandte sich die Bonner Politik vorsichtig der Welt außerhalb des Ost-West-Konfliktes zu. Die Herstellung diplomatischer Beziehungen zwischen der Bundesrepublik
Deutschland und der Volksrepublik China 1972 war ein allerer-
ster kleiner Schritt hinaus. Aber sowohl Willy Brandts Ostpolitik
als auch die KSZE-Schlußkonferenz (Konferenz über Sicherheit
und Zusammenarbeit in Europa) 1975 in Helsinki waren noch im
Rahmen des Kalten Krieges um Entspannung bemüht; ebenso
bewegten sich der NATO-Doppelbeschluß des Jahres 1979 und

seine positiven weltpolitischen Folgen ab 1987 noch innerhalb der Zwänge des Ost-West-Konfliktes. Im Jahre 2003 spielte das vereinigte Deutschland mit seiner Opposition gegen den von den USA geführten Irak-Krieg erstmals eine kleine weltpolitische Rolle; sie war freilich beschränkt und blieb ohne weitreichende Folgen.

Mancher Beobachter schien zu glauben, daß Deutschland damit in die Weltpolitik zurückgekehrt sei, aus der es sich nach Hitler hatte verabschieden müssen. Es mag auch in Berlin heute den einen oder anderen Politiker und Diplomaten geben, dem die Teilnahme an der Weltpolitik wichtig ist. Tatsächlich hat sich die Welt seit der Jahrhundertwende aber grundlegend verändert, ohne daß die politische Klasse und die öffentliche Meinung in Deutschland sich dessen ausreichend bewußt geworden sind. Wenn einige deutsche Politiker und Diplomaten schon seit anderthalb Jahrzehnten danach streben, für Deutschland einen ständigen Sitz im Sicherheitsrat der Vereinten Nationen zu erringen, so sagt das viel über ihr Geltungsbedürfnis, verrät aber zugleich einen gravierenden Mangel an Augenmaß und eine Überschätzung der eigenen künftigen Reichweite.

Wir sind zwar heute die drittgrößte Volkswirtschaft der Welt (bald wird uns China überholen), aber es bleibt abzuwarten, ob unsere hohe Abhängigkeit vom Auf und Ab der Weltwirtschaft uns eine weltpolitische Rolle erlaubt oder ob unser hoher Anteil an der Weltwirtschaft uns eine auf dieses Feld beschränkte Rolle zuweist. Jedenfalls hat das politische Personal der Bundesrepublik auf den Feldern der Weltpolitik nur sehr geringe Erfahrungen. Unsere politische Klasse verfügt über keinerlei außenpolitische Traditionen, die über Europa hinausreichen. Wohl aber glauben einige Deutsche sich legitimiert, anderen großen Nationen und Staaten Lehren zu erteilen in Sachen der politischen Kultur, der Demokratie und Menschenrechte.

Unser eigentliches außenpolitisches Feld liegt in Europa, nicht aber im Kaukasus, im Nahen und Mittleren Osten, nicht in

Asien oder in Afrika. Es gibt ein vitales deutsches Interesse an der Festigung der Europäischen Union. Daß wir seit 1990 die überstürzte Erweiterung der EU von zwölf auf 27 Staaten (und demnächst noch mehr!) bedenkenlos mitgemacht haben, ohne daß vorher die internen Verfahrensregeln der EU geklärt und gestrafft worden sind, mag zwar manch einem als Erfolg von weltpolitischer Bedeutung erschienen sein. Tatsächlich aber hat die voreilige enorme Erweiterung einstweilen nur eine weitgehende Handlungsunfähigkeit der EU bewirkt. Gegen das Ende des 20. Jahrhunderts war die alte, aus zwölf Mitgliedsstaaten bestehend Europäische Wirtschaftsgemeinschaft (EWG) weitaus homogener und weitaus handlungsfähiger als im Beginn des 21. Jahrhunderts die EU.

Es wird in der näheren Zukunft keine eigenständige deutsche Rolle in der Weltpolitik geben. Ob und wann es zu einer eigenständigen Rolle der Europäischen Union kommen wird, bleibt einstweilen und noch auf lange Zeit fraglich. Ob der amerikanische Versuch, der Nordatlantischen Allianz und der NATO eine weit über Europa hinausragende Rolle zu geben, auf die Dauer sinnvoll ist, bleibt mindestens ebenso fraglich.

Wir Deutschen können zur Stärkung Europas vor allem durch gutnachbarliche Beziehungen zu allen unseren Nachbarn beitragen. Hier liegen in den nächsten Jahrzehnten die überragenden Aufgaben deutscher Außenpolitik. Unser Feld ist nicht die Weltpolitik. Unser Feld sind unsere Nachbarn in Europa, mit denen wir in gutem Frieden leben wollen.

Wenn Polen oder Franzosen, Holländer, Belgier oder Tschechen, Dänen, Norweger oder Italiener vor die Frage gestellt werden, ob denn die Deutschen aus ihrer Geschichte genug gelernt haben, dann fühlt sich manch einer unserer Nachbarn seiner Antwort nicht ganz sicher. Es liegt noch keine zwei Jahrzehnte zurück, daß eine englische Premierministerin – in Anlehnung an Churchill – gemeint hat, man habe die Deutschen entweder an der Gurgel oder zu Füßen. Es wird noch einige Generationen dauern, bis bei allen unseren Nachbarn die schrecklichen Erinnerungen an deutsche Eroberung und Besatzung verblassen. Die Erinnerung an Auschwitz und an den von den Deutschen unter Hitler verübten Holocaust an sechs Millionen Juden wird im Bewußtsein der Welt aber so wenig vergehen, wie das Wissen von der babylonischen Gefangenschaft der Juden unter Nebukadnezar vergangen ist.

Für die uns benachbarten Nationen gilt, daß sie ihr Verhältnis zur jeweils anderen in erster Linie unter dem Aspekt ihrer eigenen Geschichte sehen. Die heute lebenden Deutschen wissen relativ wenig von den Tragödien, die sich in unseren Nachbarländern abgespielt haben, weil sie überlagert sind von der Beschäftigung mit der Nazi-Herrschaft im eigenen Land und vom Zweiten Weltkrieg insgesamt. Für die meisten unserer Nachbarn stellt es sich jedoch anders dar: Weil wir Deutschen in ihrer Geschichte eine unrühmliche Rolle gespielt haben, begegnet man uns dort mit Argwohn. Ein Zwischenfall, ungeschicktes Auftreten oder provozierende Reden können das im kollektiven Gedächtnis der Nachbarn haftende negative Bild der Deutschen leicht wieder virulent werden lassen. Dann können alte Ängste beschworen – oder auch instrumentalisiert – werden. Es erscheint mir fraglich, daß die Mehrheit der Deutschen diesen Zusammenhang wirklich verstanden hat und daß unsere Politiker in ihrer Außen- und Europapolitik sich solcher Gefahren immer bewußt sind.

Wir Deutschen haben eine besonders große Zahl von unmittelbar benachbarten Nationen, nämlich neun. Neben den neun unmittelbaren Nachbarn müssen wir, wegen ihrer Rolle in der deutschen Geschichte, auch Italien, Schweden, Rußland und England als unsere Nachbarn ansehen. Auf der ganzen Welt sind nur die Großstaaten China, Rußland und Brasilien von ähnlich vielen Nachbarn umgeben. Uns Deutschen ist daher in einem ungewöhnlich hohen Maße die Kunst guter Nachbarschaft auferlegt.

In dieser Tatsache liegt eine andauernde Belastung. Wenn wir die europäische Geschichte der letzten eintausend Jahre überblicken, sehen wir einen ständigen Wechsel von zentrifugalen und zentripetalen Kräften. Zuzeiten stießen die Deutschen nach außen vor, nach Italien, ins Baltikum, später nach Frankreich; unter Hitler reichte der deutsche Machtbereich vom Nordkap bis Nordafrika, vom Atlantik bis an die Wolga. Zu anderen Zeiten stießen Stärkere in die Mitte des Kontinents vor, so die Ungarn, die Türken, die Schweden, so Napoleon – und schließlich die Siegermächte am Ende des Zweiten Weltkrieges.

Den Frieden in Europa stabil zu halten ist vor allem eine deutsche Notwendigkeit. Die Aufgabe ist keineswegs unlösbar, auch wenn in unserer politischen Klasse, an unseren Schulen und Universitäten und nicht zuletzt in den Medien das Bewußtsein für diese Aufgabe wenig ausgeprägt zu sein scheint. Seit der Wiedervereinigung wird die Aufgabe zusätzlich erschwert, weil Deutschland mit über 80 Millionen Menschen in den Augen vieler Nachbarn unangenehm groß ist. Frankreich, England und Italien sind Staaten mit rund 60 Millionen Menschen; Deutschland hat doppelt so viele Einwohner wie Polen, fünfmal so viele wie Holland oder achtmal so viele wie die Tschechische Republik. Alle mit Ausnahme Englands erinnern sich an die Jahre, in denen sie einem übermächtigen deutschen Nachbarn ausgeliefert waren.

Es bleibt ein doppeltes Dilemma für alle Deutschen, insbesondere für unser außenpolitisches Führungspersonal, daß wir uns einerseits in der Mitte des europäischen Kontinents befinden und deshalb ungewöhnlich viele Nachbarn haben, daß wir andererseits aber der Zahl nach größer sind als jeder einzelne von ihnen. Wegen dieser zweifachen Erschwernis bleibt eine deutsche Politik der guten Nachbarschaft nach allen Seiten für eine unabsehbare Zukunft schwieriger und anspruchsvoller als für die anderen Nationen in Europa. Portugal beispielsweise hat nur einen Nachbarn, Norwegen hat drei. Selbst der Flächenstaat Frankreich hat nur fünf Nachbarn. England, seiner Insellage wegen, hat überhaupt keinen unmittelbaren Nachbarn, und die letzte überseeische Invasion liegt fast tausend Jahre zurück.

Größe kann Versuchungen zu Expansion oder Dominanz begünstigen. Deshalb kann Größe allein bei einem Nachbarn schon Argwohn und Ängste auslösen. Hinzu kommt bei vielen die böse Erinnerung an den Krieg und die Jahre der deutschen Besatzung. Aus dieser vielfach begründeten Sorge entstand der Wunsch, Deutschland wenigstens fest einzubinden, und so kam es in den fünfziger Jahren zur Strategie der europäischen Integration. Von der anderen Seite, vom deutschen Interesse aus betrachtet muß das vereinigte Deutschland außenpolitisch-strategisch daran interessiert sein, sich inmitten seiner vielen Nachbarn nicht zu isolieren. Folglich sind wir auf den Bestand der Europäischen Union und auf unsere Zugehörigkeit angewiesen. Wir dürfen keineswegs den Anschein erwecken oder auch nur den Eindruck zulassen, als ob Deutschland mit Hilfe seiner großen und leistungsfähigen Volkswirtschaft die Führung der EU anstrebt. Diese Warnung scheint mir dringend geboten, denn ein solcher Eindruck könnte den zur Zeit unwahrscheinlichen, aber dennoch denkbaren Zerfall der EU begünstigen. Falls die europäischen Nationen wieder auseinanderfallen sollten oder falls die Europäische Union von außen gespalten werden sollte, würden nicht nur einige der europäischen Nationalstaaten, sondern vornehmlich wir Deutschen darunter leiden. Eine auf gute Nachbarschaft und Kooperation mit allen Nachbarn orientierte deutsche auswärtige Politik würde dann sehr viel schwieriger werden als heute.

Unter all unseren europäischen Nachbarn war es Frankreich, das nach Hitlers Weltkrieg als erstes Land uns Deutschen Zusammenarbeit und – später – Versöhnung angeboten hat. Auch die europäische Integration ist von Frankreich ausgegangen, von dort kamen immer wieder entscheidende Anstöße. Dies geschah weniger aus Idealismus im Sinne Victor Hugos, der schon 1849 die Einigung Europas gefordert hatte, sondern es lag vor allem im strategischen Interesse Frankreichs. Frankreich wollte – und will immer noch – Deutschland einbinden. Zugleich waren viele Franzosen sich schon früh darüber im klaren, daß die Einbindung Deutschlands nur dann dauerhaft gelingen kann, wenn Frankreich sich auch selbst einbindet. Wir Deutschen haben diese Zielsetzung akzeptiert und uns zu eigen gemacht. Dabei war es für mich immer selbstverständlich, auf der Weltbühne den Franzosen den Vortritt zu lassen (wobei ich die habituelle Würde, mit der die französischen Staatspräsidenten auf dieser Bühne agierten, immer positiv registriert habe).

Frankreich ist sowohl aufgrund seiner geschichtlichen Rolle als auch entsprechend seiner heutigen politischen und ökonomischen Bedeutung zweifellos unser wichtigster Nachbar. Die Geschichte der französischen Nation reicht weit über ein Jahrtausend zurück, der französische Nationalstaat ist im Laufe vieler Jahrhunderte entstanden. Während die Territorien des »Römischen Reiches deutscher Nation«, die weit über den deutschen Sprachraum hinausreichten, jahrhundertelang Schauplatz der Machtkämpfe zwischen Kaiser und Papst waren und das deutsche Gebiet immer ein Tummelplatz der Rivalitäten zwischen ungezählten Herzögen, Kurfürsten, großen, kleinen und klitzekleinen Dynastien blieb, konnte sich Frankreich zu einem mächtigen und funktionstüchtigen Zentralstaat entwickeln. Seit Jahrhunderten ist Paris nicht nur das alleinige politische, sondern auch das kulturelle und ökonomische Zentrum der französischen Nation.

Zwar hat auch Frankreich blutige religiöse Kämpfe erlebt. Aber anders als in Deutschland, wo sich die religiöse Spaltung bis tief in die Bismarck-Zeit negativ ausgewirkt hat, spielen die Bartholomäusnacht des Jahres 1572 und die anschließende Flucht Zehntausender protestantischer Hugenotten im Gedächtnis der Nation keine wichtige Rolle mehr. Noch zu Zeiten Wilhelms II. haben in Deutschland viele Menschen geglaubt, ihr Staat ruhe auf den beiden Säulen von »Thron und Altar«. Frankreich dagegen ist mindestens seit der Revolution von 1789 und der Herrschaft Napoleons ein säkularisierter Staat. Vorbei die Zeiten, in denen die Kardinäle Mazarin und Richelieu die politischen Geschäfte führten.

Die Aufklärung hat in Frankreich kräftige Wurzeln, desgleichen das demokratische Prinzip. Beides hat sich positiv auf die Politik ausgewirkt. Zwar hat auch Frankreich tiefe Brüche in seiner politischen Entwicklung und in seiner Verfassungsgeschichte erlebt, aber insgesamt scheinen die Franzosen damit weit besser zurechtgekommen zu sein als die Deutschen mit ihren Umwälzungen. Vom Verlust der Kolonien abgesehen, den die Franzosen erst nach schweren, blutigen Opfergängen verwunden haben, ist die politische Geschichte Frankreichs glücklicher verlaufen als die unsrige.

Auch deshalb ist es mir 1950 als unverdienter Glücksfall erschienen, daß Frankreich mit dem Schuman-Plan die europäische Integration unter Einschluß der damaligen Bundesrepublik Deutschland in Gang setzte. Abermals war es für mich ein unverdienter Glücksfall, als Charles de Gaulle dem deutschen Volk die Hand zur Versöhnung entgegenstreckte. Als er im September 1962 nach Hamburg kam, war ich als Innensenator zuständig für die Sicherheit. Ich habe Blut und Wasser geschwitzt, als de Gaulle aus dem Auto stieg und auf die Menge zuging und überall Hände schüttelte. Aufgrund seiner Körpergröße überragte er alle – auch nachher beim offiziellen Phototermin mit dem Hamburger Senat –, und dies empfand ich als durchaus symbolisch.

De Gaulle hielt in Hamburg drei großartige Reden. Bei seiner Rede vor der Führungsakademie der Bundeswehr erinnerte ich mich an meinen Großvater, der mir als Kind schlimme Geschichten über die »bösen Franzosen« erzählt hatte. Noch 1928 war in meiner Grundschule mit einer Feier an den Tag von Sedan im Herbst des Jahres 1870 erinnert worden, den Tag des Sieges über den »Erbfeind«. Vor diesem Hintergrund möchte ich mir dringend wünschen, daß die Erfahrung der von Frankreich ausgehenden Versöhnung uns Deutschen nicht verlorengeht. Sosehr die Einbindung Westdeutschlands in die europäische Integration im kalkulierten Interesse Frankreichs lag, so sehr entsprach sie den deutschen Interessen (auch wenn dies zu Beginn nicht von allen hierzulande klar gesehen wurde).

Als ich 1969 als Verteidigungsminister erstmalig von Amts wegen mit auswärtigen Beziehungen befaßt war, lernte ich im NATO-Rat den französischen Kollegen Michel Debré kennen. Er war wesentlich erfahrener als ich, hatte bereits unter de Gaulle als Premierminister gedient und war nach dessen Tod (de Gaulle starb im November 1970) quasi der Siegelbewahrer gaullistischer Traditionen in der französischen Außenpolitik. Dazu gehörten die prinzipielle Ablehnung amerikanischer Führungsansprüche und eine große Skepsis gegenüber England. In bezug auf Deutschland war Debré sehr zurückhaltend. Dennoch haben wir höchst kollegial kooperiert – jeder konnte sich auf das Wort des anderen verlassen –, und sehr viel später ist daraus sogar ein freundschaftliches Verhältnis entstanden.

Es wird nach dem Gesagten niemanden verwundern, daß ich die sieben Jahre enger Zusammenarbeit und persönlicher Freundschaft mit Präsident Giscard d'Estaing als die glücklichste, weil ganz und gar befriedigende Zeit meines Lebens als Politiker bezeichne. Damals war die Zusammenarbeit zwischen Deutschland und Frankreich enger als jemals zuvor – und jemals danach. Wir waren uns zwar schon in Monnets Komitee begegnet, hatten uns aber erst in zwei gemeinsamen Jahren als Finanzminister näher kennengelernt. Als wir uns 1972 das erste Mal in amtlicher Eigenschaft begegneten – bei einer feierlichen EWG-Gipfelkonferenz unter Vorsitz von Präsident Pompidou –, haben wir leise spöttische Witze ausgetauscht über die phrasenreichen Reden, die wir zu hören bekamen.

Wir hatten ein ernstes Thema zu bewältigen: die Währungskrise zwischen den USA auf der einen und dem Rest der Welt auf der anderen Seite. Washington wollte das seit einem Vierteljahrhundert relativ gut funktionierende weltweite System fester Wechselkurse aufheben, um die USA zu entlasten; denn die Ankerfunktion des US-Dollars machte der amerikanischen Notenbank zu schaffen. Die europäischen Regierungen waren gegen die amerikanische Wechselkurspolitik, hatten aber nicht genügend Macht, Amerika daran zu hindern. Denn um die stetige Abwertung des US-Dollars aufzuhalten, hätten wir in unbegrenztem Ausmaß Dollars kaufen und dadurch unsere eigenen Währungen inflationieren müssen. In dieser diffizilen Zwangslage haben Giscard und ich einvernehmlich operiert. Aus dieser Gemeinsamkeit sind im Laufe weniger Jahre das Europäische Währungssystem (EWS) und der ECU erwachsen – und damit die erfolgreiche Grundlage für den Euro.

Zwar erlebten wir einige Rückschläge: 1989/90 den Widerstand Mitterrands gegen die deutsche Vereinigung, später die Zwistigkeiten zwischen Jacques Chirac und Gerhard Schröder. Es wird sicher auch künftig manchen Interessenkonflikt und manchen Streit geben. Solange aber die deutschen und die französischen Politiker an der Grundüberzeugung festhalten, daß die beiden Völker einander brauchen, um sich sicher fühlen zu können, bin ich zuversichtlich. Allerdings würde ich mir wünschen, daß die persönlichen Kontakte, die freundschaftlichen Verbindungen zwischen den politischen Klassen und die kollegiale Zusammenarbeit auf allen Ebenen enger werden. Dann ist mir um die Fortsetzung der von Giscard d'Estaing sogenannten deutsch-französischen Entente nicht bang.

Frankreich wird am Prinzip der europäischen Integration nicht nur festhalten, es wird auch in Zukunft an der Spitze stehen, auch wenn unter den Franzosen immer wieder Besorgnisse wegen einer Gefährdung der Eigenständigkeit Frankreichs auftauchen werden. Jedoch hat allein Frankreich die Möglichkeit, eine Führungsrolle in Europa zu spielen. Dabei werden Frankreichs Position im Sicherheitsrat der Vereinten Nationen und seine atomare Bewaffnung vorhersehbar ein hohes Gewicht behalten. Innerhalb der EU aber wird Frankreich weiterhin als *primus inter pares* erscheinen. Falls jedoch die heutige Handlungsunfähigkeit der erweiterten EU anhalten und es deshalb zur Herausbildung eines inneren Kerns kommen sollte, wird es abermals Frankreich sein, das Richtung und Tempo vorgibt.

Ein gutnachbarliches Verhältnis zu den Polen, zu ihrer Nation und ihrem Staat, bleibt eine der schwierigsten Aufgaben, vor die wir Deutschen gestellt sind. Nicht nur die drei Teilungen Polens wirken nach, welche die Monarchien Rußlands, Preußens und Österreichs am Ende des 18. Jahrhunderts erzwungen haben, und nicht nur die völlige Beseitigung der polnischen Souveränität fast das ganze 19. Jahrhundert hindurch bis ans Ende des Ersten Weltkrieges. Weit stärker noch haften im polnischen Gedächtnis die vierte gewaltsame Teilung durch Hitler und Stalin 1939 und die lange Zeit deutscher Besatzung und rücksichtsloser Ausbeutung. Die Erinnerung an diese Zeit ist verknüpft mit der Tragödie der europäischen Juden, zumal Hitler die Todesfabrik Auschwitz auf polnischem Boden errichtet hatte. Danach kam dann – die fünfte Katastrophe – die von Stalin erzwungene Verschiebung sowohl der östlichen als auch der westlichen polnischen Grenze, verbunden mit unendlichem Leid für Millionen geflüchteter, vertriebener und zwangsumgesiedelter Polen und Deutscher. Die Verschiebung des polnischen Staates um Hunderte von Kilometern von Ost nach West war eine direkte Folge von Hitlers Weltkrieg.

Als Herbert Wehner, Wolfgang Mischnick und ich als Bundeskanzler uns 1977 in Auschwitz zur deutschen Schuld bekannten, war ich zutiefst erschüttert und den Tränen nahe. Am Abend des gleichen Tages sagte Herbert Wehner zu mir: »Man muß die Polen schon allein deshalb lieben, weil sie mehr gelitten haben als alle anderen.« Ich habe dieses Wort nicht vergessen. Wenn man die polnische Geschichte bis in das Jahr 1772, das Jahr der ersten Teilung, zurückverfolgt, gewinnt es zusätzlich an Gewicht.

Leider wissen die meisten Deutschen nur wenig von der polnischen Geschichte und wenig von der polnischen Kultur. Zwar kennen wir Frédéric Chopin, aber einige halten ihn für einen Franzosen; zwar haben wir möglicherweise von Adam Mickiewicz und von seinem »Pan Tadeusz« gehört oder von Henryk Sienkiewiczs »Quo vadis« – aber darüber hinaus? Karl Dedecius und das Deutsche Polen-Institut in Darmstadt haben das große Verdienst, fünfzig polnische Autoren ins Deutsche übersetzt und publiziert zu haben. Insgesamt sind aber die deutschen Kenntnisse über Polen wahrscheinlich geringer als die polnischen Kenntnisse über Deutschland.

Nur die wenigsten Deutschen wissen, daß ein polnischer König schon im Jahre 966 den christlichen polnischen Staat begründet hat und daß der Name Polonia älter ist als der Name Deutschland. Wenn ein Deutscher den Namen Tannenberg hört, denkt er an eine Schlacht zwischen Deutschen und Russen im Ersten Weltkrieg und weiß nicht, daß es 500 Jahre vorher schon einmal eine Schlacht bei Tannenberg gegeben hat (die Polen nennen sie nach dem Dorf Grunwalden). Damals schlug ein polnischer König den deutschen Ritterorden – Danzig und die anderen Hansestädte standen auf polnischer Seite. Auch von den späteren Jahrhunderten der polnischen Geschichte wissen wir wenig. Der eine oder andere kennt vielleicht das »liberum veto«, das in der Zeit der Adelsherrschaft in Polen jedem Adligen im Sejm das Recht gab, einen Beschluß zu verhindern. Zur gleichen Zeit begann in Polen jedoch auch eine Epoche der Aufklärung und der Bildungsreform.

Die gegenseitige Abneigung von Deutschen und Polen, die viele historische Wurzeln hat, wurde seit der Neugründung des polnischen Staates 1919 beiderseits politisch gepflegt. So hat zum Beispiel der Weimarer Außenminister Gustav Stresemann den Versuch einer deutsch-polnischen Vereinbarung nach dem Vorbild der deutsch-französischen Verständigung von 1925 in Locarno abgelehnt. Nach Hitlers Krieg, in dem Polen noch einmal

von der Landkarte verschwand, blieben vielerlei Ressentiments.
Kurt Schumacher sprach 1950 von einer offensiven Verteidigung
Deutschlands an Weichsel und Narew; und vierzig Jahre später
hat die CDU/CSU bis zur letzten Minute die deutsch-polnische
Grenze nicht anerkennen wollen, die der Krieg und Stalin hinter-
lassen haben.

Mir ist immer bewußt gewesen, daß Polen gemeinsam mit
Frankreich unser wichtigster Nachbar ist. Im Bewußtsein der
Notwendigkeit deutsch-polnischer Verständigung habe ich 1966
als Bundestagsabgeordneter einen ersten privaten Besuch in Warschau gemacht; von daher rührt die Verbindung zu Mieczyslaw
Rakowski. 1974/75 habe ich mich gegenüber der zunächst skepti-
schen amerikanischen Regierung unter Gerald Ford für das Zu-
standekommen der KSZE-Schlußakte in Helsinki eingesetzt und
ebenso gegenüber der zunächst zögerlichen sowjetischen Führung für den »Korb III« der gleichen Akte (»Human Aspects of
Security«). Die Unterschriften durch Breschnew und die kommunistischen Führer im Osten Mitteleuropas sollten den Freiheitsbewegungen in diesen Staaten helfen. Das hat die Schlußakte
von Helsinki in den folgenden Jahren – man denke an Solidar-
ność, an die Charta 77 – dann tatsächlich auch getan. Aber auch
die Festschreibung der Grenzen, welche die Kommunisten in
Helsinki als Äquivalent erhielten, war ein Dienst am Frieden. Daß
sich die CDU/CSU – gemeinsam mit Albanien – der Schlußakte
widersetzte, bezeugte nur die Zähigkeit alter deutscher Ressentiments.

Mein eigener Versuch, mit der in Opposition stehenden polnischen katholischen Kirche in Kontakt zu treten, blieb allerdings ohne sonderlichen Erfolg. Kardinal Wyszynski war für
mich unerreichbar, und auf ein von mir angestrebtes Treffen
mit Karol Woityla, dem späteren Papst Johannes Paul II., hat sich
der Krakauer Erzbischof nicht einlassen wollen, weil er Konsequenzen in Warschau befürchten mußte. Allein Kardinal Glemp
habe ich insgeheim zum Gespräch treffen können. Nach der

Wende des Jahres 1989 habe ich viel aus Gesprächen mit Tadeusz Masowiecki, Bronislaw Geremek und Władysław Bartoszewski gelernt, auf deren Wahrhaftigkeit ich mich verlassen habe; was sie mir sagten, war weder politisch verzerrt noch diplomatisch verbrämt.

Auf polnischer Seite sind noch heute viele Ressentiments gegen die Deutschen zu spüren. Dazu kommt die alte Besorgnis, daß Selbstbestimmung und Identität der polnischen Nation, die eingeklemmt ist zwischen Rußland und Deutschland, gefährdet werden könnten. Den Freiheitsdrang und den besonderen Nationalstolz der Polen habe ich immer als natürliche Reaktion ihrer tragischen Geschichte verstanden und akzeptiert. Nach einem halben Jahrhundert der Unterdrückung, erst durch Hitler, danach durch die Sowjetunion, ist ein seelisches Bedürfnis nach sichtbarer Bestätigung der polnischen Eigenständigkeit und Selbstbestimmung gut zu verstehen.

Es fällt deshalb manchen Politikern in Polen schwer, den mit der Mitgliedschaft in der Europäischen Union verbundenen Verlust von Teilen der eigenen Souveränität in Kauf zu nehmen. Über lange Zeit konnte der polnische Patriotismus sich nicht äußern. Deshalb wird er bei Verhandlungen und Entscheidungen innerhalb der EU immer wieder hervorbrechen, besonders bei Fragen, die sich im Verhältnis zu Rußland und zu Deutschland ergeben. Tendenzen zu einer Anlehnung an die USA sind deshalb nicht verwunderlich.

Wir Deutschen müssen von uns selbst Verständnis für die polnische Situation verlangen; unsere Politiker sollten sich bemühen, unsere öffentliche Meinung und unsere Medien darauf einzustimmen. Zum Beispiel sollten diplomatisch-juristische Auseinandersetzungen über die gegenseitige Rückführung sogenannter Beutekunst vermieden werden; entscheidend ist, daß alle Kunstwerke und Bücher dem allgemeinen Publikum und der Wissenschaft international zugänglich sind. Ebenso sollten unsere Politiker der Verfolgung von alten Vermögensansprüchen deutscher privater Bürger gegen heute polnische Besitzer entgegentreten – möglicherweise auch durch Gesetzgebung. Wer als nachgeborener Deutscher vermeintlich ererbte Vermögensansprüche gegen polnische Bürger erhebt und aus dem Schicksal seiner Eltern oder Großeltern Profit schlagen will, der hat aus der Geschichte nichts gelernt. Er schadet den Polen wie den Deutschen, er ist kein guter Nachbar.

Die Alten, die den Krieg, die Vertreibung und den Verlust ihrer Habe bewußt erlebt haben, wissen längst, daß man eine Revision des eigenen Schicksals vor keiner Instanz einklagen kann. Millionen Deutsche, die im Krieg ihre nächsten Angehörigen verloren, haben ihr Schicksal schon lange als unabänderlich akzeptiert. 1990 wurde der endgültige Verlust der ehemaligen preußischen Ostprovinzen von der übergroßen Mehrheit der Deutschen als selbstverständlich hingenommen. Marion Dönhoff hat das Wort geprägt: Lieben, ohne zu besitzen. Wir haben aus der Geschichte gelernt. Das läßt mich hoffen, daß wir auch die noch verbliebenen antipolnischen Vorurteile überwinden werden.

Das Verhältnis zwischen Tschechen und Deutschen ist in ähnlicher Weise von gegenseitigen Vorurteilen und Vorbehalten geprägt. Während der langen Zeit der Habsburger Kaiser und ihrer Herrschaft über Böhmen, Mähren und die Slowakei war es selbstverständlich, daß sowohl die Tschechen und Slowaken als auch die Deutsch sprechenden Einwohner sich an Wien orientierten. Der Ausgang des Ersten Weltkrieges und die Begründung der Tschechoslowakei als Staat haben diese Fokussierung beendet. Der Aufstieg des »Dritten Reiches« ließ die Deutsch sprechende Minderheit dann voller Hoffnung auf Berlin schauen, und schon bald betrieb die »Sudetendeutsche Partei« offen den Anschluß an Hitler-Deutschland. Die durch das von Hitler erzwungene Münchener Abkommen vom September 1938 sanktionierte Abtretung der tschechischen Randgebiete an Deutschland, vor allem aber der Einmarsch deutscher Truppen in Prag, mit dem im März 1939 die erste tschechoslowakische Republik beendet wurde, gehören zu den leidvollsten Erinnerungen des tschechischen Volkes und sind allen heute lebenden Tschechen und Slowaken gegenwärtig. Dazu kommen die Erinnerungen an die unter deutscher Herrschaft verübten grausamen Verbrechen in Theresienstadt und Lidice.

Weil die 1945 wieder errichtete Tschechoslowakei östlich des »Eisernen Vorhangs« lag, war die Errichtung einer kommunistischen Herrschaft zwangsläufig. Sie hatte bis 1989 Bestand. Zwei Jahre vor dem sowjetischen Einmarsch 1968, dem Tiefpunkt der Erniedrigung durch Moskau, habe ich in Prag Frantiček Kriegel kennengelernt. Er war Kommunist, aber zugleich ein aufrechter tschechischer Patriot, der mir imponierte. 1968, als Dubček und seine Kollegen in der tschechischen Führung in Moskau zur Kapitulation gezwungen wurden, verweigerte Kriegel als einziger seine Unterschrift. An ihn möchte ich hier erinnern, weil sein Beispiel zeigt, daß es auch unter den Kommunisten Menschen gab, die heldenhaften Widerstand leisteten.

Die heute lebenden Deutschen haben von Vertreibung und Flucht von drei Millionen Deutschen aus der Tschechoslowakei gehört; die meisten unterscheiden jedoch nicht die sudetendeutschen von den übrigen neun Millionen Deutschen, die aus dem Osten Mitteleuropas vertrieben wurden oder von dort flüchten mußten. Die Veteranen der »Sudetendeutschen Landsmannschaft« haben mit ihrer Agitation gegen die Beneš-Dekrete des Jahres 1945 hierzulande nur geringen Einfluß ausüben können; wohl aber haben sie damit tschechische Politiker und Publizisten zur Kritik an Deutschland provoziert. Solche Kritik wird in Deutschland registriert und bisweilen leider unfreundlich beantwortet.

Gegenseitige Irritationen hängen immer auch mit mangelnder gegenseitiger Kenntnis zusammen. Obgleich fast alle deutschen Touristen, die Prag besuchen, von dieser schönen Metropole, vom Hradschin und von der Karlsbrücke begeistert sind, und obschon Václav Havel auch bei uns zu den Symbolfiguren der Wende von 1989/90 zählt, wissen wir wenig über die Tschechen (und noch weniger über die Slowaken). Wir lieben die Musik von Smetana und Dvořák, und einige kennen vielleicht auch den »Braven Soldat Schwejk«; für mich gehört diese wunderbare Figur des Tschechen Jaroslav Hašek zum festen Bestand der europäischen Literatur. Aber die heutige Tschechische Republik ist weit über Musik und Literatur hinaus ein Kernland der europäischen Kultur. Wir Deutschen werden das – so hoffe ich – in Zukunft besser erkennen als bisher.

Wenn ich Frankreich und Polen als unsere wichtigsten Nachbarn bezeichnet habe, so geschah das mit Blick auf unsere gemeinsame Geschichte der letzten Jahrhunderte und auf die große Bedeutung dieser beiden Nationalstaaten. Damit soll keinesfalls angedeutet werden, daß sie gegenüber unseren kleineren Nachbarn Vorrang hätten. Ich bin vielmehr von der Gültigkeit des Völkerrechts und der Satzung der Vereinten Nationen überzeugt, wonach jeder Staat die gleiche Souveränität genießt. Im übrigen hätte die politische Klasse in Deutschland gerade in den letzten Jahren von einigen Kollegen in kleineren Nachbarstaaten lernen können, wie weitsichtige und zugleich mutige Regierungen und Parlamente wirtschafts- und sozialpolitisch erfolgreich mit den Folgen der Überalterung ihrer Gesellschaften und der schnellen Globalisierung umgehen. Ich denke an Wim Kok in den Niederlanden, an Franz Vranitzky in Österreich und an eine ganze Reihe tatkräftiger Politiker in den skandinavischen Staaten. Wir Deutschen haben, ähnlich wie die Franzosen und die Italiener, eine schonungslose Diagnose zu lange hinausgezögert.

Während der fast ein halbes Jahrhundert anhaltenden machtpolitischen Zweiteilung Europas war es für Westdeutsche, zumal für westdeutsche Politiker, sehr viel einfacher, Kontakt mit Österreichern, Holländern oder Dänen zu suchen, als Gespräche jenseits des »Eisernen Vorhangs« zu führen. Wegen der Diktatur in ihrem Land gab es nicht viele, die sich einem persönlichen Gespräch öffnen wollten und konnten. Vielleicht war ein privates Gespräch mit einem Polen, einem Tschechen, einem Ungarn oder gar mit einem Russen für einen in der DDR lebenden Deutschen wegen der beiderseitigen Geheimpolizei noch schwieriger und noch seltener als für einen Bürger der damaligen Bundesrepublik. Ewige Abgrenzungspropaganda und diffamierende Polemik – nicht allein im Osten, sondern auch im Westen! – sorgten für gegenseitige tiefe Abneigung. Es ist leider zu erwarten, daß manche Ressentiments noch einige Zeit andauern werden, begünstigt auch durch die im Osten Mitteleuropas lange Zeit unterdrückten, jetzt wieder an die Oberfläche zurückgekehrten nationalen Traditionen und Instinkte.

Theoretisch mag friedliche Nachbarschaft selbst dann möglich sein, wenn die Nachbarn sich gegenseitig nicht wirklich kennen. Besser ist es ohne Zweifel, wenn man von den Eigenarten, den Empfindlichkeiten und den Neigungen des Nachbarn weiß. Noch besser, wenn man die Herkunft der Nachbarn einigermaßen kennt und weiß, welche Erfahrungen sie in der Geschichte mit uns gemacht haben. Unter diesem Aspekt ist es kein Wunder, daß es zwischen Schweizern und Deutschen kaum irgendwelchen Argwohn gibt; seit Jahrhunderten hat man sich gegenseitig nichts Böses zugefügt.

Etwas erstaunlicher ist schon das gute Verhältnis zwischen den Österreichern und uns. Immerhin liegt der letzte von mehreren Kriegen zwischen Österreich und Preußen nur anderthalb Jahrhunderte zurück. Aber die Waffenbrüderschaft im Ersten Weltkrieg und der Jubel in Wien über den Einmarsch Hitlers und den «Anschluß» 1938 haben längst alle früheren Gegensätze überdeckt. Die Österreicher freilich erinnern sich recht ungern an 1938, ebenso ungern an die vorangegangene kurze Epoche des Austro-Faschismus. Nach 1945 ist die österreichische Geschichte dann sehr viel glimpflicher verlaufen als die deutsche. Österreich blieb nicht nur ungeteilt, es blieb während des Kalten Krieges auch erklärtermaßen neutral. Mancher Außenstehende hat tatsächlich geglaubt, Österreich sei das erste Opfer Hitlerscher Aggression gewesen; Willy Brandt hat dazu den Witz gemacht, es sei seinem Freund Bruno Kreisky gelungen, der Welt Ludwig van Beethoven als Österreicher darzustellen, dafür aber Hitler zum Deutschen zu machen. Abgesehen von dergleichen gelegentlichen Frotzeleien ist das Verhältnis zwischen Deutschland und Österreich gut und unproblematisch.

Auf den ersten Blick scheint das auch für unser Verhältnis zu Luxemburg, Belgien und Holland zu gelten. Unter der Oberfläche spielt jedoch die Erinnerung an den deutschen Überfall 1940 und an die deutsche Besatzung in allen drei Ländern noch immer eine erhebliche Rolle. Belgien war bereits 1914 von den Deutschen überfallen worden. Als meine Frau 1938 mit einigen Studenten, die an den niederdeutschen Dialekten interessiert waren, eine Radtour nach Holland und Belgien unternahm und die Gruppe in einer flämischen Dorfkneipe mit den Wirtsleuten auf Plattdeutsch ins Gespräch kam, verstummten diese ganz plötzlich – als sie nämlich begriffen, daß ihre Gäste Deutsche waren. Ein Jahr später kam dann der Zweite Weltkrieg, der zweite Einmarsch, abermals Besatzung – und die Verschleppung der Juden nach Auschwitz.

Die Deutschen wissen von Belgien wenig. Die einen kennen die flämische Malerei, andere vielleicht noch Felix Timmermans oder Stijn Streuvels. Selbst diejenigen, die wissen, daß es den belgischen Staat erst seit der Abspaltung vom Vereinigten Königreich der Niederlande 1830/31 gibt, haben wenig Kenntnis von den langen Jahrhunderten zuvor. Geläufig ist uns nur Brüssel: als Sitz der Europäischen Kommission und ihrer Bürokratie.

Etwas besser ist es um die deutschen Kenntnisse von Holland bestellt. Den Juristen ist Hugo de Groot als einer der Begründer des modernen Völkerrechts ein Begriff; manch einer hat von dem großen Humanisten Erasmus von Rotterdam gehört; Rembrandt, Frans Hals und Vincent van Gogh sind uns vertraut. Viele

Deutsche kennen das Schicksal der Anne Frank. Ansonsten wissen wir nicht besonders viel über das Land, weder über seine Kriege mit Spanien und England noch über seine Vergangenheit als Seemacht und als Kolonialmacht, deren Schwerpunkte im heutigen Indonesien und in Lateinamerika lagen. Die große Verwandtschaft zwischen dem Holländischen und dem Plattdeutschen ist nur in Norddeutschland bekannt. Dort weiß man auch, daß wir den Bau von Deichen und Schleusen von den Holländern gelernt haben, aber diese Kenntnisse sind nicht bis nach Stuttgart oder München gedrungen. Manchmal staune ich über die strenge Moralität unserer Nachbarn; selbst holländische Katholiken erscheinen mir manchmal als Calvinisten.

Hervorheben möchte ich die höfliche Diskretion holländischer Gesprächspartner gegenüber Deutschen. Dies um so mehr, als ich weiß, daß manchen Holländern, die untereinander von den Deutschen etwas abfällig als von den »Moffen« sprechen, Deutschland in der Tiefe ihrer Seele immer noch ziemlich unsympathisch ist. Deshalb ist gute Nachbarschaft zwischen den Holländern und den Deutschen gar nicht selbstverständlich. Dabei können wir viel von den Holländern lernen, die schon in den neunziger Jahren ihren Arbeitsmarkt und die Finanzierung ihres Wohlfahrtsstaates besser geordnet haben als wir.

Dies trifft in noch höherem Maße auf Dänemark zu, wo schon in den achtziger Jahren eine sehr erfolgreiche sozialökonomische Umgestaltung begonnen wurde. Auch im Unterbewußtsein der Dänen gibt es ein latentes Mißtrauen gegenüber den Deutschen. Sie verbergen es allerdings gut unter großer Bescheidenheit und sind uns gegenüber sehr höflich und von jovialer Gastfreundschaft. Auch hier sind es nicht Ereignisse aus grauer Vorzeit, nicht der jahrhundertelange Streit um Schleswig-Holstein oder der Kampf um die Düppeler Schanzen, sondern der deutsche Überfall 1940 und die nachfolgende Besatzungszeit, die den Dänen Vorsicht gegenüber Deutschen nahelegen. Wir dürfen uns nicht wundern, wenn die Dänen sich lieber an ihre skandinavischen Nachbarn und an das entfernte England anlehnen als an das nahe, aber allzu große Deutschland.

Die norddeutschen Segler kennen zwar jeden kleinen Hafen an der dänischen Südsee und fast alle ihre Restaurants. Aber im übrigen Deutschland haben sich nur die «lille Havfrue« in Kopenhagen und der Märchendichter Hans Christian Andersen durchsetzen können. Gleichwohl hat die langjährige Partnerschaft in der Europäischen Union Dänen und Deutsche einander nähergebracht. Dies gilt auch für die anderen unserer direkten Nachbarn, die sich seit Jahrzehnten an der europäischen Integration beteiligen. Nicht nur der gemeinsame Markt, sondern auch seit 1985 das Schengener Übereinkommen, das einen freien Grenzübertritt ohne Paß- und Visumzwang zur Selbstverständlichkeit hat werden lassen, befördern das Zusammenwachsen der Völker. Dies gilt auch für die weiter entfernten Nachbarn wie Italien, Schweden, Finnland und sogar für die nicht zur EU gehörige Schweiz. Dagegen brauchen Polen und Tschechen, die erst nach einem halben Jahrhundert kommunistischer Diktatur der Europäischen Union beitreten konnten, verständlicherweise noch einige Zeit, um ihre Vorbehalte gegen die europäische Integration zu überwinden.

Ob die britische Nation ihre Vorbehalte überwinden will und kann, erscheint mir immer wieder als eine offene Frage. Weil ich in der anglophilen Atmosphäre Hamburgs aufgewachsen bin, habe ich mir lange Zeit eine funktionierende europäische Integration ohne entscheidende Mitwirkung der Briten und ihrer Staatskunst nicht vorstellen können. Deshalb habe ich mich 1957, als es um die Ratifikation der Römischen Verträge ging, im Bundestag der Stimme enthalten; ohne England wollte ich mir damals Europa nicht vorstellen. Auch in den sechziger Jahren bin ich nachdrücklich für den Beitritt des Vereinigten Königreiches zur Europäischen Wirtschaftsgemeinschaft eingetreten. Erst im Laufe der siebziger Jahre habe ich begriffen, daß die Mehrheit der Engländer davon gar nicht begeistert war, sondern eine enge Anlehnung an Amerika als die natürliche Option ihres Landes betrachtete. Abgesehen von der Gemeinsamkeit der Sprache und der demokratischen Tradition, fällt bei dieser Präferenz vor allem ins Gewicht, daß England beide Weltkriege nicht ohne den amerikanischen Bündnisgenossen hätte siegreich überstehen können.

England hat erst spät den Wunsch geäußert, der europäischen Gemeinschaft beizutreten. Es wäre jedoch falsch, daraus zu schließen, daß die Engländer und ihre politischen Führer sich in ähnlichem Maße für die europäische Integration einsetzen, wie wir Deutschen das im eigenen strategischen Interesse tun müssen. Vor allem der undurchsichtig taktierende Harold Wilson und später Margaret Thatcher (und in jüngster Vergangenheit abermals Tony Blair) haben mich gelehrt, daß für die politische Klasse Englands der Kanal zwischen Dover und Calais immer noch viel breiter ist als der Atlantik und daß die *special relationship* mit den USA auf absehbare Zukunft für England viel wichtiger bleibt als die europäische Integration. Ob der Premierminister von der Labour Party gestellt wird oder von den Konservativen: Allen genügt der Gemeinsame Markt, schon die gemeinsame Währung geht ihnen zu weit (Edward Heath oder Roy Jenkins bilden die Ausnahme, welche die Regel bestätigt).

Gleichwohl habe ich den *common sense*, die Gelassenheit und Zähigkeit der englischen Politiker als vorbildlich angesehen. James (Jim) Callaghan, Roy Jenkins, Peter Carrington oder Denis Healey haben mir darüber hinaus oft geholfen, man konnte sich auf ihr Wort verlassen. Alastair Buchan, Gründungsdirektor des Londoner International Institute for Strategic Studies (IISS) hat mich die Anfangsgründe des nuklear-strategischen Kalküls zu verstehen gelehrt. Von dem zunächst in Neuseeland, später in London lehrenden Karl Popper habe ich das in der Politik zweckmäßige Prinzip der schrittweisen gesellschaftlichen Veränderung (piece-meal social engineering) übernommen. Von dem Ökonomen John Maynard Keynes habe ich in den ersten Nachkriegsjahren Entscheidendes gelernt. Keynes war schon tot, seine »General Theory of Employment, Interest and Money« (1936) war schwer verständlich; doch zwei seiner deutschen Adepten, die Professoren Erich Schneider und Karl Schiller, haben mich seinen makroökonomischen Ansatz der volkswirtschaftlichen Gesamtrechnung begreifen lassen. Ich bin deswegen allerdings – anders als manche englische, französische und deutsche Linke – kein naiver »Keynesianer« in dem Sinne geworden, daß ich in einer staatlichen Defizitwirtschaft ein Allheilmittel sehe. Im Gegenteil, in den frühen siebziger Jahren habe ich durch den unter meinem Vorsitz erarbeiteten »Orientierungsrahmen 85« versucht, der unter Kanzler Brandt schnell wachsenden Neigung zum *deficit spending* entgegenzuwirken. Viel später fand ich in dem eindrucksvollen englischen Banker Eric Roll einen Gesinnungsgenossen.

Zu den bewundernswerten Beispielen, die uns die Engländer geben, zählt für mich das Mehrheitswahlrecht, auf dem das englische Zwei-Parteien-System beruht. Dazu gehört die Tradition, nach der ein Regierungschef erstens aus den Reihen des Parlaments kommen muß und zweitens im Laufe seines politischen Lebens eine Reihe von nationalen Regierungsämtern durchlaufen und so vielfältige Erfahrungen gesammelt haben muß, bevor er zum höchsten Staatsamt aufsteigt. So gibt es noch manches, was deutsche Politiker von ihren englischen Kollegen lernen können.

Auf der anderen Seite ist uns noch gut der englische Widerstand gegen die deutsche Vereinigung in Erinnerung. Wir sollten dabei allerdings nicht vergessen: Es war keineswegs England allein, sondern eine ganze Reihe unserer Nachbarn und Partner, die sich 1989/90 der Vereinigung widersetzten; die britische Premierministerin hat es lediglich am deutlichsten zum Ausdruck gebracht. Der Widerstand reichte von Rom und Paris bis Kopenhagen, denn das Vertrauen unserer Nachbarn in die dauerhafte Friedfertigkeit der Deutschen war nicht besonders groß. Die entscheidende Hilfe erhielt Helmut Kohl schließlich aus Amerika. Die freundschaftliche Beziehung zu unseren Nachbarn und gegenseitiges Vertrauen ergeben sich nicht von selbst, sie bedürfen unserer stetigen Bemühung. Das gilt auch und besonders für England.

Zum Schluß dieses Kapitels komme ich auf jene Nation zu sprechen, die zwar ebenfalls nicht zu unseren unmittelbaren Nachbarn zählt, die aber seit Jahrhunderten einen ungeheuren Einfluß auf die deutschen Geschicke ausübt: Rußland. Ein Zar rettete 1762 Friedrich den Großen von Preußen. Ein anderer Zar hob 1815 nach dem endgültigen Sieg über Napoleon die reaktionäre »Heilige Allianz« von Rußland, Österreich und Preußen aus der Taufe. Von 1941 bis 1945 mußte sich Stalin des Hitlerschen Angriffskrieges erwehren; anschließend zog er den »Eisernen Vorhang« quer durch die Mitte Europas und mitten durch Deutschland. Die bolschewistische Sowjetunion war ähnlich expansiv und imperialistisch wie zuvor das Zarenreich; ihr letzter Vorstoß zielte im Dezember 1979 nach Afghanistan.

Danach hat es keinerlei Versuche zur Eroberung mehr gegeben. Der Zusammenbruch der Sowjetunion ein Jahrzehnt später war nicht eine Folge militärischer Gewalt von außen – Gott sei Dank! –, sondern vielmehr eine Folge der im Innern sich vollziehenden Implosion eines Systems, das seine Kräfte weit überdehnt hatte. Unter Michail Gorbatschow wurde das Land kooperationswillig und friedlich. Auch nach dem Zusammenbruch der Sowjetunion ist Rußland unter Boris Jelzin und Wladimir Putin friedlich geblieben. Die russischen Regierungen haben sich statt dessen auf die politische und ökonomische Festigung und Modernisierung konzentriert. Das bleibt nach Jahrhunderten autokratischer und diktatorischer Herrschaft auch künftig eine ungeheure Aufgabe.

Immerhin ist es Putin gelungen, ein erhebliches Selbstvertrauen der russischen Nation wiederherzustellen. Ein erstaunli-

cher ökonomischer Aufschwung ist im Gang. Allerdings ist er zu
einem wichtigen Teil dem Reichtum an Bodenschätzen und dem
Export von Erdgas und Erdöl zu verdanken. Bei der industriellen
Produktion und der Steigerung der Produktivität hinkt das Land
noch hinterher. Die den Staat tragenden neuen Parteien, die neu-
geschaffenen Institutionen, Unternehmungen und Verbände haben noch keine Basis im öffentlichen Bewußtsein. Auch war die
Führung bisher nicht stark genug, das unter Jelzin entstandene
hohe Maß an Korruption und frühkapitalistischer Selbstbereicherung entscheidend zurückzudrängen. Die wichtigsten Stützen
des Präsidenten und der Regierung sind der Machtapparat des
Kreml und die ihm gehorchenden zivilen Bürokratien sowie die
bewaffneten Kräfte.

Rußlands militärische Macht ist nach wie vor beträchtlich, sie
steht hinter Amerika in der Welt an zweiter Stelle. Im Innern ist
der neue russische Staat freilich noch kein starker Staat. Der Zusammenbruch der kommunistischen Ideologie hat ein Vakuum
hinterlassen. Trotz starker Religiosität scheint ein Rückgriff auf
das Christentum kaum möglich, während die Demokratie in den
Augen vieler Russen diskreditiert ist, weil sie diesen Begriff –
fälschlich – mit den von ihnen so genannten »Wild-West-Jahren«
der Jelzin-Epoche identifizieren. Zugleich erscheint die Nachfol-
gefrage an der Spitze des Staates als nicht prinzipiell gelöst. Aus
allen diesen Gründen ist nicht völlig auszuschließen, daß die teilweise chaotischen Zustände zurückkehren könnten, die man
unter Jelzin erlebt hat. Dagegen spricht die große Autorität, die
Wladimir Putin im ganzen Volk erworben hat. Fast alle auf ökonomisches Wachstum und Wohlstand gerichteten Erwartungen
und Hoffnungen sind mit seinem Namen verknüpft. Wenn auch
noch manche Überregulierungen aus sowjetischer Zeit bestehen,
so ist doch zum ersten Mal seit Stalin die Entstehung eines vielfältigen wirtschaftlichen Mittelstandes in Gang gekommen. Eine
autoritative Regierung bei gleichzeitig weitgehender wirtschaftlicher Freiheit gewinnt zunehmend an Wahrscheinlichkeit.

Leider werden in der westlichen Welt, vor allem in den Vereinigten Staaten, weder die ungeheuer schwierigen inneren Aufgaben verstanden, mit denen heute und morgen jede russische Regierung konfrontiert ist, noch findet dort die Tatsache Anerkennung, daß wir es in Moskau seit Gorbatschow mit friedlichen und gegenüber dem Westen kooperationswilligen Regierungen zu tun haben. Selbst innenpolitische Gegner von George W. Bush jun. erklären, Rußland sei »neben dem Mittleren und Nahen Osten die zweite große Herausforderung für die globale Sicherheit« (Zbigniew Brzezinski). Tatsächlich hat seit 1990 nicht Rußland seinen militärischen Machtbereich ausgedehnt, wohl aber hat der Westen die NATO bis an die russischen Grenzen vorgeschoben. Zusätzlich will man sogar die Ukraine und Georgien in die NATO eingliedern. Amerika hat militärische Stützpunkte in einigen zentralasiatischen Republiken errichtet, die bis 1990 Teil der Sowjetunion waren. Amerika hat nicht nur den mit der Sowjetunion geschlossenen ABM-Vertrag gekündigt, der dem atomaren Gleichgewicht diente, sondern plant sogar, eigene ABM-Systeme im Osten Mitteleuropas (in Polen und Tschechien) aufzustellen. Außerdem hat der Westen bis heute die Anpassung des KSE-Vertrages verweigert, der – wie 1990 im Zuge der Zwei-plus-Vier-Verhandlungen den Sowjets zugesagt – für ein Gleichgewicht der in Europa stationierten konventionellen Streitkräfte auf niedrigem Niveau sorgen soll. Die amerikanischen Regierungen haben die Zusagen, die sie 1990 der Sowjetunion gemacht haben, gegenüber dem geschwächten Rußland nicht eingehalten.

Aber nicht nur Teile der politischen Klasse in den USA, sondern auch manche europäischen Politiker handeln gegenüber Rußland überheblich und herablassend. Einige setzen die Attitüden des Kalten Krieges fort, wenngleich Moskau ihnen dazu keinen Anlaß gibt. Sogar einige deutsche Politiker und ihr journalistischer Anhang scheinen geneigt, den Russen öffentlich unerbetene Ratschläge zu geben und auch die russische Innenpolitik öffentlich zu kritisieren. Ich bin darüber besorgt. Denn eine

Politik der fortgesetzten Nadelstiche muß in Rußland nationalistische Reaktionen hervorrufen. Wir Deutschen haben ein strategisches Interesse an gutem Einvernehmen mit Rußland. Weil es Spannungen zwischen Polen und Rußland gibt und weil auch die gute Nachbarschaft mit Polen in unserem vitalen Interesse liegt, brauchen wir Sensiblilität und Fingerspitzengefühl zugleich gegenüber Moskau *und* Warschau – gegenüber der öffentlichen Meinung der polnischen Nation *und* gegenüber der öffentlichen Meinung der russischen Nation. Dies habe ich gelernt, seit ich 1966 meinen ersten Besuch in Warschau *und* in Moskau gemacht habe.

Zwar sind meine Kenntnisse von Rußland und seinen Menschen beschränkt, aber im Laufe von vier Jahrzehnten hat sich bei mir ein Eindruck verfestigt, der mich zunächst sehr erstaunte: Antideutsche Ressentiments sind unter Russen kaum jemals zu spüren. Der Grund mag darin liegen, daß die Russen den letzten Weltkrieg schließlich gewonnen haben; er mag darin liegen, daß man sich der enormen Verluste auf *beiden* Seiten bewußt ist – oder er liegt einfach im russischen Selbstbewußtsein. Jedenfalls habe ich bei Russen keinen Argwohn gegenüber Deutschland gespürt. Man kann dafür nur dankbar sein. Schon deshalb steht es uns nicht zu, antirussische Gefühle zu hegen. Wenn jemand uns dazu verleiten will, sollten wir ihm die kalte Schulter zeigen. Gutnachbarliche Beziehungen meinen nämlich auch die Beziehungen zu jenen Nachbarn, die etwas weiter entfernt leben.

Demokratie bleibt Menschenwerk

Deutschland hat das Prinzip der Demokratie erst spät adoptiert. Die Mehrheit der Deutschen wandte sich innerlich erst im Laufe der fünfziger Jahre der parlamentarischen Demokratie zu. Wenn wir in Westdeutschland nach der Währungsreform des Jahres 1948 nicht dank Ludwig Erhard und dank der amerikanischen Marshall-Hilfe eine erstaunlich günstige ökonomische Entwicklung erlebt hätten, wäre möglicherweise noch etwas mehr Zeit vergangen, bis das demokratische Prinzip sich in unserem Bewußtsein fest verankert hätte. Im deutschen Osten konnte sich die Demokratie erst nach dem Ende der kommunistischen Herrschaft etablieren. Für das 21. Jahrhundert ist eine ernste Gefährdung der Demokratie im wiedervereinigten Deutschland nicht zu befürchten. Wohl aber könnten wir Mißverständnissen der parlamentarischen Demokratie ausgesetzt sein, die später zu Enttäuschungen führen. Ich gebe zwei Beispiele.

Einerseits halten viele Mitbürger eine klare Trennung zwischen Regierungsmehrheit und Oppositionsminderheit für eine demokratische Selbstverständlichkeit und den gelegentlichen Wechsel zwischen beiden für ein demokratisches Ideal. Deshalb kommt vielen eine »große« Koalition in Parlament und Regierung als eine Sünde wider die Demokratie vor. 1966 haben einige die damalige Große Koalition sogar als »Rückkehr zum Faschismus« mißverstehen wollen. Andererseits können viele nur schwer begreifen, daß das in fast ganz Europa verbreitete Verhältniswahlrecht zwangsläufig zu einer Vielzahl von politischen Parteien ten-

diert und daß diese Vielzahl von Parteien nahezu ausnahms-
los zur Koalitionsbildung zwingt – oft genug auch zur Bildung
»großer« Koalitionen.

Einerseits übernehmen wir in unseren Wahlkämpfen weitgehend das anglo-amerikanische Beispiel des Zweikampfes zwischen zwei Führungspersonen – von der Konfrontation zwischen
Adenauer und Schumacher, später zwischen Strauß und mir bis
hin zum Zweikampf zwischen Kanzler Schröder und Kanzler-
Kandidatin Merkel. Andererseits übersehen wir gern, daß es in
den USA und England das dort herkömmliche Mehrheitswahlrecht ist, das de facto die Bildung eines Zwei-Parteien-Systems
und damit einen beständig wiederholten Zweikampf ausgelöst
hat, während das deutsche Verhältniswahlrecht einschließlich
seiner Fünf-Prozent-Klausel uns im Bundestag heute fünf parteiliche Fraktionen beschert (theoretisch könnten es bis zu neunzehn kleine Fraktionen sein) und uns auch künftig zur Koalitionsbildung zwingen wird.

Das in einem einfachen Bundesgesetz, nicht im Grundgesetz
festgelegte Verhältniswahlrecht hat die tatsächliche Gestalt der
Demokratie in Deutschland stärker beeinflußt als manches Detail der Verfassung. Der in den sechziger Jahren von der Großen
Koalition unternommene, leider vergebliche Versuch, das Verhältniswahlrecht durch ein Mehrheitswahlrecht zu ersetzen, war
vom Grundgesetz erlaubt. Und er war durchaus vernünftig, ich
habe mich dafür eingesetzt. Heute möchte ich davon abraten,
einen solchen Versuch zu wiederholen. Denn der Versuch würde
abermals und aus den gleichen Gründen scheitern wie damals.
Viele Bürger und viele Bundestagsabgeordnete halten ein Mehrheitswahlrecht für ungerecht, weil die für den unterlegenen Kandidaten abgegebenen Stimmen eines Wahlkreises ohne Berücksichtigung bleiben und unter den Tisch fallen; vor allem aber
würde jene Hälfte der Abgeordneten sich widersetzen, deren
Wiederwahl und politische Existenz allein davon abhängt, daß sie
auf der jeweiligen Landesliste ausreichend hoch plaziert sind.

Ich möchte ganz allgemein davon abraten, immer wieder der Versuchung zur grundgesetzlichen Perfektion nachzugeben. Die USA haben ihre Verfassung in den über zwei Jahrhunderten seit 1787 genauso oft ergänzt wie Deutschland in dem halben Jahrhundert seit 1949. Wir sind bisher allzu schnell zu Verfassungsänderungen bereit gewesen; wir müssen noch lernen, daß unsere offene Gesellschaft in ihrer Entfaltung nicht durch immer neue staatliche Regeln und Regulierungen und Institutionen behindert und eingeengt werden darf. Auch das Bundesverfassungsgericht sollte lernen, daß seine hochdetaillierten Urteilsbegründungen, die ihm zur Gewohnheit geworden sind, zu unerwünschten Einengungen führen. Das Schlagwort von der »formierten Gesellschaft« (Ludwig Erhard) war der Irrtum bloß eines einzelnen. Dagegen ist die Regulierungsmanie, die – von der Bürokratie ausgehend – den ganzen Bundestag und eine Bundesregierung nach der anderen erfaßt hat, eine zur Erstarrung führende psychische Epidemie; sie hat inzwischen die gesamte politische Klasse ergriffen – bis hin zur gesetzlichen Pfandpflicht für Blechdosen und zum gesetzlichen Verbot, in einer Kneipe zu rauchen.

Abraten möchte ich auch von der Idee, das Instrument von Volksabstimmungen auszuweiten (einschließlich der gelegentlich auftauchenden Idee, das Gewicht des Bundespräsidenten durch direkte Wahl zu verstärken). Je komplizierter und schwieriger eine zur Entscheidung anstehende Frage ist, um so eher kann ein Volksentscheid stimmungsabhängig zum Fehlentscheid werden. Im Jahr 2005 haben zwei Volksabstimmungen in Frankreich und den Niederlanden den europäischen Integrationsprozeß zum Stillstand gebracht. Der zur Abstimmung stehende hochstilisierte und komplizierte Text eines europäischen Verfassungsentwurfes sei für die beteiligten Bürger absolut unverständlich, argumentierten die Gegner und schürten eine ohnehin weitverbreitete, allgemein gegen Bürokratie und Obrigkeit gerichtete Stimmung. Eine Volksabstimmung über den gleichen Gegenstand in Deutschland wäre damals ähnlich negativ ausgegangen (eine englische

Volksabstimmung erst recht). Tatsächlich wollten und wollen aber die europäischen Nationen keineswegs die europäische Integration abwürgen.

Ein Politiker, der sich für einen Volksentscheid einsetzt, beruft sich gern darauf, daß es eine höhere demokratische Autorität oder Legitimität gebe als die parlamentarische Entscheidung; oft verfolgt er damit aber nur innen- oder parteipolitische taktische Interessen. Zwar ist auch jede allgemeine Wahl zum Parlament durchaus stimmungsabhängig. Aber während eine Wahl wie etwa die Bundestagswahl eine sehr allgemeine Richtungs- und Tendenzentscheidung für mehrere Jahre bedeutet, will der Volksentscheid eine konkrete Festlegung in einer einzigen Frage. Allein in der relativ kleinen Schweiz gibt es eine über Jahrhunderte entfaltete, gut funktionierende Praxis der Abstimmung durch das Volk. Wir in Deutschland sollten bei unserer inzwischen recht gut eingeübten repräsentativen, das heißt parlamentarischen Demokratie bleiben.

Weil wir Deutschen in der Demokratie nicht sonderlich erfahren sind, neigen einige unter uns dazu, ihre Schwächen als Kennzeichen prinzipieller Unzulänglichkeit anzusehen. Viele Deutsche müssen erst noch lernen, daß die Demokratie überall auf der Welt mit Versuchungen, Defiziten und Irrtümern behaftet ist, daß sie aber tatsächlich die bei weitem beste Regierungsform darstellt, die wir kennen. Entscheidend ist am Ende – nach einem Wort von Karl Popper –, daß die Regierten ohne Gewalt und Blutvergießen, allein mit ihrer Stimme in einer Wahl die Regierung auswechseln können und daß die regierenden Politiker und die sie tragenden Parlamentsabgeordneten, um wiedergewählt zu werden, sich vor den Regierten verantworten müssen.

Die Mißverständnisse, denen der demokratische Prozeß in Deutschland vielfach unterliegt, entspringen oft irrealen Idealvorstellungen. Die gesellschaftliche Entwicklung ist weder, wie Marx wollte, ausschließlich durch den Gegensatz von Kapital und Arbeit beherrscht, noch darf sie, wie die Liberalen fordern, »dem

Markt« überlassen bleiben und schon gar nicht den Verbänden. Viele Probleme und Konflikte bedürfen des Eingreifens des Staates – und damit der Politik. Die gesetzgeberischen Eingriffe der Politiker und die von ihnen geschaffenen Aufsichtsinstanzen können aber auch zu weit gehen. Die staatliche Exekutive, die durch Beamte und Bürokratien ausgeübt wird, neigt in einem Maße zur Paragraphen-Gläubigkeit, wie sie außer bei uns nur noch in Frankreich verbreitet ist. Einerseits will mir der heutige Wohlfahrtsstaat als die größte kulturelle Leistung des 20. Jahrhunderts erscheinen. Andererseits zeigt der bloße Umfang des deutschen Sozialgesetzbuches – über 1300 Seiten mit Paragraphen bedruckt! –, daß wir einer Regulierungssucht anheimgefallen sind. Das Einkommensteuerrecht allein umfaßt abermals über 450 Seiten (ohne die Kommentare!), nur mit Paragraphen bedruckt. Von 1990 bis 2006 hat der Bundestag 2360 neue Gesetze beschlossen; dabei sind Gesetzesänderungen nicht mitgezählt. Kein noch so tüchtiger Jurist kann diese Gesetzesflut überblicken.

Es ist ein weitverbreiteter Irrtum zu glauben, aus zusätzlichen Gesetzesparagraphen resultiere ein immer höheres Maß an Gerechtigkeit. Im Gegenteil, die Gesetzesflut führt nicht nur zu bürokratischer Erstarrung, sie verleitet außerdem zu Umgehungen und Manipulationen der neuen Bestimmungen, zu Korruption und Schwarzarbeit. Allzu scharf macht schartig, sagt ein norddeutsches Sprichwort. Deshalb sollte es nicht der Ehrgeiz eines Politikers sein, in einem bestimmten Gesetz einen bestimmten Paragraphen durchgesetzt zu haben; sondern im Gegenteil verdient derjenige öffentliche Anerkennung, der die Abschaffung eines zu weit gehenden Gesetzes oder wenigstens eine erhebliche Vereinfachung zustande bringt.

Demokratie und Rechtsstaat sind immer wieder Gefährdungen ausgesetzt. Einerseits können akute massenpsychologische Ängste und Stimmungen schnell zu Überreaktionen führen; andererseits droht die Einschränkung des liberalen Rechtsstaates durch

eine überbordende staatliche Bürokratie. Manchmal zieht das
eine das andere nach sich. Dies haben wir miterlebt, als das terro-
ristische Kolossalverbrechen gegen zwei Hochhaustürme in Manhattan im Spätsommer 2001 die amerikanische Nation zunächst
in Angst und Schrecken versetzte, diese Gefühle alsbald unter
Führung des Präsidenten in eine furiose Kriegsstimmung um-
schlugen und schließlich die Spitzen der staatlichen Bürokratie
eine Reihe von bis dahin festen liberalen Rechtsprinzipien beiseite schoben. Wir haben 1968 in Frankreich erlebt, wie der um
seine Nation hochverdiente Präsident de Gaulle angesichts einer
von protestierenden Studenten und Gewerkschaften gemeinsam
aufgepeitschten Massenstimmung von der Gewalt der Straße beinahe zum Amtsverzicht gezwungen wurde. Wenig später haben
wir ähnliches auch bei uns erlebt, als einige Teile der akademischen Jugend die terroristischen Verbrechen der RAF mit unver-
hohlener Sympathie unterstützten.

Beispiele für Massenhysterie in Deutschland gibt es viele.
Man muß dabei nicht bis in die späten Jahre der Weimarer
Demokratie zurückgehen, als bis dahin demokratisch gesinnte
Wähler aus Angst vor Arbeitslosigkeit und sozialem Elend sich
massenhaft den beiden extremen Parteien der Nazis und der
Kommunisten zuwandten und der parlamentarischen Demokratie den Boden entzogen. An ein kleines Beispiel erinnere ich mich
mit Scham, denn es ist meine Partei gewesen, die sich im Sommer
1965 von einer Kampagne der Bild-Zeitung zur Ablehnung der
geplanten Erhöhung der staatlichen Telefongebühren anstecken
ließ und unter völliger Mißachtung der Verhältnismäßigkeit den
Bundestag aus dem Parlamentsurlaub zurückholte.

Jede Demokratie unterliegt Stimmungen und Stimmungs-
wechseln. Dabei spielen die Massenmedien eine zunehmend
brisante Rolle. Im alten Athen oder in Rom waren Politiker vor
allem auf die Wirksamkeit ihrer Reden angewiesen. Zu Zeiten von Jefferson oder Disraeli oder Bismarck wurden politische
Auseinandersetzungen in Zeitungen, Zeitschriften und Büchern

ausgetragen. Heutzutage hat das Fernsehen längst das Radio abgelöst, und für viele jüngere Menschen ist inzwischen das Internet zur wichtigsten Informationsquelle geworden. Diese elektronischen Medien sind heute die wichtigsten Verbreiter und
Verstärker von Stimmungen. Sie sind häufig genug auch deren
Urheber.

Wenn Medienkonzerne Massenstimmungen erzeugen, tun
sie dies überwiegend aus zwei Motiven. Zum einen verfolgen sie
damit politische Zwecke, indem sie die politische Gesinnung
ihres Eigentümers verbreiten – Rupert Murdoch, Silvio Berlus-
coni oder früher Axel Springer sind nur einige Beispiele. Zum
anderen sind die Massenmedien in erheblichem Maße auf die
Einnahmen aus bezahlten Anzeigen oder bezahlter Werbung angewiesen. Weil diese Einnahmen von der Auflage oder der Einschaltquote abhängen, sind hohe Auflagen, Einschaltquoten und
Reichweiten für den wirtschaftlichen Erfolg eines Massenme-
diums entscheidend. Je mehr Sensationen und Emotionen ein
Chefredakteur oder ein Intendant ausstrahlen läßt, desto besser
für die Reichweite. Ähnlich wie der Fußball zu einer Unterhal-
tungsindustrie geworden ist, die zu immer höheren Transfersum-
men für die Fußballstars führt, müssen auch die Massenmedien
den Unterhaltungswert ständig steigern, um ihre Gewinne zu sichern. Daraus ergibt sich zwangsläufig die Tendenz zur Sensa-
tion, ebenso zur Verflachung und zur Oberflächlichkeit. Selbst
die wenigen Qualitätszeitungen und anspruchsvollen Fernseh-
kanäle sind davon nicht ganz frei; auch sie müssen dem wachsenden Unterhaltungsbedürfnis entsprechen (auch meine Kurzin-
terviews »Auf eine Zigarette …« im Magazin der ZEIT dienen
diesem Zweck).

Weil die Privatisierung des Fernsehens nicht rückgängig
gemacht werden kann, müssen Politik und Gesetzgeber zumindest die Ballung von Medienmacht in den Händen weniger einzelner verhindern. Wenn das nicht gelingen sollte, könnte politische Stimmungsmache das politische Sachargument bald weit

zurückdrängen. Selbst unabhängige Qualitätszeitungen wie die »Süddeutsche Zeitung«, die »Frankfurter Allgemeine«, der »Tagesspiegel« oder die ZEIT könnten mittels lukrativer Übernahmeangebote von politisch-tendenziösen Medienkonzernen aufgesaugt werden.

Wir Deutschen sind besonders anfällig für Ängste aller Art – vom »Waldsterben« bis zum »Ende des Wachstums«, vom »Atomkrieg« bis zur »Klimakatastrophe«. Diese Anfälligkeit ist das Ergebnis schrecklicher Erlebnisse im vorigen Jahrhundert und der besonderen Schwere unserer daraus abgeleiteten Verantwortung. Um so mehr haben wir vernunftgemäße Abwägung nötig; deshalb brauchen wir einen unabhängigen, kritischen Journalismus.

Kritische Journalisten sind Irrtümern und Fehlurteilen allerdings ebenso ausgeliefert wie Politiker. Auch sie sind Einflüsterungen aus den Funktionseliten ausgesetzt: aus Arbeitgeberverbänden oder Gewerkschaften, aus der Rektorenkonferenz, aus dem Verband der Fluglotsen oder der Lokomotivführer, der privaten Banken oder der öffentlich-rechtlichen Sparkassen. Ebenso versuchen die großen Konzerne und die Markenartikel-Hersteller Einfluß auf Journalisten zu nehmen. Ein erheblicher Teil der Gelder und Aktivitäten, die von Firmen und Verbänden für sogenannte Öffentlichkeits- und Pressearbeit aufgewandt werden, zielt auf Beeinflussung von Journalisten und Medien. Vor allem Verbände sorgen für entsprechende Stimmungsmache. Deshalb bleibt die Erhaltung eines unabhängigen Journalismus, besonders auch die Erhaltung unabhängiger Fernsehanstalten, von vitalem Interesse für unsere Demokratie.

Die journalistische Klasse ist nicht nur für die Berichterstattung über Ereignisse, Personen und Entwicklungen verantwortlich, sondern auch für deren kritische Analyse und Bewertung. Auf den Gebieten der Wirtschaft und der Finanzmärkte sind Analyse und eigenes Urteil deutlich schwieriger als auf dem Gebiet der inneren und äußeren Politik oder des Feuilletons. Deshalb sind erstklassige ökonomische Journalisten relativ rar. Manche werden aus den Redaktionen heraus von einem Konzern oder einem Verband mit höherem Gehalt für Managementaufgaben abgeworben. Ein kritischer und gut verständlicher Wirtschaftsjournalismus bleibt eine dringende Notwendigkeit. Denn von der journalistischen Klasse insgesamt gehen wichtige Einflüsse sowohl auf die öffentliche Meinung als auch auf die geistige und moralische Führung der Nation aus. Die Journalisten insgesamt stehen den Kirchen, den Schulen und Universitäten in ihrem Einfluß kaum nach. Deshalb wäre es schlecht, wenn der unabhängige Journalismus durch große Konzerne oder Verbände zurückgedrängt werden sollte.

Über die dem Grundgesetz zugrunde liegenden Grundwerte sind sich die Deutschen weitgehend einig: die Würde des Menschen, das demokratische Prinzip, das Prinzip des Rechtsstaates und das Prinzip der sozialen Gerechtigkeit. Daß über die konkrete Gestaltung im einzelnen immer gestritten wird und gestritten werden muß, macht die Substanz und das Wesen demokratischer Politik aus. Deshalb führt das aus der deutschen Geschichte überlieferte Wort in die Irre, das da sagt: »Politisch Lied, ein garstig Lied«. Eine demokratische Debatte kann in der Tat garstig, stillos und unanständig verlaufen. Aber es wäre ein Irrtum, schlimmer noch: ein Fehler, die Demokratie zum reinen Ideal zu erheben. Demokratie bleibt menschlich – oft allzu menschlich.

Seit Montesquieu hat sich in den demokratisch verfaßten Staaten das Prinzip der Gewaltenteilung durchgesetzt: Legislative, Exekutive und Judikative sollen getrennt und unabhängig voneinander sein. Allerdings gibt es in der Staatspraxis vielerlei Überschneidungen und Abweichungen. So wird zum Beispiel in einer parlamentarischen Demokratie der Chef der Exekutive (der Ministerpräsident oder Bundeskanzler) von der Legislative (Bundestag) gewählt, der er in der Regel selbst angehört; die obersten Richter werden meist durch die Legislative oder die Exekutive bestellt. Mir kommt es an dieser Stelle darauf an, die hohe Bedeutung des Prinzips der Durchsichtigkeit staatlichen Handelns hervorzuheben. Denn ohne Transparenz haben Wahlen (oder auch Volksentscheide) keinen Sinn. Das Prinzip der Gewaltenteilung allein reicht nicht aus, vielmehr müssen in der Demokratie alle drei Gewalten dem Prinzip der Transparenz unterworfen sein. Das ihm zustehende Grundrecht der Meinungsfreiheit wäre für den Bürger nicht viel wert, wenn sein Prozeß vor einem Gericht im geheimen verhandelt würde, wenn sein Parlament unter Ausschluß der Öffentlichkeit tagen und beschließen oder seine Regierung mit Hilfe geheimer Dekrete und geheim operierender Organe handeln würde.

Aber auch ohne eine unabhängig von den drei Gewalten sich bildende öffentliche Meinung wäre Demokratie nicht möglich. Dabei kann die öffentliche Meinung nur äußerst selten mit ein und derselben Zunge sprechen. Vielmehr ist Meinungsvielfalt die Regel, Einmütigkeit bleibt die Ausnahme. Eine Vielfalt an Meinungen und Urteilen – auch an Vorurteilen – ist geradezu ein Kennzeichen der Demokratie. Es liegt in der Natur des Menschen, daß politische Parteien, wirtschaftliche Unternehmungen, ganze Wirtschaftszweige und Verbände, Gewerkschaften, einzelne Berufsstände, Kirchen und Religionsgemeinschaften versuchen, die öffentliche Meinung durch einseitige Information, durch parteiische Argumente, auch durch Ängste, Drohungen und Versprechungen in ihrem Sinne zu beeinflussen. Für diese Zwecke haben sich im Laufe des 20. Jahrhunderts ganze Gewerbezweige herausgebildet, Werbeunternehmen und Public-Relations-Agenturen, die den Interessengruppen ihre Dienste anbieten. Seit die Massenmedien – Zeitungen, Radio, Fernsehen und Internet – zunehmend in privaten, zum Teil multinationalen Konzernen zusammengefaßt sind, wächst die Gefahr, daß die öffentliche Meinung und damit die wählenden Bürger in einseitiger, den jeweiligen Zwecken der Konzerne dienender Weise manipuliert werden.

Ein unabhängiger Journalismus fördert nicht nur den demokratischen Meinungsbildungsprozeß, er sorgt auch für die nötige Transparenz der politischen Entscheidungen. Die Öffentlichkeit staatlichen Handelns ist eine unabdingbare Voraussetzung für die öffentliche Meinung. Ohne diese Grundregel ist Demokratie nicht möglich. Allerdings muß es Ausnahmen geben. Wenn der Staat zum Beispiel vor schwierigen Verhandlungen mit einem anderen Staat steht, wäre es unsinnig, die Bereitschaft zu Zugeständnissen zu früh öffentlich zu machen. Es wäre zweckwidrig, einen vermuteten Spion durch uniformierte Polizeibeamte beschatten zu lassen; vielmehr benötigt man dafür eine verdeckt ermittelnde spezielle Polizei oder einen Geheimdienst. Gleiches gilt für die Beobachtung einer terroristischen oder einer verfassungsfeindlichen Gruppe oder Organisation.

Schon diese wenigen Beispiele für legitime Ausnahmen vom Öffentlichkeitsprinzip sind zugleich Beispiele dafür, wie schnell von diesen Ausnahmen Gefahren für die Demokratie ausgehen können. Ein Auslandsgeheimdienst oder eine im Inland verdeckt tätige Verfassungsschutzbehörde sind vom zuständigen Parlament – Bundestag oder Landtag – und von der Regierung nur schwer zu kontrollieren. Weil aber den Angehörigen solcher Behörden kaum je eine öffentliche Anerkennung zuteil wird, entwickeln manche der dort tätigen Personen psychische Komplexe. Die einen bilden sich ein, sie verstünden die Gefahren für das Wohl ihres Staates besser als Regierung und Parlament; andere mißtrauen Personen der eigenen Regierung und bespitzeln sie sogar. Dergleichen hat es in den ersten Jahrzehnten der Bundesrepublik insbesondere beim Bundesnachrichtendienst und seinem Vorläufer gegeben. Deshalb habe ich – auch als Bundesminister und Kanzler – persönlich immer sorgfältig Abstand gegenüber dem BND gehalten. Inzwischen hat die ganze Welt miterleben können, wie in den USA mit »Erkenntnissen« der CIA über angebliche Massenvernichtungswaffen im Irak und angebliche atomare Bewaffnungsabsichten im Iran die öffentliche Meinung irregeführt wurde. Je mehr geheime Behörden ein Staat unterhält und je größer deren Personalumfang, desto schwieriger wird die politische Kontrolle. Wo aber die politische Kontrolle durch Parlament und Regierung versagt, entsteht die Gefahr eigenmächtigen Handelns durch die Geheimdienste.

Ebenso gefährlich kann es werden, wenn eine effiziente politische Kontrolle über das Militär ausbleibt. In Deutschland hat es von Bismarcks Zeiten bis zum Ende des Ersten Weltkriegs an einer ausreichend wirksamen politischen Kontrolle über die bewaffneten Streitkräfte stets gefehlt. Auch von 1919 bis 1933 konnte sich die Reichswehr, die damals pro forma dem Oberbefehl des parlamentarisch nicht verantwortlichen Reichspräsidenten unterstand, der politischen Kontrolle weitgehend entziehen; man hat sie nicht zu Unrecht als »Staat im Staate« bezeichnet. 1934, nach dem Tod Hindenburgs, hat sich die Reichswehr bedingungslos der politischen Befehlsgewalt Hitlers unterworfen.

Als Adenauer in den frühen fünfziger Jahren mit dem Aufbau von Streitkräften begann, bestand zunächst abermals die Gefahr, daß die künftige Bundeswehr der parlamentarischen Kontrolle weitgehend entzogen bleiben könnte. Die 1956 vom Bundestag dem Kanzler aufgezwungene Ergänzung des Grundgesetzes (Artikel 65a und 87a) und die damit einhergehende Wehrgesetzgebung haben das verhindert. Gleichwohl blieb noch in den sechziger Jahren die parlamentarische Kontrolle de facto unzureichend. Heute und auf absehbare Zukunft erscheint die Bundeswehr insgesamt als ausreichend durchsichtig. Der Geist des Offizierkorps der Bundeswehr ist heute eindeutig demokratisch-parlamentarisch geprägt. Unter dem Maßstab der Verfassungstreue erscheint mir die heutige Bundeswehr als die beste Armee, die es bisher in Deutschland gegeben hat. Gleichwohl bleibt auch künftig die kontinuierliche Aufrechterhaltung politischer und parlamentarischer Kontrolle notwendig.

Nicht nur die Geheimdienste und die Bundeswehr, alle staatlichen Bürokratien einschließlich der Polizeien bedürfen publizistisch-politischer und parlamentarischer Kontrolle. Wo die Geheimstempel-Sucht grassiert, wo Transparenz verhindert wird, entsteht die Gefahr von Fehlentwicklungen und Mißbrauch. Die sogenannte Spiegel-Affäre des Jahres 1962 (sie hätte richtiger Strauß-Affäre genannt werden sollen) war dafür ein fulminantes Beispiel. Weil der »Spiegel« aufgrund von weitläufigen Recherchen einige Schwächen der Bundeswehr aufgedeckt hatte, glaubten ein selbstherrlicher Bundesminister, einige militärische Bürokraten und die Bundesanwaltschaft das Vaterland in Gefahr – sogar der Bundeskanzler redete von einem »Abgrund von Landesverrat« – und ließen eigenmächtig den Herausgeber Augstein und einige seiner Redakteure festnehmen. Und daß ich den Artikel von Conny Ahlers gegengelesen hatte, sollte mir als Beihilfe zum Landesverrat ausgelegt werden. Später ist die künstlich aufgebauschte Anklage in sich zusammengebrochen.

Die Spiegel-Affäre war ein gutes Beispiel dafür, daß die öffentliche Meinung eines unabhängigen Journalismus bedarf. Denn jede Demokratie ist und bleibt anfällig. Deshalb sollte die Demokratie in unseren Schulen und in den Massenmedien nicht als fleckenloses Idealgebilde vorgestellt werden, sondern lediglich als die beste aller Regierungsformen. Jede Demokratie bleibt fehlbar. Wer sie übermäßig idealisiert, läuft Gefahr, daß er andere, die zunächst allzu gläubig sind, einer späteren bösen Enttäuschung aussetzt – und daß die Enttäuschten sich zu Anti-Demokraten wandeln.

Die deutsche Kleinstaaterei

Manche Probleme, die uns im politischen Alltag beschäftigen, reichen weit in die Geschichte zurück. Aus der Geschichte lernen heißt, die historischen Zusammenhänge zu verstehen, die eine bestimmte Entwicklung begünstigt haben. Von allen historischen Relikten, mit denen wir Deutschen uns heute schwertun, bereitet uns kaum eines so viele innenpolitische Probleme wie die deutsche Kleinstaaterei.

Gegen Ende des Mittelalters – die Macht des Reiches befand sich schon im Verfall – bestand Deutschland aus ungezählten kleinen und kleinsten Staaten. Alle diese Fürstentümer, Herzogtümer und freien Reichsstädte waren nahezu souverän, jeder verfolgte seine eigene Politik. Die protestantische Reformation und besonders der Augsburger Religionsfriede des Jahres 1555 sorgten für zusätzliche Spaltungen. Der Grundsatz *cuius regio, eius religio* räumte dem jeweiligen Fürsten das Recht ein, die Religion seiner Untertanen zu bestimmen (und in einigen Fällen die Unwilligen aus dem Lande zu jagen). In Deutschland war es weniger die ekelhafte katholische Inquisition als vielmehr dieser fälschlich sogenannte Religionsfriede, der religiöse Intoleranz zum gültigen Prinzip erhob. Religiöse Gegensätze und Kleinstaaterei haben nicht nur die auswärtigen Mächte zu gewaltsamer Intervention eingeladen, am schlimmsten im Dreißigjährigen Krieg, sie haben auch, anders als in den meisten der uns benachbarten Völker, die Entwicklung eines eigenen Bewußtseins von der deutschen Nation entscheidend verzögert.

Die Kleinstaaterei hat zugleich den politischen Durchbruch der Aufklärung in Deutschland massiv behindert und verzögert. Während in England, in Frankreich, in Holland und in den nordischen Länder sich das demokratische Prinzip schrittweise durchsetzen konnte, verharrten die vielen deutschen Staaten im Absolutismus. Der lutherische Obrigkeitsgehorsam wie auch die katholische Kirche haben dazu beigetragen. Noch um das Jahr 1800 zählte man in Deutschland rund dreihundert staatliche Gebilde. Napoleon hat dann einige Schneisen in den deutschen Flickenteppich geschlagen. Er hat zum Beispiel das Königreich Westfalen geschaffen (das später größtenteils von Preußen einverleibt wurde), das Königreich Württemberg und – fast schon in seiner heutigen Gestalt – das Königreich Bayern. Aber der Reichsdeputationshauptschluß des Jahres 1803 ließ immerhin noch dreißig deutsche Staaten am Leben.

1848/49 kam es in der Frankfurter Paulskirche zu einem ersten ernstzunehmenden Versuch deutscher Bürger, einen deutschen Nationalstaat und zugleich einen demokratisch gewählten Reichstag zu etablieren (der Impuls zur Paulskirchen-Versammlung war übrigens aus Frankreich gekommen, und ein Teil der in Frankfurt vorgetragenen Ideen stammte aus den USA). Die Bemühungen der Paulskirche blieben ergebnislos. Unterdessen annektierte das Königreich Preußen im Laufe der Jahrzehnte eine größere Zahl bisher souveräner Fürstentümer, und 1871, nach dem Sieg über Frankreich, brachte Bismarck als preußischer Ministerpräsident schließlich die Dynastie der Hohenzollern an die Spitze des von ihm gegründeten Reiches. Es wurde zwar ein demokratisch gewählter Reichstag installiert, aber der hatte wenig Rechte – das Bewilligungsrecht für den Haushalt war die große Ausnahme. Deshalb entwickelte sich die Haushaltsdebatte zu dem Ort, an dem die Opposition ihre Beschwerden ausbreiten konnte – und das ist bis in unsere Tage so geblieben. Bismarcks Verdienst ist unbestreitbar; dennoch wird niemand ihn für einen Demokraten halten. Die vielen kleinen Staaten, die er 1871 im Reich zusammenfügte, mußte er notgedrungen am Leben lassen.

Die preußische Vormachtstellung hat den Zusammenbruch des Kaiserreiches 1918 überdauert. Noch am Ende der Weimarer Republik war die Stadt Erfurt nicht etwa Hauptstadt eines thüringischen Staates, sondern Hauptstadt des gleichnamigen Regierungsbezirks in der preußischen Provinz Sachsen. Die hamburgischen Stadtteile Altona, Wandsbek und Harburg-Wilhelmsburg gehörten sogar zu zwei verschiedenen preußischen Provinzen. Zwar eröffnete der Staatszusammenbruch des Reiches 1918/19 den Weg zur parlamentarisch-demokratischen Regierung, aber die Vielzahl der Länder, die sich immer noch Staaten nannten, hat er nicht beseitigt. Während der zwölf Jahre der Nazi-Herrschaft wurde die föderative Vielfalt zentralstaatlich überdeckt. Nach dem katastrophalen Ende des Nazi-Reiches war es mit der Zentralgewalt vorbei, ein Erlaß der Besatzungsmächte verfügte die Aufhebung Preußens.

Heute besteht Deutschland aus sechzehn Ländern. Sie haben höchst unterschiedliche ökonomische Lebenskraft, gleichwohl haben sie alle die gleichen Kompetenzen. So wirkt die Geschichte der Kleinstaaterei sich bis in unsere Gegenwart aus. Fast in jedem Jahrzehnt muß erneut um die zweckmäßige Balance zwischen den Zuständigkeiten der Länder und des Bundes gerungen werden. Ökonomische Zwänge unserer über alle Ländergrenzen hinweg einheitlichen Volkswirtschaft und zunehmend auch ökonomisch-politische Zwänge des gemeinsamen europäischen Marktes führen zu wachsender Ballung von Kompetenzen im Zentrum, früher in Bonn, heute in Berlin und zunehmend in Brüssel. Die Landesregierungen der sechzehn Bundesländer verteidigen jedoch zäh ihre Selbständigkeit. Weil sie damit nur sehr begrenzt Erfolg haben, versuchen die Ministerpräsidenten der Länder – in stetig wachsendem Maße – über den Bundesrat Politik und Gesetzgebung der Bundesregierung und des Bundestages zu beeinflussen. Dazu kommt der jeder Bürokratie innewohnende Drang nach Ausweitung der eigenen Zuständigkeit, dem sowohl die Bürokratien der Bundesländer unterliegen als auch die Bürokratien des Bundes.

Im Ergebnis haben wir es mit einer zunehmend undurchsichtigen Mischung von Verantwortlichkeiten zu tun. Zwei herausragende Akte, welche bewußt und willentlich zusätzliche Mischverantwortung geschaffen haben, waren die Grundgesetzänderungen von 1969 mit der Schaffung von drei euphemistisch sogenannten »Gemeinschaftsaufgaben« und die Grundgesetzänderung des Jahres 1992, die den Landesregierungen spezifische Mitwirkungsrechte in der europäischen Integrationspolitik eingeräumt hat. Auch jede Form der Mischfinanzierung verwischt die Verantwortlichkeit. Selbst der politisch interessierte Bürger kann in vielen Fällen nicht erkennen, wen er angesichts eines Problems oder eines Mißstandes für verantwortlich halten soll; deshalb kommen viele dazu, resigniert »die da oben« für die Schuldigen zu halten.

Ich habe immer die Auffassung vertreten, daß bei der Verteilung der Kompetenzen das »Vorrecht der kleineren Gemeinschaft« gelten sollte. Das Wort stammt von dem Jesuitenpater Oswald von Nell-Breuning, der am Beispiel der Gesellschafts- und Wirtschaftpolitik das Prinzip der Subsidiarität entwickelte. Subsidiär heißt auf Deutsch hilfsweise. Nur dort, wo die am Ort lebenden Menschen überfordert sind und die vorhandenen Mittel nicht ausreichen, nur dort soll die übergeordnete Instanz hilfsweise eingreifen. Alles, was von den Menschen am Ort entschieden oder von ihnen umgesetzt werden kann, muß – um der Würde des Menschen willen – tatsächlich auch von ihnen entschieden oder gemacht werden. Was ein Dorf oder eine Stadt selbst entscheiden kann, muß der Gemeinderat auch selbst entscheiden dürfen! Was ein Landtag selbst und ohne Eingreifen des Bundes regeln kann, das muß er auch regeln dürfen! Unsere geschichtlich gewachsene bundesstaatliche Struktur bliebe nicht dauerhaft lebensfähig, wenn uns das Subsidiaritätsprinzip, das »Vorrecht der kleineren Gemeinschaft«, abhanden käme.

Das Wort »Subsidiaritätsprinzip« kam im Grundgesetz ursprünglich nicht vor. Gleichwohl hat dieser Grundgedanke von Anfang an unsere verfassungsrechtlichen Regeln für das Verhältnis zwischen Bund und Ländern beherrscht, die Selbstverwaltung der Gemeinden und Städte war selbstverständlich. Die Zentralisierungstendenzen haben aber im Laufe der Zeit das jedem föderativen Staatssystem eigene Subsidiaritätsprinzip in der Praxis in den Hintergrund gedrängt. Wegen der Notwendigkeit vor allem der steuerlichen, der sozialversicherungswirtschaftlichen und der arbeitsmarktpolitischen Verbundwirtschaft ist in der Praxis ein vielgestaltiges Gefüge von Finanzausgleichsmechanismen entstanden, das immer wieder Anlaß zu Streit gibt. Ein Beispiel dafür gaben zuletzt die Bundesländer Berlin, Bremen und Saarland – die zu den ökonomisch schwächsten Bundesländern zählen und in erheblichem Maße Nutznießer diverser Finanzausgleichssysteme sind – mit ihrem Versuch, durch Verfassungsklage höhere Finanzzuweisungen des Bundes zu erwirken.

Die wirtschaftliche und finanzielle Entwicklung der Bundesländer verlief nicht gleichmäßig. Beispielsweise war Bremen im Finanzausgleich von 1949 bis 1969 ein Geberland, Bayern dagegen bis 1992 ein Empfängerland. Weil auch künftig erhebliche Diskrepanzen in der ökonomischen Entwicklung der einzelnen Bundesländer zu erwarten sind, vor allem aber, weil die sechs ostdeutschen Länder vorhersehbar auch weiterhin hinter den zehn westdeutschen Ländern wirtschaftlich weit zurückbleiben werden – ich werde auf diesen Punkt noch ausführlicher eingehen – , wird die Notwendigkeit zu finanzpolitischen »Föderalismusreformen« auch künftig unvermeidlich bleiben. Dies wird besonders für das Bundesland Berlin gelten, denn die Hauptstadt des Landes ist zugleich zur Hauptstadt der Arbeitslosigkeit und der Sozialhilfe geworden.

Bei allen Korrekturen an unserem föderativen Gefüge und

allen Föderalismusreformen muß für eindeutige Verantwortlichkeiten Sorge getragen werden. Unser komplizierter, tief in der deutschen Geschichte verankerter föderativer Staatsaufbau hat, weil er die Macht auf verschiedene Ebenen verteilt, einen Vorzug vor anderen theoretisch denkbaren Staatsformen. Aber zwei Grundprobleme werden uns auch künftig immer wieder beschäftigen: zum einen der Antagonismus zwischen dem Bund und der Gesamtheit der Bundesländer und zum anderen die Vielzahl relativ schwacher und hilfsbedürftiger kleiner Bundesländer. Das letztere Problem könnte theoretisch durch Verschmelzung einiger Länder gelöst werden. Ich würde solche Versuche allerdings mit Skepsis betrachten.

Zum Beispiel würde eine Verschmelzung von Berlin und Brandenburg (die schon einmal gescheitert ist) das vereinigte Bundesland ökonomisch nicht weniger hilfsbedürftig und keineswegs kräftiger werden lassen. Vielleicht wären einige Aufgaben der regionalen Planung leichter zu lösen; zugleich würden aber zwischen den politischen Instanzen der übergewichtigen Stadt Berlin und den Einwohnern der ehemaligen Streusandbüchse Brandenburg Abgrenzungs- und Finanzprobleme auftreten. Die Berliner würden ihre Herabstufung vom Land zur Kommune jedenfalls kaum ohne erhebliche Widerstände hinnehmen. Eine dauerhafte Lösung des finanzwirtschaftlichen Berlin-Problems kann auf Dauer nur zwischen dem Bund und der Stadt erreicht werden. Theoretisch sind mehrere Lösungen denkbar: auf der einen Seite das Modell einer dem Bund unterstellten und vom Bund unterhaltenen Hauptstadt (dafür gibt es verschiedene Beispiele wie Washington DC, Ottawa, Brasilia oder Canberra), auf der anderen Seite die – ökonomisch wahrschcinlich unzureichende – Option, daß der Bund die Finanzierung aller Hauptstadt-Aufgaben übernimmt, insbesondere die Finanzierung der repräsentativen kulturellen Aufgaben. Am Ende wird eine Lösung zwischen diesen beiden Extremen liegen. Sie wird nur dann dauerhaft sein können, wenn es gelingt, Produktivität, Beschäftigung, Einkommen und Steuerkraft im gesamten Osten Deutschlands dem westdeutschen Niveau weitestgehend anzunähern.

Kleinere Länderfusionen versprechen wenig Erfolg. Was für Berlin und Brandenburg gilt, gilt ähnlich für eine denkbare Verschmelzung des Saarlands mit Rheinland-Pfalz. Dagegen könnten großräumige Verschmelzungen tatsächlich zu erheblichen Vorteilen und zu erheblicher Rationalisierung der Regierungs- und Verwaltungsbürokratien führen. So wäre etwa eine Fusion zwischen Niedersachsen, Bremen, Hamburg, Schleswig-Holstein und Mecklenburg-Vorpommern zu einem großen norddeutschen Bundesland theoretisch denkbar. Die Widerstände dagegen wären aber wahrscheinlich so populär, daß sie eine Fusion verhindern würden.

Tatsächlich sind der Stolz auf die Heimat und der Lokalpatriotismus fast überall in Deutschland sehr ausgeprägt, am stärksten in altehrwürdigen Städten und in Ländern, die wie Sachsen und Bayern auf eine über Jahrhunderte sich erstreckende eigene Geschichte zurückblicken können. Aber auch die Einwohner der erst in jüngster Zeit mehr oder weniger künstlich geschaffenen Bundesländer und ebenso ihre Politiker hegen starke Gefühle der Eigenart, der Eigenständigkeit und auch des Eigensinns. Das gilt für das gerade erst ein halbes Jahrhundert alte Bundesland Baden-Württemberg ebenso wie für die nur wenige Jahre älteren Neuschöpfungen Nordrhein-Westfalen, Hessen oder Schleswig-Holstein. Im Laufe der Zeit werden sich wohl in fast allen sechzehn Bundesländern solche kollektiven Identitäten herausbilden. Deshalb kann man von den Ideen zu einer umfassenden Neugliederung der Länder nur abraten. Genausowenig wie Deutschland sich zu einem Zentralstaat eignet, genausowenig ist unser Volk willens, einem etwa zentral organisierten oder zentral angeordneten verfassungsrechtlichen Umbau der Länder zuzustimmen. Auch in der Vergangenheit ist dergleichen bei uns immer nur nach verlorenen Kriegen oder nach Staatszusammenbrüchen möglich gewesen.

In einem Punkt scheint mir eine Korrektur der Ländervielfalt durch Grundgesetzergänzung allerdings sowohl wünschenswert als auch vorstellbar. Ich meine den mißlichen Umstand, daß wir durchschnittlich alle Vierteljahre eine Landtagswahl erleben und daß der jeweilige Landtagswahlkampf sich irritierend auf die politische Arbeit fast der ganzen Bundesrepublik auswirkt. Die prominenten Mitglieder der Bundesregierung und des Bundestages sind laufend zum Engagement veranlaßt; sie verändern sogar die Gesetzgebung und verzögern oder beschleunigen dieselbe, je nachdem, was ihre Parteifreunde im Landtagswahlkampf als nützlich ansehen. Der permanente Wahlkampf im Vierteljahrestakt ist auch deswegen abwegig, weil er die Landespolitiker, vor allem den jeweils zur Wahl stehenden Ministerpräsidenten, zum Zwecke der Popularitätssteigerung zur Einmischung in die Bundespolitik verleitet – und weil er umgekehrt die zentralen Vorstände und Gremien der politischen Parteien ebenso regelmäßig zur Einmischung in die Politik des jeweiligen Landes verführt.

Die übermäßig am Egoismus der Parteien orientierten sechzehn Landtagswahlkämpfe lähmen die politische Arbeit der Bundesregierung. Wünschenswert wäre statt dessen eine grundgesetzliche Vorschrift, die ähnlich wie in den USA alle fälligen Wahlen auf einen einzigen Tag legt, alle zwei Jahre einmal. Unabhängig davon, ob eine Wahlperiode noch zwei oder vier Jahre läuft, ob ein Gouverneur oder der Präsident, ob das Abgeordnetenhaus oder Teile des Senats zu wählen sind, gewählt wird in allen fünfzig Staaten der USA in jedem zweiten Jahr am »Dienstag nach dem ersten Montag im November«. Eine vergleichbare deutsche Regelung und ein allgemeiner Wahltermin würden die heutzutage jedes Vierteljahr wiederkehrende politische Nervosität und Gschaftlhuberei wohltätig dämpfen. Wenn in einem Bundesland aus irgendeinem Grunde eine vorzeitige Wahl notwendig werden sollte, so könnte das Grundgesetz für solchen Fall jedenfalls für die folgende Wahlperiode die Rückkehr zum allgemeinen Wahltermin anordnen. Zwar stieße ein einheitlicher

Wahltag zunächst auf mancherlei Bedenken, diese wären im Kern aber rein parteitaktischer Art. Deshalb müßte man den erstmaligen gemeinsamen Wahltag bei der Grundgesetzergänzung so weit in die Zukunft legen, daß keine Partei argwöhnisch zu werden braucht. Ich bin auch in diesem Fall nicht optimistisch, denn eine solche Änderung würde dem Interesse und der Eitelkeit mancher Politiker zuwiderlaufen. Ich weiß, daß Wahlkämpfe unvermeidlich zur Demokratie gehören. Aber permanenten Wahlkampf halte ich für ein vermeidbares Übel.

Am Ende dieses Kapitels will ich wenigstens kurz auf ein Problem hinweisen, das mit dem hier Gesagten eng zusammenhängt: die allzu große Macht der Parteizentralen. Mit Ausnahme der bayerischen CSU sind unsere politischen Parteien de facto weitgehend bundeseinheitlich verfaßt (wenn auch ihre Satzungen durchaus einige föderalistische Elemente enthalten). Ihre Führungsgremien und Vorstände und deren bürokratische Mitarbeiterstäbe haben ihren Sitz in Berlin. Insofern bilden die meisten politischen Parteien ein zentralistisches Gegengewicht gegen extreme föderalistische Tendenzen. Gesamtstaatliches Denken ist für die Personen in den Machtzentralen der Parteien weitgehend selbstverständlich. Zu dieser zentralistischen Perspektive trägt vor allem das System der Parteienfinanzierung bei, die sich im wesentlichen aus privaten Spenden und staatlichen Zuwendungen zusammensetzt.

Die staatlichen Zuwendungen machen allein etwa ein Drittel der Jahreseinnahmen sämtlicher politischer Parteien aus, sie fließen weit überwiegend den Zentralen zu. Hinzuzählen muß man die doppelt so hohen staatlichen Mittel, die den sogenannten »parteinahen Stiftungen« zufließen, die mit ihrem Personal, ihren Einrichtungen und Diensten weitgehend der jeweiligen Parteizentrale zur Verfügung stehen. Man muß auch die staatliche Finanzierung der Bundestagsfraktionen hinzuzählen, die im Umfang etwa ein Drittel der staatlichen Parteienfinanzierung erreicht und die der zentralen Willensbildung der jeweiligen Partei dient. Auf diese Weise ist im Jahr 2003 den politischen Parteien direkt und über die ihnen nahestehenden Stiftungen insgesamt rund eine halbe Milliarde Euro zugeflossen (seither sind die Beträge noch gestiegen). Zuletzt haben rund 20 (!) politische Parteien an der staatlichen Parteienfinanzierung teilgenommen.

Ich will das Ausmaß staatlicher Finanzierung der Parteien nicht ein weiteres Mal kritisieren, wohl aber möchte ich *pro futuro* zur Mäßigung mahnen. Denn die Opulenz der Ende der sechziger Jahre eingeführten staatlichen Wahlkampfkostenerstattung hat ganz wesentlich zur Technisierung und Professionalisierung der Wahlkämpfe beigetragen. Wo früher Zigtausende ehrenamtlicher Helfer mit Hingabe Plakate geklebt und Broschüren ausgetragen haben, bezahlt man heute Werbeagenturen. Die Parteizentralen sind finanziell und damit politisch sehr mächtig geworden. Wenn die zentralen Parteischatzmeister sich das nächste Mal über eine einschlägige Gesetzesnovelle einig sind, die der Bundestag beschließen soll, muß das Parlament die Langzeitwirkungen jedenfalls sorgfältig unter die Lupe nehmen.

Die privaten Spendeneinnahmen unserer Parteien liegen einstweilen nur etwa bei einem Drittel der vereinnahmten staatlichen Mittel, bei der CDU/CSU und erst recht bei der FDP deutlich höher, bei der SPD deutlich darunter. Es ist nicht diese Ungleichmäßigkeit der Verteilung, die mich stört. Vielmehr erkenne ich in anderen Staaten, vor allem in den USA, eine enorme Aufblähung sowohl der Wahlkampfspenden als auch der staatlichen Parteienfinanzierung. Tendenziell breitet sich diese korrupte Praxis international aus, sie kann auch bei uns zu skandalöscr Verfälschung des demokratischen Prinzips führen. Mein persönliches Ideal läßt sich in drei einfachen Regeln zusammenfassen: Erstens bekommt keine Partei Geld vom Staat; zweitens darf keine Partei Geld annehmen von einer Firma, von einer Vereinigung oder von einer juristischen Person; drittens wird bei Spenden von Privatpersonen jede steuerliche Abzugsfähigkeit abgeschafft. Ich räume ein, dies ist ein Wunschtraum – aber darf ich nicht auch einmal einer Utopie anhängen?

Zusammenfassend möchte ich den nachfolgenden Generationen deutscher Politiker den Wunsch ans Herz legen, sich auch künftig mindestens dreier entscheidender Lehren aus der deutschen Geschichte bewußt zu bleiben: nämlich der bleibenden Hypothek der Vernichtung der Juden, der bleibenden Aufgabe guter Nachbarschaft zu den uns umgebenden Nationen und der gleichfalls bleibenden Aufgabe einer verläßlichen Balance zwischen Bund und Ländern. Wenn unsere Politiker außerdem jeglicher Versuchung zu deutscher Großmannssucht widerstehen, hätten wir tatsächlich Entscheidendes aus unserer Geschichte gelernt.

III
AUS PERSÖNLICHEN
ERFAHRUNGEN LERNEN

Eigene Fehler

Jedermann lernt im Laufe seines Lebens hinzu. Für jedermann ergeben sich daraus auch Veränderungen seiner Urteilsmaßstäbe. Am Anfang dieses Buches habe ich von Begegnungen und Erfahrungen berichtet, die mich beeinflußt und verändert haben. Dabei wurde mir immer wieder deutlich, daß ich in den 25 Jahren, die seit meinem Rückzug von allen politischen Ämtern vergangen sind, sehr vieles gelernt habe, was ich zuvor nicht wußte. Außerdem tauchten in diesen Jahren viele neue Fragen auf, die ich mir früher nicht hatte vorstellen können.

So wäre zum Beispiel zu meinen Amtszeiten die Frage nach einer deutschen Teilnahme an einer von den USA geführten militärischen Intervention auf dem Balkan oder gar in Afghanistan als absurd erschienen. Alle Urteilsmaßstäbe der Politik, der Vernunft und der Moral sprachen dagegen. Inzwischen ist Afghanistan zur Brutstätte eines internationalen Terrorismus geworden, der die politische Lage der Welt nachhaltig verändert. Damals erschien Afghanistan ähnlich weit entfernt wie zu Goethes Zeiten die Türkei; in noch viel weiterer Ferne lag China. Heute ist die Möglichkeit eines Zusammenstoßes weit voneinander entfernter Kulturen leider denkbar geworden. Auch im Innern unseres Landes haben sich gewaltige Veränderungen vollzogen. Vor einem Vierteljahrhundert konnte ein Arbeits- und Sozialminister voller Überzeugung verkünden: »Die Renten sind sicher!« Dabei stützte er sich auf das Gesetz und die darauf aufgebauten Formeln. Heute wissen wir, daß die damaligen Maßstäbe nicht unverändert mehr gelten können; es gibt zu wenige junge Menschen, und die Alten leben länger als früher. Weil die Welt sich ändert, sind wir veranlaßt, andere Maßstäbe anzulegen.

Ein Politiker darf sich nicht allgemeinen Stimmungen oder gar Massenpsychosen hingeben. Er muß auf seine Vernunft hören, und er muß sich der moralischen Grundwerte bewußt sein, die im Grundrechtskatalog und im Artikel 20 unseres Grundgesetzes festgeschrieben sind. Gleichwohl kann er irren und Fehler machen. Das Grundgesetz erlaubt Irrtümer, es erlaubt gute und weniger gute Politik, es erlaubt sogar eine im Ergebnis schlechte Politik. Aber aus dem fehlerhaften Urteil eines Politikers kann schwerer Schaden für viele entstehen. Wenn der Politiker seinen Irrtum oder Fehler später erkennt, sieht er sich vor die Frage gestellt, ob er seinen Irrtum eingestehen und die Wahrheit einräumen soll. In solcher Lage verhalten sich die meisten Politiker allzu menschlich, nämlich ähnlich wie die meisten Bürger auch. Allen Menschen fällt es schwer, einen Irrtum einzuräumen und die Wahrheit über sich selbst öffentlich zu machen. Für den Politiker kommt als Erschwernis hinzu, daß die öffentliche Meinung irrigerweise dazu neigt, das Eingeständnis eines Fehlers als Zeichen von Schwäche zu werten, während es doch in Wahrheit Zeugnis eines aufrechten Charakters ist.

Nicht umsonst wurde die Rhetorik schon vor über zweitausend Jahren im demokratisch verfaßten Athen als eine der wichtigsten Künste des Politikers angesehen. Die Rhetorik hilft allerdings auch, eine Wahrheit zu verschleiern. Ein Politiker, der gewählt werden will, muß sich den Wählern möglichst angenehm darstellen. Wenn er ihnen seine Absichten, sein Programm oder seine bisherige Leistung darlegt, gerät er unvermeidlich in die Gefahr der Übertreibung. Viele der von Hoffnung getragenen Versprechungen wird er später nur zum Teil erfüllen können. Dieses Grundproblem begegnet uns in allen demokratisch verfaßten Staaten.

Seit meinem Ausscheiden aus der aktiven Politik habe ich

mich bisweilen gefragt, ob ich mir selbst oder dem Publikum etwas vorgetäuscht habe, wenn ich auf entsprechende Fragen nach meinem Verhältnis zur Macht stets antwortete, die Stellung eines Bundeskanzlers niemals angestrebt zu haben. Ich habe auch die Ämter eines hamburgischen Senators, eines Verteidigungs- oder Finanzministers nicht von mir aus gewollt. Kaum jemand hat mir das glauben wollen. Heute, auch nach Lektüre mancher Psychologie-Bücher, bin ich mir nicht mehr so sicher. Unbewußt könnte ich diese Ämter vielleicht doch gewollt haben. Im Unterbewußtsein kommen, ähnlich wie im Traum, viele Faktoren zur Wirkung, auf die wir keinen Einfluß nehmen können. Immerhin darf ich auch heute aus Überzeugung sagen: Bewußt habe ich all diese Ämter nicht gewollt. Mein Ehrgeiz war nicht auf Ämter gerichtet, sondern auf Anerkennung – ähnlich wie ein Künstler oder ein Sportler Anerkennung durch Leistung sucht.

Bereits der Beginn meiner Laufbahn als Berufspolitiker war insofern untypisch, als ich 1953 nicht danach strebte, für den Bundestag zu kandidieren; die Kandidatur wurde mir von mehreren Seiten angetragen. Ich selbst wollte gar nicht in die Politik, sondern einem Ruf in die Geschäftsführung der Hamburger Hafen- und Lagerhaus-Gesellschaft folgen. Weil mein damaliger Chef Senator Karl Schiller diesem Wunsch nicht stattgab, habe ich eine mir angebotene Kandidatur zum Bundestag angenommen. Einmal gewählt, lag mir dann allerdings daran, als junger Abgeordneter mich hervorzutun und wiedergewählt zu werden. So ähnlich ist es mir dann später bei allen staatlichen Ämtern ergangen. 1966 – zu Beginn der Großen Koalition – habe ich es abgelehnt, Bundesverkehrsminister zu werden; ich wollte nicht Minister sein. Drei Jahre später – zu Beginn der sozialliberalen Koalition – habe ich mich gegen das Amt des Verteidigungsministers gesträubt und, als ich nicht mehr ausweichen konnte, Herbert Wehner überredet, meine Stelle als Fraktionsvorsitzender zu übernehmen.

Ein einziges Mal habe ich von mir aus ein politisches Amt angestrebt, und das war ein Fehler, den ich später sehr bereut habe: Im Jahre 1966 habe ich mich um das Amt des Vorsitzenden der hamburgischen Landesorganisation der SPD beworben, welches vakant geworden war. Es handelte sich um ein unbezahltes Ehrenamt, mit dem aber Einfluß und Macht verbunden waren. Ich war von 1961 bis 1965 hamburgischer Senator gewesen, dann aber auf Willy Brandts Wunsch in den Bundestag zurückgekehrt, und wollte mir zu Hause Rückhalt verschaffen – »Hausmacht« nannte man das damals in der Presse und in der Sozialdemokratie. Der Gegenkandidat war der ehemalige Bürgermeister Paul Nevermann, den die Hamburger Sozialdemokraten kurz zuvor aus kleinkarierten Motiven zum Rücktritt als Bürgermeister gezwungen hatten. Er war eine halbe Generation älter als ich. Nevermann wurde vom Parteitag mit ausreichendem Vorsprung gewählt. Ich habe mir später meine Kandidatur nicht nur als politisch fehlerhaft vorgehalten, sondern auch als unanständig. Denn die Wahl Nevermanns war eine Art Wiedergutmachung durch die Delegierten, die ich nicht hätte stören dürfen. Ich habe daraus die Lehre gezogen, nicht ungefragt und nicht ohne Not im Wettbewerb mit einem anderen qualifizierten Bewerber für ein politisches Amt zu kandidieren.

Diese Erfahrung hat ein Jahrzehnt später, im Mai 1974, als es in Bad Münstereifel um Willy Brandts Rücktritt als Bundeskanzler ging, für mich wahrscheinlich eine gewisse Rolle gespielt. Nicht was die Nachfolge im Amt des Bundeskanzlers betraf – da war ich vor allem besorgt, dem Amt und seiner Verantwortung nicht gewachsen zu sein –, wohl aber im Blick auf den Parteivorsitz. Ich fand die Guillaume-Affäre als Rücktrittsgrund für einen Kanzler völlig unzureichend, desgleichen die Sorge vor einer öffentlichen Diskussion über Brandts sogenannte Frauengeschichten – ich erinnerte mich an die ungerechtfertigte Ablösung des Bürgermeisters Nevermann aus ähnlichem Grund. Jedenfalls habe ich dem Rücktritt Willy Brandts auf das heftigste widersprochen. Sein Entschluß blieb jedoch unumstößlich, er hatte sich innerlich festgelegt. Als Herbert Wehner dann vorschlug, Brandt solle weiterhin Parteivorsitzender der SPD bleiben, habe ich diesem Vorschlag sogleich und ohne Bedenken zugestimmt; und dabei spielte abermals die Erinnerung an meine Kandidatur gegen Nevermann eine Rolle. Viele Jahre später habe ich diese Entscheidung für einen politischen Fehler gehalten.

Bis heute bin ich der einzige Bundeskanzler gewesen, der nicht zugleich Vorsitzender der Regierungspartei war (am Ende der rot-grünen Koalition unter Gerhard Schröder gab es eine kurzfristige und deshalb unbedeutende Ausnahme von der Regel). In der Aufteilung beider Ämter auf zwei Personen liegt ein Risiko der politischen Divergenz, welches 1982, gegen Ende der sozialliberalen Koalition, offensichtlich wurde. Die nachfolgenden Kanzler Kohl, Schröder und Merkel haben das Risiko nicht in Kauf genommen, ihnen unterstand zugleich die Parteizentrale. In Deutschland sind die finanziell und personell im internationalen Vergleich ungewöhnlich luxuriös ausgestatteten Zentralen, ihre Präsidien und Vorstände tatsächlich starke Machtballungen. An ihnen hängen auch die personell und finanziell gut ausgestatteten sogenannten parteinahen Stiftungen. Die Zentralen können häufig sowohl der Regierung als auch den parlamentarischen Fraktionen die Politik vorgeben, ohne dazu vom Volk gewählt zu sein. Jedenfalls hat das politische Eigenleben der sozialdemokratischen Zentrale im Erich-Ollenhauer-Haus in Bonn, das ich nur gelegentlich und im Ergebnis nur marginal beeinflussen konnte, in erheblichem Maße das Abrutschen der SPD nach links begünstigt. Auf einem Bundesparteitag in Köln im Frühjahr 1983 wurde dies für jedermann erkennbar. Die Sozialdemokratische Partei erwies sich als nicht mehr regierungsfähig. Herbert Wehner hatte das schon im Oktober 1982 erwartet und ausgesprochen.

Ich habe bis nach dem Tod Willy Brandts gewartet, ehe ich es einen politischen Fehler nannte, 1974 im Zusammenhang mit meiner Kanzlerschaft nicht zugleich den Parteivorsitz beansprucht zu haben. Heute, abermals viele Jahre später, neige ich dazu,

meine damaligen Motive – nämlich meine Loyalität zu Willy
Brandt und meine Besorgnis hinsichtlich der Belastung durch
das Doppelamt – als vernünftig und gewichtig anzusehen. Auch
rechnete ich im Frühjahr 1974 keineswegs mit einer längeren
Kanzlerschaft. Vielmehr ging ich davon aus, meine Kanzlerschaft
würde durch die im Herbst 1976 anstehende Bundestagswahl beendet werden, und meine Aufgabe sei lediglich, die sozialliberale
Regierung mit Anstand und Erfolg zu Ende zu führen.

Tatsächlich verlief die Entwicklung dann anders. Die soziali-
berale Koalition gewann 1976 und 1980 zwei weitere Wahlen (die
SPD erreichte beide Male nahezu 43 Prozent der Stimmen) und
endete erst im Herbst 1982, etwas mehr als acht Jahre nach Beginn meiner Kanzlerschaft. Noch im Wahlkampf im Herbst 1980
warb die FDP mit meinem Namen auf ihren Plakaten. Bald danach begann ihr Vorsitzender Hans-Dietrich Genscher jedoch,
von einer bevorstehenden »Wende« zu reden. Vor allem der Wirtschaftsminister Otto Graf Lambsdorff forcierte innerhalb der
FDP die zunächst noch schwache Tendenz zu einer schwarz-gel-
ben Koalition mit der CDU/CSU. Im Laufe des Jahres 1981 erkannte ich das immer deutlicher und glaubte, im Februar 1982
durch eine Vertrauensfrage nach Artikel 68 des Grundgesetzes die
FDP auf Fortsetzung der sozialliberalen Koalition festlegen zu
können. Das war ein Fehler. Denn die Abgeordneten der FDP-
Fraktion sprachen mir zwar das Vertrauen aus, aber Lambsdorff
und – etwas zögerlicher – Genscher setzten ihre auf Wechsel der
Koalition und der Regierung gerichteten Aktivitäten unvermin-
dert fort. Man sprach darüber insgeheim schon mit Politikern
der CDU/CSU – und auch mit dem Großverleger Axel Springer,
um dessen »Bild« und »Welt« für den Wechsel einzustimmen. Ich
habe das bald bemerkt, aber immer noch gezögert, die Konsequenz zu ziehen und die Regierung der sozialliberalen Koalition
von mir aus zu beenden und Neuwahlen herbeizuführen.

Das war abermals ein Fehler. In einem gegen den gemeinsam
gewählten und nach wie vor amtierenden Kanzler gerichteten

Wahlkampf der FDP wären Lambsdorff und Genscher nämlich in allergrößte Schwierigkeiten geraten, selbst eine Aufspaltung ihrer Partei wäre nicht auszuschließen gewesen. Entsprechend größer wären meine eigenen Wahlaussichten gewesen. Tatsächlich habe ich erst im September 1982 – nach einem provokanten Schriftsatz Lambsdorffs – die Konsequenz gezogen und die Entlassung der FDP-Minister und damit das Ende der Koalition beschlossen. Dabei beging ich erneut einen Fehler, indem ich Genscher fairerweise persönlich vorab informierte und ihm dadurch, ohne es zu wollen, die Gelegenheit gab, mir um eine halbe Stunde zuvorzukommen und den Austritt der FDP aus der Koalition zu verkünden.

Die sogenannte bürgerliche Rechte und die Mitte des politischen Spektrums waren mit dem Regierungswechsel zufrieden. Ein Teil der ihnen geneigten Medien verbreitete – um von der abtrünnigen FDP abzulenken – die Lesart, es sei in Wahrheit die Sozialdemokratie gewesen, die mich im Stich gelassen habe. Man kann das bisweilen auch noch heutzutage lesen. Bis in den Herbst 1982 ist das unzutreffend, denn die Bundestagsfraktion folgte meinen Argumenten und stand – mit wenigen Ausnahmen – hinter dem Kanzler. Erst im November 1983, also nach dem Ende meiner Kanzlerschaft, hat der Kölner Parteitag unter dem Einfluß nicht zuletzt von Willy Brandt, Erhard Eppler und Oskar Lafontaine sich mit großer Mehrheit erstmalig gegen den von mir verantworteten NATO-Doppelbeschluß ausgesprochen.

In diesem Zusammenhang stellt sich für mich die Frage, ob ich die Auflösungserscheinungen an dem sich verbreiternden linken Rand der Sozialdemokratie richtig bewertet habe. Ich glaube, in diesem Punkte mir kein Versäumnis vorwerfen zu müssen. Denn ich habe die Entwicklung frühzeitig erkannt, und ich habe versucht gegenzusteuern. Die Führung der Partei war jedoch nicht meine Aufgabe, sondern Aufgabe Willy Brandts. Der aber hat die von mir kritisierte Entwicklung eher gefördert als gehindert. Ich selbst habe mich innerlich immer viel stärker für das

Wohl von Staat und Nation verantwortlich gefühlt als für das Wohl meiner Partei.

Nach meinem Rücktritt schrieb ich Willy Brandt einen langen Brief, in dem ich versuchte, einen Schlußstrich unter meine Regierungszeit zu ziehen. Meine Bilanz war so formuliert, daß ich hoffen konnte, Brandt würde sie akzeptieren. Es kamen sechs oder sieben Zeilen zurück, die mir den Eindruck tiefen Beleidigtseins auszudrücken schienen. Da standen sich zwei verschiedene politische Naturelle gegenüber, die nicht mehr ins Gespräch miteinander kamen. Brandt war der Meinung, ich wäre als Kanzler längst gescheitert, hätte er den Laden nicht zusammengehalten. Ich aber dachte: Die SPD, wie sie sich unter ihm zuletzt entwickelt hatte, würde schon lange keine Regierungsverantwortung mehr tragen, wenn ich nicht Kanzler gewesen wäre. Es mag also sein, daß die langsame Abkühlung der Freundschaft auf beiderseitigen Fehlern beruhte. Als Brandt 1992 starb, war ich mir jedoch schmerzhaft bewußt, einen Freund verloren zu haben.

Wenngleich ich inzwischen der SPD seit mehr als sechzig Jahren angehöre, weil sie nach meiner ungeminderten Überzeugung bei weitem am besten meinen moralischen Wertvorstellungen entspricht, habe ich gleichwohl des öfteren Konflikte mit Teilen meiner Partei durchstehen müssen. Sie begannen im Oktober 1958, als ich, zeitgleich mit einer Reihe von Abgeordneten aller drei Fraktionen, die in den Jahren davor gegen den Willen Adenauers eine vernünftige Wehrverfassung durchgesetzt hatten, an einer Wehrübung in der im Aufbau befindlichen Bundeswehr teilnahm. Unser gemeinsames Motiv war, die Nähe des Parlamentes zur Bundeswehr zu demonstrieren. Willi Berkhan und ich verfolgten dabei außerdem den Zweck, eine Brücke zu bauen zwischen der Sozialdemokratie und den neuen deutschen Streitkräften. Das unheilvolle, antagonistische Verhältnis zwischen SPD und Reichswehr während der allzu kurzen Zeit des Weimarer Demokratie-Versuches stand uns als eindringliche Warnung vor Augen. Einige törichte linke Kollegen haben unsere Wehrübung als Ausfluß von Militarismus oder militärischem Ehrgeiz willentlich mißverstanden, deshalb wurde ich sogleich aus dem Fraktionsvorstand abgewählt. Als ich 1969 von Brandt und Wehner bedrängt wurde, das Verteidigungsministerium zu übernehmen, waren die gleichen Mißverständnisse und Diffamierungen zu erwarten, zumal SED und Stasi in Ost-Berlin mit Fleiß die Parole vom »Nachfolger Noskes« ausstreuten. Daß diese Herabsetzungen ohne wesentliche Wirkung blieben, war zu einem guten Teil dem Fraktionsvorsitzenden Wehner zu verdanken. Er hat nacheinander drei sozialdemokratischen Verteidigungsministern – Schmidt, Georg Leber und Hans Apel – die Stange gehalten. Und Willi Berkhan war später zehn Jahre lang ein allseits hochgeachteter Wehrbeauftragter des Bundestages.

Der nächste ernsthafte Konflikt mit großen Teilen meiner Partei wurde unvermeidlich, als ich das Finanzministerium und später die Kanzlerschaft übernahm. Die Erwartungen, die Willy Brandt als Kanzler geweckt hatte, waren nur zum Teil realisierbar; zu einem beträchtlichen Teil waren sie einfach nicht zu finanzieren. Als er 1974 sein Amt an mich weitergab, war inzwischen wegen der ersten Ölpreis-Krise eine weltweite Wirtschaftsrezession ausgebrochen, alle ökonomischen und sozialpolitischen Prognosen mußten zurückgeschraubt werden. Als ich deshalb in meiner ersten Regierungserklärung die absichtlich nüchternen, keineswegs mitreißenden Stichworte »Kontinuität und Konzentration« ausgab, verstanden einige Linke dies als Kurswechsel und als Preisgabe von Herzensanliegen. Die Konflikte mit linken Ideologen und auch sachliche Konflikte mit unseren nahezu unersättlichen Sozialpolitikern haben sich fortgesetzt. Dazu kamen die Forderungen der von jungen Intellektuellen propagierten »neuen sozialen Bewegungen«: vom Natur- und Umweltschutz über den Feminismus und die Emanzipation der Homosexuellen bis zur Sehnsucht der Friedensbewegung. In den meisten dieser vornehmlich aus der 68er Studentenbewegung hervorgegangenen »alternativen« Bestrebungen steckte ein richtiger, wünschenswer-

ter Kern. Aber die Radikalität und Ausschließlichkeit, mit der die
Forderungen vorgebracht wurden, drohten bedeutendere Themen und wichtigere Aufgaben von der Tagesordnung zu verdrängen. Es war für meine Regierung zwangsläufig geboten, solcher
Zerfaserung der inneren und der auswärtigen Politik entgegenzutreten. Denn nicht nur die sowjetische Hochrüstung, sondern
auch die Ende 1973 einsetzende Weltrezession bedrängten uns
unmittelbar.

Trotzdem ist die gelegentlich heute noch zu lesende Behauptung Unfug, ich hätte mich mit meiner Partei überworfen – wie
auch die andere Behauptung, ich sei zwar der richtige Mann gewesen, leider aber in der falschen Partei (ein vergiftetes Danaer-
Geschenk einiger CDU-Leute, um mich in den Augen unserer
eigenen Leute herabzusetzen). Daran ist nur zutreffend, daß ich
mich oft auf eine Zustimmung in der öffentlichen Meinung stützen konnte, die weit über die Anhängerschaft der SPD hinaus-
ging. Aber tatsächlich bin ich immer Sozialdemokrat geblieben.
Allerdings war ich im Laufe der späten siebziger und der frühen
achtziger Jahre nur sehr eingeschränkt einverstanden mit den
Wegen, auf denen eine Minderheit in meiner Partei sich bewegte,
die dann im Laufe der achtziger und neunziger Jahre vorübergehend sogar zur Mehrheit wurde. Ich hätte mir ein höheres Maß
an Staatsvernunft gewünscht, zumal an ökonomischer Vernunft.

In den späten neunziger Jahren hat mich dann befremdet,
wie schnell ehemalige friedensbewegte Leute sich im Hinblick auf
den Balkan zu »Bellizisten« wandeln konnten. Erst als sich Bundeskanzler Schröder 2003 einer Beteiligung an dem unsäglichen
zweiten Irak-Krieg den USA verweigerte und die SPD ihm darin
zustimmte (und er öffentlich einräumte, in Sachen NATO-Doppelbeschluß habe mir der spätere Gang der Ereignisse recht gegeben), habe ich mich wieder in innerer Übereinstimmung mit der
Politik der Mehrheit meiner Partei gefunden.

Meine Vorbilder sind allerdings nie Karl Marx und Karl
Kautsky oder Rosa Luxemburg gewesen, sondern vielmehr Men-

schen wie Ernst Reuter, Wilhelm Kaisen und Max Brauer, Wilhelm Högner und Waldemar von Knoeringen, Fritz Erler und Heinz Kühn. Sie hatten klare Ziele und ein realistisches Urteil, was die nötigen Mittel und die gangbaren Wege betraf; sie konnten durch ihre Kunst des Argumentierens Mehrheiten überzeugen – und sie konnten darüber hinaus die Emotionen einer Masse von Zuhörenden ansprechen, sie in der Seele treffen. Diese Kunst beherrschte vor allem Willy Brandt meisterhaft. Auf ganz andere Weise auch Kurt Schumacher und Herbert Wehner. Dagegen bin ich selbst zwar ein guter Parlamentsredner und Debatter gewesen, aber meist habe ich versucht, mit Argumenten und mit Vernunft zu überzeugen – wenn nötig, mit einem gehörigen Schuß Polemik. Jedoch habe ich es nur selten vermocht, die Massenseele einer großen Versammlung in Bewegung zu bringen. Ich kann das auch nachträglich nicht als einen Fehler ansehen, wohl aber als ein politisches Manko.

In der hier versuchten Auflistung politischer Fehler, die ich mir selbst ankreiden muß, sind noch drei Fälle nachzutragen: ein Versäumnis, eine falsche Weichenstellung und eine nicht gründlich durchdachte Personalentscheidung.

Zunächst muß ich mir das Versäumnis eingestehen, in meiner Regierungszeit die bereits im Gang befindliche Überalterung und die tendenzielle Schrumpfung unserer Gesellschaft nicht erkannt zu haben. Der Rückgang der Geburtenraten ist objektiv bereits in den sechziger Jahren eingetreten. Bis in die siebziger und achtziger Jahre war das Problem jedoch überdeckt durch die Zuwanderung von vielen jungen Menschen aus der DDR und aus dem Ausland (vornehmlich aus dem europäischen Süden und aus der Türkei). Für die Regierungen Kohl und Schröder standen dann die gewichtigen Probleme der sozialökonomischen Vereinigung mit der DDR im Vordergrund. Die 2003 von Schröder verkündete »Agenda 2010« war schließlich der allererste, wenngleich noch unzureichende Schritt zur Überwindung der sozialpolitischen Folgen der Überalterung.

1976, zwei Jahre nach meiner Übernahme des Bundeskanzleramtes von Willy Brandt, hatte ich eine fehlerhafte Versprechung gemacht. Wir hatten zwar das Ausmaß der anstehenden Rentenerhöhung anhand der verfügbaren Prognosen und Formeln sorgfältig abgeschätzt. Alsbald aber stellten sich die Prognosen als zu optimistisch und tatsächlich als unzutreffend heraus. Wir mußten uns revidieren. Der daraufhin erhobene Vorwurf der »Rentenlüge« hat mich stärker getroffen als alle späteren Vorwürfe der Friedensbewegung. Zwar hatten wir gerechnet und nicht gelogen, aber das Ausmaß der Folgen der Weltrezession hatten wir unterschätzt. Der Finanzminister Hans Apel hatte ein besseres ökonomisches Augenmaß. Immerhin habe ich aus der damals notwendig gewordenen Verschiebung der fälligen Rentenerhöhung um ein halbes Jahr erkennen können, in welch hohem Maße die Verflechtung Deutschlands in die Weltwirtschaft sich negativ auf Wirtschaftswachstum, Beschäftigung, Arbeitslosigkeit und Finanzen unseres Staates auswirken konnte.

Das Schlagwort »Globalisierung« hat es damals noch nicht gegeben, wohl aber die ihm zugrunde liegende weltweite Vernetzung und gegenseitige Abhängigkeit der nationalen Volkswirtschaften. Der Anteil der Bundesrepublik am Sozialprodukt der Weltwirtschaft lag bei rund einem Zwanzigstel, unser Anteil am Welthandel lag aber bereits bei rund einem Zehntel. Die enge Verflechtung in die Weltwirtschaft setzte Deutschland viel stärker als die anderen großen Industriestaaten den Beeinträchtigungen aus, die sich aus den Ölpreis-Explosionen und der ihnen zwangsläufig folgenden Weltrezession ergaben. Im Blick auf die Raten der Preisinflation und der Arbeitslosigkeit sind wir deutlich besser mit dem Problem fertig geworden als Frankreich, England und Italien. Die theoretisch denkbare Konsequenz, unsere ungewöhnlich hohe außenwirtschaftliche Abhängigkeit zurückzufahren, habe ich nicht gezogen – wahrscheinlich zu Recht, denn die zu diesem Zweck nötigen administrativen, fiskalischen und währungspolitischen Instrumente hätten unverhältnismäßige Schäden ausgelöst.

Der zweite hier nachzutragende Fehler erfolgte bereits 1969 mit der Einfügung der Artikel 91a und 91b – der drei sogenannten Gemeinschaftsaufgaben plus Rahmengesetzgebungskompetenz des Bundes – in das Grundgesetz (Hochschulausbau, regionale Wirtschaftsstruktur, Agrarstruktur und Küstenschutz). Es war ein Fehler mit weitreichenden staatspolitischen Folgen. Die Initiative war von der Regierung der Großen Koalition ausgegangen, Finanzminister Strauß und Wirtschaftsminister Schiller vertraten mit großer fachlicher Autorität gemeinsam die Entwürfe, und der Bundestag hat sie fast einstimmig beschlossen – so auch ich als damaliger Vorsitzender der SPD-Fraktion. Erst sehr viel später habe ich verstanden, daß wir mit dieser Gesetzgebung zu der am Ende fast undurchschaubar gewordenen Vermischung von Kompetenzen des Bundes und der Länder und zur Schwerfälligkeit der vermischten Finanzierung erheblich beigetragen haben. Es hat fast vier Jahrzehnte gedauert, bis eine abermalige große Koalition durch erneute Verfassungsergänzung allererste vorsichtige Schneisen in den Wirrwarr geschnitten hat.

Die Personalentscheidung schließlich, die ich mir als Fehler anrechnen muß, ist öffentlich fast unbemerkt geblieben, weil sie mehr in den persönlichen Bereich gehörte. Es handelte sich um die Berufung Kurt Beckers Ende 1980 zum Nachfolger Klaus Böllings als Pressesprecher der Bundesregierung. Becker war einer der großen politischen Journalisten meiner Generation, ein nachdenklicher, in seinem Urteil völlig unabhängiger Mann. Ich kannte ihn seit Jahrzehnten und hatte über lange Jahre seine politischen Artikel mit Gewinn gelesen. Er hatte bei der »Welt« begonnen und war später gemeinsam mit Paul Sethe, der ursprünglich von der »Frankfurter Allgemeinen Zeitung« gekommen war, bei der ZEIT gelandet. Ich hatte mir mit Theo Sommer schon einmal einen hervorragenden Redakteur aus der ZEIT geholt (Sommer war 1969/70 der erfolgreiche Leiter des Planungsstabes im Verteidigungsministerium gewesen). Um so näher lag es für mich, Kurt Becker zu fragen, ob er Böllings Amt zu übernehmen bereit sei (Bölling ging als »Ständiger Vertreter« unseres Staates nach Ost-Berlin). So ist es dann geschehen.

Es stellte sich jedoch bald heraus, daß Becker für den intrigen- und fintenreichen Bonner Pressebetrieb zu gutmütig und zu ehrlich war. Als Staatssekretär verstand er sich eher als Diener des Staates denn als Diener der Bundesregierung – und schon gar nicht als Diener ihrer sozialdemokratischen Mitglieder. Das war ihm gewiß nicht vorzuwerfen, viele Sozialdemokraten haben es ihm aber gleichwohl verübelt. Weil ich Becker und seinen Charakter gut kannte, hätte ich das Dilemma voraussehen müssen, das zwischen seinem Amtsverständnis und dem bereits ziemlich zerrissenen und entsprechend nervösen sozialdemokratischen Personal entstand. Daß ich ein gutes Jahr später Becker eröffnen mußte, ihn nicht länger halten zu können, seine Berufung sei mein Fehler gewesen, ist mir ebenso nahegegangen wie ihm. Wir sind gleichwohl gute Freunde geblieben und haben später in der ZEIT Seite an Seite gearbeitet. Aber meinen Fehler und die Kurt Becker dadurch zugefügte Verletzung habe ich natürlich nicht rückgängig machen können. So war es mit sämtlichen der hier dargelegten Irrtümer, Fehler und Versäumnissen: Keinen konnte ich korrigieren. Einige waren wenigstens so lehrreich, daß ich sie nicht wiederholt habe.

Sorgfältige Gewissensentscheidungen

Ich will im folgenden einige Beispiele aus meiner politischen Erfahrung vortragen, aus denen das Spannungsfeld ersichtlich wird, in dem ein Politiker sich befindet, der einen politischen oder rechtlichen oder moralischen Konfliktfall zu entscheiden hat. In solchen Extremsituationen hilft ihm weder der Blick in das Grundgesetz noch seine Religion, weder irgendeine Philosophie noch die Berufung auf die Würde des Menschen. Es soll von drei Fällen die Rede sein, in denen viel Zeit zur Verfügung stand, die Entscheidung zu durchdenken und das Für und Wider sorgfältig abzuwägen.

Eine der mich innerlich am stärksten bewegenden Debatten des Deutschen Bundestages befaßte sich mit der Frage der strafrechtlichen Verjährung im Mordfall. Das Thema beschäftigte den Bundestag von 1960 bis 1979 mehrere Male. Nach dem ursprünglichen Gesetz galt eine Verjährungsfrist von zwanzig Jahren. Aber schon Ende der fünfziger Jahre tauchte die für viele Menschen schwer erträgliche Vorstellung auf, daß nationalsozialistische Mordtaten erst nach Ablauf der Verjährung bekannt würden, die Täter dann aber nicht mehr bestraft werden könnten. Von 1960 an gab es mehrere Ansätze, die Verjährungsfrist zu unterbrechen oder sie gesetzlich zu verlängern. In den drei Fraktionen des damaligen Bundestages gab es dazu erhebliche Meinungsverschiedenheiten. So ging der Sozialdemokrat Adolf Arndt davon aus, ein einfaches Gesetz zur Verlängerung der Verjährungsfrist würde das Grundgesetz verletzen. Die Mehrheit der sozialdemokrati-

schen Fraktion ist ihm nicht gefolgt. Thomas Dehler und Ewald
Bucher von der FDP, Richard Jäger, Adolf Süsterhenn und Max
Güde von der CDU/CSU, die sich ebenfalls gegen die Rückwir-
kung einer Verlängerung wandten, konnten in ihren Fraktionen
ebenfalls keine einheitliche Meinung herstellen. Wenngleich die
Debatte 1965, 1969 und 1979 mit großem Ernst geführt wurde
und das Parlament alle moralischen und verfassungsrechtlichen
Aspekte auslotete, hat man sich nur zögernd und schrittweise zu
einer Lösung durchgerungen.

Als schließlich 1979 die Verjährung für Mord endgültig auf-
gehoben wurde, haben in allen drei Fraktionen Kollegen dafür
und andere dagegen gestimmt. Ich selbst habe für die Aufhebung
gestimmt. Zugleich bin ich aber dafür eingetreten, jedem Mitglied des Parlaments die Entscheidung persönlich anheimzustel-
len und keine Fraktionsdisziplin einzufordern. Aus Respekt vor
der Gewissensentscheidung des einzelnen habe ich als Kanzler
keineswegs eine einheitliche Meinung der Bundesregierung herbeizuführen versucht. Deshalb hat zum Beispiel der damalige Justizminister Hans-Jochen Vogel während der Plenardebatte ausdrücklich für seine Person als Abgeordneter und nicht in seiner
amtlichen Funktion als Bundesminister das Wort ergriffen.

Am Ende hatte sich der Entscheidungsprozeß – einschließlich mehrerer Zwischenstufen und Zwischenlösungen – über fast
zwei Jahrzehnte erstreckt. Jeder Bundestagsabgeordnete hatte
also viel Zeit und viele Möglichkeiten zur Abwägung gehabt,
niemand stand unter zeitlichem Druck. Wer am Ende mit Ja
stimmte, hat alle Zweifel gekannt, wer mit Nein stimmte, hat
gleichfalls alle Zweifel gekannt. Jeder hat auch gewußt: Das
Grundgesetz erlaubt sowohl ein Ja als auch ein Nein; und ebenso
erlaubte die Religion sowohl ein Ja als auch ein Nein. So hat jeder
für sich eine moralisch und rechtspolitisch höchst bedeutsame
Entscheidung herbeigeführt. Heute, über ein Vierteljahrhundert
später, ist sie nur noch rechtsgeschichtlich von Interesse.

Mein nächstes Beispiel betrifft die in den späten sechziger

Jahren die westdeutsche Öffentlichkeit, die Bundesregierung der
Großen Koalition und den Bundestag umtreibende Frage: Soll
die Bundesrepublik dem Vertrag über die Nichtverbreitung atomarer Waffen (Non-Proliferation Treaty, NPT) beitreten oder
nicht? Es waren vornehmlich die USA, die uns zum Beitritt und
damit zum Verzicht auf atomare Waffen drängten. Noch wenige
Jahre zuvor hatten sie uns im Gegenteil die Beteiligung an einer
gemeinsamen atomaren Streitmacht angetragen (Multilateral
Force, MLF). Wie auch immer Deutschland sich entschied, in jedem Fall würden vornehmlich amerikanische Atomwaffen auf
westdeutschem Boden verbleiben, so wie sowjetische Atomwaffen auf ostdeutschem Territorium. Viele haben damals den Beitritt zum Atomwaffensperrvertrag aus moralischen Motiven be-
fürwortet, manche aus pazifistischen Motiven, andere – so auch
ich – aus Gründen der Zweckmäßigkeit und der Vernunft. Die
Gegner des Beitritts – damals die Mehrheit der Kollegen der
CDU/CSU – führten ebenfalls sowohl moralische als auch ver-
nunftgeleitete Gründe ins Feld: Weil Deutschland von sowjetischer Seite atomar bedroht wurde, erschien es ihnen selbstverständlich, für Deutschland die Möglichkeit offenzuhalten, sich
gleichfalls mit atomaren Waffen zu rüsten. Wiederum bot weder
das Grundgesetz noch die Bibel eine Richtlinie: Sowohl der Beitritt als auch die Verweigerung des Beitritts zum NPT waren erlaubt. Im Ergebnis hat die Große Koalition die Entscheidung vor
sich hergeschoben, die Regierung der nachfolgenden sozialliberalen Koalition hat dann den Beitritt beschlossen. Im Frühjahr
1970 wurde mit deutlicher Bundestagsmehrheit der internationale Vertrag über die Nichtverbreitung atomarer Waffen ratifiziert.

Mein drittes Beispiel für einen länger andauernden Konflikt
zwischen Moral und zweckgerichteter Vernunft ist der Streit um
den NATO-Doppelbeschluß. Mitte der siebziger Jahre war ich
in zunehmender Sorge wegen einer speziell Mitteleuropa und
Deutschland bedrohenden sowjetischen atomaren Rüstung. Es

handelte sich um Flugzeuge und insbesondere um Raketen (SS 20) von mittlerer Reichweite, die beide atomar bestückt waren, die aber nicht über den Atlantik reichten. Sie bedrohten also nicht die USA, sondern waren vornehmlich auf deutsche Ziele gerichtet. Der amerikanische Präsident Ford teilte meine Besorgnis und hatte die Absicht, mit der Sowjetunion darüber Verhandlungen aufzunehmen. Sein Nachfolger Carter, der 1977 ins Amt kam, war ganz anderer Ansicht. Er verwies mich auf die Fähigkeit der USA, jeden sowjetischen Angriff auf Deutschland mit Hilfe von weitreichenden amerikanischen Atomraketen zu beantworten. Das reiche aus, die sowjetische Führung abzuschrecken. Carter war in militärstrategischen Fragen damals noch ein Dilettant.

Ich hatte mich seit den fünfziger Jahren sorgfältig mit Fragen der Verteidigung und der atomaren Abschreckung beschäftigt und darüber 1961 unter dem Titel »Verteidigung oder Vergeltung« auch ein Buch veröffentlicht. Ich wußte: Ein atomarer Schlagabtausch konnte Deutschland vernichten. Deshalb durfte man sich nicht auf die amerikanische Drohung mit atomarer »Vergeltung« *(retaliation)* und auf die atomar-strategische Überlegenheit der USA verlassen. Man mußte vielmehr eine Strategie des militärischen Gleichgewichts verfolgen. Ich war außerdem durchaus unsicher, ob in einer zukünftigen Situation der Weltpolitik, im Falle einer speziell auf die Bundesrepublik gerichteten sowjetischen Pression, die auf die Zerstörung Deutschlands durch atomare Raketen zielte, ob in einer solchen Lage eine amerikanische Regierung willens sein würde, Deutschlands wegen die USA selbst den Risiken eines atomaren Krieges auszusetzen. Auch war ich ganz unsicher, ob in einer solchen Situation die deutsche öffentliche Meinung und die dann im Amt befindliche deutsche Regierung dem sowjetischen Druck würde standhalten können.

Weil Carter unnachgiebig blieb, habe ich im Oktober 1977 vor einem kleinen Kreis von diplomatischen und militärischen Fachleuten in London Alarm geschlagen. Jener Abend führte, mehr als ein Jahr später, Anfang 1979 zu einem Vierer-Treffen auf der karibischen Insel Guadeloupe – Carter, Giscard d'Estaing, Callaghan und ich –, wo wir mit entscheidender Hilfe durch meinen französischen und meinen englischen Freund gemeinsam den Doppelbeschluß konzipierten. Ende des gleichen Jahres machte sich der NATO-Rat den Beschluß zu eigen. Einerseits bot der Westen der Sowjetunion an, mit ihr über die Beseitigung der Mittelstreckenwaffen zu verhandeln. Andererseits kündigte er an, sofern nach Ablauf von vier Jahren kein Verhandlungsergebnis zustande käme, selbst atomare Mittelstreckenraketen zu installieren, die auf sowjetisches Gebiet zielen und so in Europa ein atomares Gleichgewicht herstellen würden.

Weil der neue Bundeskanzler Kohl an meiner Entscheidung festhielt – trotz des späteren Meinungswechsels der SPD und trotz großer Demonstrationen –, wurde der Doppelbeschluß dann tatsächlich in die Tat umgesetzt. Die Verwirklichung der zweiten Hälfte, die Stationierung von Pershing-II-Raketen, löste schließlich genau das erstrebte Ergebnis aus, und 1987 wurde der seit 1945 erste Abrüstungsvertrag (über Inter-Mediate Forces, IMF) zwischen West und Ost geschlossen. Auf beiden Seiten in Europa wurden die atomaren Mittelstreckenwaffen beseitigt. Ich war damals schon seit fünf Jahren aus dem Amt, jedoch empfand ich tiefe Genugtuung über diesen Erfolg. Unsere lange abgewogene strategisch-diplomatische Vernunft hatte sich in Ost und West durchgesetzt, die Weltpolitik nahm eine bessere Richtung.

So weit, so gut. Gar nicht gut sind jedoch die irrationale Angst und das seelische Zerwürfnis gewesen, die der NATO-Doppelbeschluß in den frühen achtziger Jahren in Teilen unseres Volkes ausgelöst hat. Sowohl gegen mich, aber später ebenso gegen Bundeskanzler Kohl gerichtet, versammelte zweimal eine sich selbst als Friedensbewegung verstehende Opposition mehr als hunderttausend demonstrierender Menschen in Bonn. Politiker, Pfarrer, Schriftsteller und andere Intellektuelle stellten uns als Kriegstreiber oder als Hasardeure dar. Sie machten sich zu Propagandisten der Angst vor dem atomaren Krieg, dem wir angeblich Vorschub leisteten. Die eigene Angst öffentlich zu bekennen wurde für manch einen zur modischen Attitüde. Viele beriefen sich auf die Bergpredigt, einige blauäugige Idealisten erklärten ihren Stadtteil zur »atomwaffenfreien Zone«. Propagandistische und finanzielle Hilfe staatlicher Organe der kommunistischen DDR wurde gerne in Kauf genommen. Es war eine psychotische Bewegung, wesentlich verstärkt durch die Berichterstattung der Massenmedien.

Anfang 1983 lief Willy Brandt, der bis dahin im Bundestag den NATO-Doppelbeschluß unterstützt hatte, zu dessen Gegnern über, die große Mehrheit eines sozialdemokratischen Parteitages desgleichen. Einige bildeten sich sogar ein, an der Spitze der Friedensbewegung Kanzler Kohl absetzen und selbst an die Regierung gelangen zu können. Kohl allerdings ist fest bei der Politik des Vorgängers geblieben. 1987 sahen wir uns beide durch den INF-Vertrag voll gerechtfertigt. Danach verlief sich die Friedensbewegung im Sande. Lediglich die Ablehnung atomarer Kraftwerke ist nachgeblieben (obschon die Sozialdemokratie ursprünglich die Kernkraftwerke beredt gefördert hatte). Nach dem Ende von Kohls Kanzlerschaft haben dann einige der späteren sozialdemokratischen Führungspersonen ihren über ein Jahrzehnt zurückliegenden Irrtum eingestanden, so auch Bundeskanzler Schröder. Darauf kam es aber längst nicht mehr an. Die Geschichte des NATO-Doppelbeschlusses bleibt ein Lehrbeispiel dafür, daß auch in einer Demokratie moralisch argumentierende Emotionen, untermischt mit Demagogie, durchaus stark genug werden können, die abwägende Vernunft beiseite zu schieben.

Spontane Entscheidungen

In den genannten Fällen stand jeweils viel Zeit zur Verfügung, durch Diskussion und sorgfältige Abwägung aller Argumente die eigene Entscheidung reifen zu lassen. Wenn dagegen ein Regierender eine wichtige Entscheidung unter großem Zeitdruck treffen muß, kommt es in hohem Maße auf ihn allein an. Entscheidung unter Zeitdruck bedeutet erhöhtes Risiko. Aber das Risiko trifft nicht ihn allein, es kann im Extremfalle seinen Staat und das ganze Volk treffen.

Manchmal hat die Person an der Spitze das Glück, sich bei ihrer Entscheidung auf moralische Kräfte im Volk stützen zu können. So Kanzler Kohl, als er im November 1989 die Chance zur deutschen Vereinigung erkannte und sie zu nutzen beschloß. So Kanzler Schröder, als er im September 2001 angesichts der islamistisch-terroristischen Attentate von New York und Washington den amerikanischen Freunden spontan die deutsche Solidarität erklärte – und abermals, als er zwei Jahre später beim amerikanischen Angriff auf den Irak die deutsche Beteiligung verweigerte.

Das Handeln von Kanzler Kohl am 28. November 1989 war ein Beispiel von weltpolitischer Bedeutung (ich habe es als Privatmann nur von weitem miterlebt). Im Osten Mitteleuropas gärte es. In Polen, in Ungarn, in der Tschechoslowakei und in der DDR regten sich mächtige Freiheitsbewegungen, massenhaft gingen Menschen auf die Straßen, und allenthalben wankte die kommunistische Diktatur. Für eine solche Lage gab es kein Programm, keine Theorie, kein Gesetz, keine Vereinbarung mit den Alliierten. Kohl hätte vorsichtig die weitere Entwicklung abwarten können, denn die mächtige Sowjetunion hatte in all jenen Staaten ihre Streitkräfte präsent. Doch der Kanzler entschloß sich spontan zur Initiative. Seine »Zehn Punkte« haben den internationalen Prozeß der deutschen Wiedervereinigung entscheidend vorangetrieben. Eine nahezu aus dem Stand vollbrachte glänzende Leistung der Vernunft. Das Ergebnis wiegt in meinen Augen die Fehler auf, die damals auch gemacht wurden. Angesichts des zu erwartenden Widerstands aus Moskau, Paris und London nahm Kohl ein erhebliches Risiko in Kauf. Wenn seine Initiative fehlgeschlagen wäre, dann wären viele über ihn hergefallen. So ist es nun einmal in der Demokratie: Wenn ein Politiker Erfolg hat, gibt man ihm recht und bestätigt sein Handeln; im Falle eines Mißerfolges zählen weder seine guten Absichten noch all seine Anstrengungen.

In meiner politischen Laufbahn gab es zwei extreme Situationen, in denen schnelle Entscheidungen verlangt waren. Sie mußten getroffen werden, ohne daß ich mich auf ein Gesetz oder auf andere Handlungsanleitungen hätte stützen können. Im Februar 1962 war ich seit wenigen Wochen im Amt eines hamburgischen Innensenators, als meine Heimatstadt völlig überraschend von einer zerstörerischen Sturmflut heimgesucht wurde. In der ersten Nacht hatte es bereits Hunderte von Toten gegeben, und man mußte mit der Möglichkeit von Tausenden weiteren Toten rechnen. Bei der spontan zu improvisierenden Rettungsaktion habe ich damals mehrere Gesetze und wahrscheinlich auch das Grundgesetz verletzt. So haben sich Truppen der Bundeswehr meiner unbefugten Weisung unterstellt; wir haben gefährdete Menschen gegen ihren Willen aus ihren Wohnungen geholt; wir haben den geretteten Menschen entgegen dem Haushaltsrecht Geld in die Hand gegeben, damit sie sich in den intakt gebliebenen Stadtteilen das Nötigste kaufen konnten. Ich muß gestehen, über diese Gesetzesverstöße damals nicht nachgedacht zu haben.

Vielmehr ließ ich mich allein von der moralischen Pflicht leiten, Menschen in großer Zahl aus unmittelbarer Lebensgefahr zu
retten. Ich hatte später das Glück, von keiner Seite angeklagt zu
werden.

15 Jahre später erlebten wir in Deutschland eine Tragödie, die
Filmemacher und Journalisten später unter das Schlagwort vom
»Deutschen Herbst 1977« gestellt haben. Das Schlagwort unter-
schlägt die islamistisch-terroristische Beteiligung. In einer Art
tragischen Vorspiels hatte 1972 das palästinensisch-islamistische
Attentat auf die israelische Olympia-Mannschaft in München ge-
zeigt, mit welcher verbrecherischen Energie man es zu tun hatte.
Auch wenn es sich beim Abwehrkampf gegen den mörderischen
Terrorismus der Baader-Meinhof-Leute, die sich selbst Rote
Armee Fraktion nannten, nicht um eine einmalige Sofort-Ent-
scheidung handelte, sondern um ein sich über drei Regierungs-
perioden hinziehendes Drama, so gab es doch zahlreiche Augen-
blicke, in denen eine Ad-hoc-Entscheidung notwendig wurde.
Nur ungern erinnere ich mich an die quälenden Zweifel und
Ängste, die man ausstehen mußte, und an die nächtelangen Erwägungen, welche Maßnahmen wir ergreifen sollten. Später
wurde geschrieben, wir hätten aus Gründen der Staatsräson gehandelt – aber wie hohl klingt dieses Wort angesichts der see-
lischen Qualen, welche die betroffenen Geiseln und ihre Fami-
lien, viele der deutschen Mitbürger und so auch wir durchstehen
mußten, die wir Entscheidungen zu treffen hatten. Staatsräson?
Tatsächlich war es in diesen Augenblicken nichts anderes als das
schmerzhaft im Gewissen geprüfte Fazit unserer politischen Lebenserfahrung, unserer Vernunft und unserer moralischen Einsicht, das uns hat handeln lassen.

Die Regierung Brandt/Scheel hatte die drei überlebenden
Terroristen des Münchner Anschlags acht Wochen nach ihrer
Verhaftung gegen Passagiere und Besatzung eines entführten
Flugzeugs ausgetauscht. Als drei Jahre später die RAF in Berlin
den Berliner Politiker Lorenz entführt hatte und ihn zu töten

ankündigte, um einige im Gefängnis einsitzende Terroristen frei-
zupressen, befanden sich die Regierenden abermals in einem moralischen Dilemma. Der Westberliner Regierende Bürgermeister
Schütz, der Bonner Oppositionsführer Kohl und ich als Bundeskanzler entschieden gemeinsam, das Leben von Peter Lorenz zu
retten und die einsitzenden Terroristen ins Ausland ausreisen
zu lassen. Wir sind damit dem Präjudiz gefolgt. Aber es war, wie
ich am nächsten Morgen erkannte, ein schwerwiegender Fehler.
Ich beschloß, mich niemals wieder auf so einen Handel einzu-
lassen. Denn die Terroristen würden auf den Erfolg künftiger
Geiselnahmen rechnen und deshalb ihre verbrecherische Taktik
der Geiselnahme fortsetzen, die Freigelassenen aber würden
sich zu neuen Verbrechen ermutigt fühlen. Dieser Einsicht entsprechend habe ich einige Wochen später im Fall der Geiselnahme des Personals unserer Stockholmer Botschaft sogleich
und ohne zu zögern entschieden, die Forderungen der Geisel-
nehmer nicht zu erfüllen. Die Führer der Parteien des Bundestages stimmten zu.

Sie stimmten meiner Linie abermals zu, als im Herbst 1977
Hanns Martin Schleyer entführt wurde, den ich gut kannte und
den ich geschätzt habe. Wir haben mit großem Aufwand wochen-
lang – bis zur Auffindung seiner Leiche – nach dem Versteck gesucht, in dem die Verbrecher den Arbeitgeberpräsidenten gefan-
genhielten. Mit immer neuen Tricks haben wir die Terroristen
hingehalten, um Zeit zu gewinnen. Wie man heute weiß, sind wir
einmal ganz nahe dran gewesen, den Ort zu finden, an dem die
Verbrecher ihn versteckt hatten; aber ein böser Zufall hat den Erfolg verhindert. Für Schleyers Familie war es selbstverständlich,
sein Grundrecht auf Leben höher zu stellen als alle anderen
Werte; die Familie rief das Verfassungsgericht an. Aber das Gericht konnte nicht sagen, das Grundgesetz zwinge die Bundesregierung zu der von der Familie gewollten Entscheidung zugunsten des Ehemanns und Vaters – und damit zum Nachgeben
gegenüber den Terroristen. So wenig das Grundgesetz eine Ent-

scheidungshilfe bot, so wenig hätte man in der Bibel oder bei einem Philosophen Rat gefunden. Wir waren allein auf die Kräfte unserer Vernunft und unserer Moral angewiesen.

Auch als schließlich eine Gruppe islamistischer Terroristen der deutschen RAF zu Hilfe kam, ein Lufthansa-Flugzeug nach Mogadischu in Somalia entführte und die neunzig Menschen an Bord, Passagiere und Besatzung, zu ermorden drohte, bin ich bei meiner Entscheidung geblieben, nicht auszutauschen. Aber ich war mir darüber im klaren, unausweichlich und schuldhaft in die Tragödie verstrickt zu sein. Und ich war entschlossen, die Verantwortung auf mich zu nehmen. Falls unser riskanter Versuch mißlungen wäre, mit Hilfe einer polizeilichen Spezialeinheit des damaligen Grenzschutzes (heute bekannt unter dem Kürzel GSG9) die Menschen in Mogadischu zu befreien, und wir im Ergebnis viele Tote zu beklagen gehabt hätten, wäre ich anderntags zurückgetreten.

Wir haben damals mit Glück Erfolg gehabt. Aber den Mord an der Geisel Hanns Martin Schleyer haben wir danach nicht verhindern können. Wenn ich heute, dreißig Jahre später, an den Herbst 1977 zurückdenke, so glaube ich nicht, daß wir damals falsch gehandelt haben. Ich weiß gleichwohl, daß wir Mitschuld tragen am Tod zweier deutscher Diplomaten in Stockholm und am Tod Hanns Martin Schleyers.

Daß ein Politiker sich zu einem spontanen Entschluß genötigt sieht, kommt nicht gerade selten vor. Solche Notwendigkeit kann sich zum Beispiel in einer Parlamentsdebatte als Folge eines wirksamen Angriffs einer Gegenpartei ergeben. Für einen Regierenden kann sie infolge einer plötzlichen Naturkatastrophe, aber auch zum Beispiel wegen einer unerwarteten Zuspitzung bei einer internationalen Konferenz entstehen, an der er beteiligt ist. Immerhin sind aber unvorhergesehene Notlagen, in denen es um Leben oder Tod geht und ein Regierender sich augenblicklich entscheiden muß, relativ ungewöhnlich. In solchem Fall mag es vorkommen, daß er sich quasi nach seinem inneren moralischpolitischen Instinkt oder nach seinem »Augenmaß« richtet. Jedoch entlastet keine noch so überraschende Notlage den handelnden oder nicht handelnden Politiker von seiner Verantwortung – mag sich sein Entschluß später als richtig oder als Fehlschlag erweisen.

IV

DIE WELT VOR NEUEN

HERAUSFORDERUNGEN

Kardinalprobleme

Seit der Öffnung Chinas durch Deng Xiaoping nach 1979, seit
dem Zusammenbruch der Sowjetunion und der Öffnung Rußlands und der übrigen Nachfolgestaaten nach 1989, seit der Öffnung Polens und aller anderen ehemaligen Satelliten Moskaus,
seit dem terroristischen Angriff der al-Qaida auf New York im
Jahr 2001 und seit den amerikanischen Alleingängen unter Präsident Bush jun. haben die weltpolitische und die weltwirtschaftliche Landschaft sich gewaltig verändert. Dabei ist eine Reihe
schwerwiegender Probleme offenbar geworden oder neu entstanden.

Von den alten Problemen, welche die zweite Hälfte des
20. Jahrhunderts kennzeichneten, ist eigentlich nur die Notwendigkeit der weltweiten Rüstungsbegrenzung übriggeblieben.
Angesichts der rund um den Globus zur Verfügung stehenden
militärischen Vernichtungskraft, die heute mehr als tausendmal
stärker ist als zur Zeit des Zweiten Weltkriegs, liegt hier eine gewaltige Herausforderung. Deutschland hat schon vor Jahrzehnten durch den Beitritt zum Atomwaffensperrvertrag (NPT) eine
kleine Vorleistung erbracht. Außerdem haben wir uns 1990 durch
den Zwei-plus-Vier-Vertrag (die internationale Regelung der
deutschen Vereinigung) und durch den KSE-Vertrag (über die
Begrenzung der konventionellen Streitkräfte in Europa) einer
militärischen Beschränkung unterworfen. Deshalb müssen wir
ein Interesse daran haben, daß nicht in anderen Staaten der Welt
eine unbegrenzte Rüstung stattfindet, und deshalb werden wir

bei der Lösung des Problems mitreden wollen. Über die entscheidenden Hebel verfügen jedoch die Weltmächte USA, China und Rußland. Kleinere Hebel liegen außerdem bei den atomar gerüsteten Staaten Frankreich, England, Israel, Indien und Pakistan. Hinter diesen rangiert Deutschland lediglich als einer der »konventionell« gerüsteten Staaten. (Wie wir Deutschen dennoch zur Rüstungsbegrenzung beitragen können, will ich weiter unten erläutern.)

Allerdings ist das alte Abrüstungsproblem, das die Welt aus dem vergangenen Jahrhundert geerbt hat, im öffentlichen Bewußtsein durch neue, nicht weniger komplexe Probleme verdrängt worden. Wenn man von Iran und Nordkorea, denen Absichten zur atomaren Bewaffnung unterstellt werden, und vom Nahen und Mittleren Osten absieht, dann sind die außenpolitischen Aktivitäten der meisten Regierungen heute stark auf Fragen und Aufgaben gerichtet, denen noch zu Zeiten des Kalten Kriegs, also bis ans Ende der achtziger Jahre, kaum besondere Aufmerksamkeit gewidmet wurde.

Zwar hatte die politische Klasse in den USA, in Frankreich und England die ökonomische und soziale Not vieler Entwicklungsländer schon alsbald nach 1945 verstanden, die Errichtung der Weltbank und der Beginn der Entwicklungshilfe bezeugen das; die Vereinten Nationen, der Weltwährungsfonds (IMF) die Welthandelsorganisation (WTO) oder die Weltgesundheitsorganisation (WHO) nahmen die souverän gewordenen Entwicklungsländer als formal gleichberechtigte Mitglieder auf. Aber die sich selbst als »Dritte Welt« begreifenden Entwicklungsländer blieben in der zweiten Hälfte des 20. Jahrhunderts doch weitgehend unter sich, auch wenn sowohl die Sowjetunion als auch der Westen versuchten, einige Länder, die gestern noch abhängige Kolonien gewesen waren, politisch auf ihre Seite zu ziehen. Tatsächlich aber spielten selbst große Entwicklungsländer wie China, Indien, Indonesien oder Brasilien und so bedeutende Staatschefs wie Mao Zedong oder Jawaharlal Nehru nur eine

Rolle am Rande der Weltpolitik. Es wird aber noch einige Zeit dauern, bis der Westen – zumal die USA – die schnell wachsende Rolle Chinas und Indiens realistisch erkennt – und Amerika wird noch länger brauchen, bis es sie zu respektieren lernt.

Es wird auch noch einige Zeit dauern, bis bei uns die Auswirkungen der Bevölkerungsexplosion in Asien, Afrika und Lateinamerika bei gleichzeitiger Schrumpfung der europäischen Nationen begriffen werden. Im Laufe des letzten Jahrhunderts hat sich die Zahl der auf der Erde lebenden Menschen vervierfacht, bis gegen die Mitte des gegenwärtigen Jahrhunderts wird die sich gegenüber dem Jahre 1900 auf das Sechsfache steigern. Schon heute spüren wir die massenhafte Wanderung in Richtung Europa und Nordamerika. Aber kaum irgendwo in der EU erscheint das drängende Problem der kulturellen und politischen Integration befriedigend gelöst oder wenigstens auf dem Wege zur Lösung – so auch in Deutschland. Aus den daraus resultierenden ethnisch-nationalistischen Gegensätzen könnte sich bei weiterer Vernachlässigung ein weltpolitisch bedeutsamer Konfliktstoff ergeben.

Zu den Weltproblemen, die erst gegen Ende des 20. Jahrhunderts neu entstanden, gehören die schnell zunehmende technologische und ökonomische Globalisierung und die damit einhergehenden Verschiebungen der Gewichte. Zwar hat es einen umfangreichen weltweiten Handel schon zu den Zeiten von Marco Polo oder Vasco da Gama gegeben, neu sind jedoch die in den achtziger und neunziger Jahren ziemlich plötzlich auftretende Verdreifachung der Zahl der an der Weltwirtschaft beteiligten Menschen und die schnelle Steigerung sämtlicher Ex- und Importe. Wir müssen auch weiterhin mit der Beschleunigung der Fortschritte von Naturwissenschaft und Technik rechnen. Ebenso müssen wir uns darauf einstellen, daß alle neuen wissenschaftlichen Erkenntnisse und alle neuen Erfindungen und Technologien in kürzester Frist überall auf dem Globus zur Verfügung stehen. Ob es sich um Herztransplantationen handelt oder um gentechnologische Verfahren, um Kernkraftwerke, neue Hybrid-Autos oder Raketen und Satelliten – die Globalisierung nahezu aller Technologien ist in vollem Gange. Sie kann nicht mehr unterbrochen werden. Der Protest dagegen bleibt naiver Unfug.

Ebenso ist die Globalisierung des Handels mit Waren und Dienstleistungen nicht mehr umkehrbar. Zum Beispiel macht der deutsche Export inzwischen nahezu die Hälfte des Sozialprodukts bzw. des Volkseinkommens aus. Weder Bundesregierung noch Bundestag haben diesen enorm hohen Anteil der Außenwirtschaft gewollt oder gar geplant. Vielmehr war er eine Folgewirkung der Öffnung fast aller Grenzen und der Beseitigung früher geltender Handelshemmnisse in großen Teilen der Welt, besonders durch den gemeinsamen Markt in Europa. Zugleich spielten die Leistungsfähigkeit und der Leistungswille deutscher Unternehmen eine entscheidende Rolle. Das frühere Wehklagen einiger deutscher Unternehmer-Verbände über angeblich unzureichende oder sich sogar verschlechternde »Standortqualität« hat sich als gegenstandsloses Geschwätz herausgestellt. Ähnlich töricht ist das Wehklagen auf der anderen Seite: die ideologische Opposition gegen die fortschreitende Globalisierung unserer Wirtschaft. Wenn jemals eine deutsche Regierung den Versuch unternehmen sollte, den hohen Grad der Globalisierung unserer Volkswirtschaft herunterzufahren, wären ein erheblicher Verlust von Arbeitsplätzen und ein Absinken des Lebensstandards die unvermeidliche Folge.

Die Kehrseite unserer hohen außenwirtschaftlichen Verflechtung ist unsere zwangsläufig hohe Abhängigkeit von den Aufwärts- und Abwärtsbewegungen der Weltwirtschaft. Mir ist dieser Zusammenhang erstmals durch die beiden weltweiten Ölpreis-Explosionen in den siebziger Jahren schmerzhaft bewußt geworden. Weil wir vollkommen abhängig waren vom Import ausländischen Rohöls und weil eine Drosselung unseres Ölverbrauchs nur in sehr engen Grenzen möglich war, mußten zwangsläufig Wirtschaft und Verbraucher in der Bundesrepublik

den in der Spitze auf das Zehn- und Fünfzehnfache gestiegenen
Ölpreis bezahlen. Ebenso unvermeidlich waren ein vorüberge-
hendes Defizit unserer laufenden Zahlungsbilanz und eine Rezession unseres Wirtschaftswachstums: Weil plötzlich viel mehr
Geld für den laufenden Ölverbrauch benötigt wurde, konnte es
nicht mehr wie gewohnt für andere Güter ausgegeben werden.

Die Abhängigkeit vom Ölimport ist ein besonders anschau-
liches Beispiel unserer weltwirtschaftlichen Verflechtung. Inzwischen ist der Ölpreis in US-Dollar weiter gestiegen – seit Anfang
der siebziger Jahre auf das Fünfzigfache. In den letzten Jahrzehnten ist nicht die OPEC der Preistreiber gewesen, sondern die
enorm gestiegene Ölnachfrage fast der ganzen Welt, insbesondere
Chinas und anderer asiatischer Staaten. Nur langfristig und
schrittweise kann durch die Erschließung neuartiger Energie-
quellen – Wind-, Solar- und Nuklearenergie stehen gegenwärtig
im Vordergrund – unsere Öl-Abhängigkeit gemindert mindern.

Was für Deutschland gilt, gilt ähnlich für viele andere souve-
räne Staaten. Sie können ihre gesellschaftlichen und wirtschaftlichen Strukturen, ihren Arbeitsmarkt, ihren Staatshaushalt und
ihre Steuer- und Abgabenquoten nach wie vor selbst beeinflussen
oder sogar steuern, aber sie sind nicht mehr in der Lage, sich gegen die Weltkonjunktur abzuschirmen. Selbst die relativ gering in
die Weltwirtschaft verflochtenen USA (mit einer güterwirtschaft-
lichen Exportquote von 8 Prozent und einer Importquote von
14 Prozent des amerikanischen Sozialproduktes) sind hinsichtlich der Finanzierung ihres laufenden Zahlungsbilanzdefizits und
damit ihres eigenen Wachstums stark vom Ausland abhängig.
Der ausländische Kapitalzufluß liegt gegenwärtig netto bei 6 bis
7 Prozent des amerikanischen Sozialproduktes jährlich. In diesem Umfang, das heißt jährlich um etwa neunhundert Milliarden
Dollar, wächst die Auslandsverschuldung der USA. Die Vereinigten Staaten sind weltweit der größte Auslandsschuldner. Wenn
aus irgendeinem Grund das Vertrauen der Welt in die Vitalität
der amerikanischen Volkswirtschaft oder in die politische Füh-

rung Amerikas schwinden und deshalb der gewaltige Netto-Zustrom ausländischen Kapitals deutlich abnehmen sollte, wäre eine längere wirtschaftliche Rezession in den USA die unvermeidliche Folge. So sind also selbst die mächtigen USA wegen ihrer Abhängigkeit vom Import ausländischen Öls und ausländischen Kapitals stark in die Weltwirtschaft verflochten.

Vor allem China, aber auch Japan und nicht zuletzt die Öl und Erdgas exportierenden Staaten erzielen heute große Exportüberschüsse. Sie sammeln infolgedessen Massen an ausländischer Währung an, vornehmlich US-Dollars, und sind – ohne dies zunächst angestrebt zu haben – zu gewichtigen Gläubigern der USA geworden. Es zeichnet sich ab, daß sie diese auf Dollar lautenden Währungsreserven teilweise in andere Währungen, etwa in Euro, umtauschen. Sie können sich dafür aber auch in anderen Ländern Rohstoffquellen oder produktive Industrien kaufen. China hat mit beidem begonnen. Andere Überschußstaaten werden dem Beispiel folgen.

Den großen Zahlungsbilanzdefiziten der USA stehen heute große Zahlungsbilanzüberschüsse in Ostasien und in den Öl und Erdgas exportierenden Staaten gegenüber. Eine marktwirtschaftlich normale Reaktion auf dieses Ungleichgewicht wären eine tendenzielle Abwertung des Dollars und entsprechend eine Aufwertung des chinesischen Renminbi, des japanischen Yen, des russischen Rubel und zwangsläufig auch des europäischen Euro. Je länger diese Wechselkursanpassungen auf sich warten lassen, desto größer wird die Gefahr von Spekulationen und abrupten Kurszusammenbrüchen. Weil das Erdöl zum großen Teil aus dem Mittleren Osten kommt – von Iran über den Persischen Golf bis nach Saudi-Arabien –, war die Intervention der USA im Irak machtpolitisch zwar verständlich; daß sie völkerrechtlich und moralisch keinesfalls gerechtfertigt war, bedarf heute keiner Betonung mehr. Gleichfalls ist offensichtlich, daß eine etwaige militärische Intervention im Iran den ganzen Mittleren Osten noch weiter destabilisieren würde. Die Folgen, die eine Intervention für die Ölversorgung der Welt, für die Energiepreise, für die Zahlungsbilanzen und die Wechselkurse hätte, würden zusätzliche Ungleichgewichte und Wechselkursrisiken auslösen.

Es ist offenkundig, daß Deutschland weder im Hinblick auf die Öl- und Erdgasversorgung noch im Gefüge der weltweiten Zahlungsbilanzen und der Wechselkurse großer Währungen über Mittel und Möglichkeiten verfügt, die uns auf diesem Felde eine eigenständige, eine vornehmlich an deutschen Interessen orientierte auswärtige Politik ermöglichen. Weder ist die von Polen und von den baltischen Republiken kritisierte Erdgasleitung von Rußland durch die Ostsee nach Deutschland ein energiepolitisch bedeutsamer Hebel, noch läßt sich mit den in Zeiten der Deutschen Mark gehorteten, bei der Bundesbank liegenden Gold- und Devisenreserven in der Weltpolitik wuchern. Wir bleiben in der Ölpolitik auf Zusammenarbeit mit unseren EU-Partnern und der EU-Kommission angewiesen, in der Währungspolitik auf unsere Euro-Partner. Auf beiden Feldern würden wir im Rahmen der EU allerdings an Gewicht gewinnen, wenn wir uns auf eine erfolgreiche heimische Energiepolitik und eine erfolgreiche binnenwirtschaftliche Politik stützen könnten.

Immerhin hat Deutschland heute in der Weltwirtschaft ein viel größeres Gewicht als jemals zu Zeiten der Weimarer Republik und als jemals während der vier Jahrzehnte der Teilung. Es wird allerdings wichtig sein, dieses Gewicht in seiner politischen Bedeutung nicht zu überschätzen. Daß es entsprechende Versuchungen gibt, erkennt man an dem ziemlich aussichtslosen und deshalb törichten Streben einiger deutscher Politiker und Diplomaten nach einem ständigen Sitz im Sicherheitsrat der Vereinten Nationen (im Erfolgsfall wäre damit eine Erweiterung der Zahl der Mitglieder verbunden!). Unser Land hat keine äußerlichen Rangabzeichen nötig. Wohl aber kann es Verdacht und Argwohn hervorrufen, wenn wir den Anschein zulassen, es den atomar be-

waffneten ständigen Mitgliedern des Sicherheitsrats gleichtun zu
wollen. Auch unverhältnismäßige Finanzbeiträge sind kein Rangabzeichen – sie werden gern kassiert, jedoch außenpolitisch nicht
honoriert.

Das Gebot zur Zurückhaltung gilt besonders für den Nahen
und Mittleren Osten. Unser Verhältnis zu Israel bleibt, wie ich
oben ausgeführt habe, auf unabsehbare Zeit prekär. Daß wir uns
2003 der Beteiligung am Irak-Krieg verweigert haben, war völkerrechtlich und deshalb moralisch unanfechtbar; es hat uns vor der
Verwicklung in eine politisch aussichtslose, blutige militärische
Operation bewahrt. Die Verweigerung durch Kanzler Schröder
lag gerade noch innerhalb der Grenzen deutscher Handlungs-
freiheit. Dabei kam uns zugute, daß auch Paris eine Beteiligung
ablehnte. Dagegen haben die damals von unserer Diplomatie im
Rahmen der UN betriebenen antiamerikanischen Aktivitäten
niemandem genützt, vielmehr haben sie unser wichtiges Verhältnis zur Supermacht Amerika unnötig belastet (hier hat Geltungsbedürfnis eine unangemessene Rolle gespielt).

Im Falle der vom Sicherheitsrat der UN gebilligten und unter
späterer Beteiligung der NATO erfolgten militärischen Intervention in Afghanistan war von vornherein zu erkennen, daß eine
erfolgreiche und dauerhafte Ausschaltung der Terroristen sehr
fraglich sein würde. Die deutsche Beteiligung war moralisch und
völkerrechtlich in Ordnung, sie entsprach unserer Solidarität mit
den Bündnispartnern. Gleichwohl hatte ich große Zweifel hinsichtlich der Zweckmäßigkeit der deutschen Beteiligung, und
diese Zweifel sind inzwischen noch größer geworden. Es ist sehr
viel leichter, mit militärischer Gewalt in ein fremdes Land hinein-
zugehen, als mit Anstand wieder herauszukommen, ohne ein
Chaos zu hinterlassen. Die USA haben diese Erfahrung in Viet-
nam gemacht, sie wiederholt sich heute im Irak. Wir machen dieselbe Erfahrung in Bosnien-Herzegowina und im Kosovo. Sie
kann sich in Afghanistan wiederholen – und abermals in dem
ziemlich wahrscheinlichen Fall, daß al-Qaida nach Pakistan aus-

weicht und daß infolgedessen der Westen sich vor die Frage einer weiteren militärischen Intervention gestellt sieht. Sofern es wegen des dem Iran nachgesagten Strebens nach Atomwaffen zu einer militärischen Operation oder gar zu einem Krieg kommen sollte, möchte ich uns Deutschen dringend Vorsicht und Zurückhaltung ans Herz legen. Der Mittlere Osten ist die derzeit unruhigste und konfliktreichste Region der Welt. Wir Deutschen leben auf einem anderen Kontinent und haben im Mittleren Osten mit Ausnahme unserer Beteiligung an der globalen Öl-Nachfrage keine besonderen Interessen.

Dagegen ist unser Interesse am Frieden zwischen der islamischen Weltreligion und der westlichen Welt grundlegend. Ein Fünftel der Menschheit bekennt sich zum Islam. Heute leben bereits über drei Millionen Muslime unter uns Deutschen, und ihre Zahl wird zunehmen; dazu werden sowohl der Wanderungsdruck aus dem Mittleren Osten und aus Afrika beitragen als auch die hohen Geburtenraten der zugewanderten Muslime. Heute leben in der EU fünfzehn Millionen Muslime, in Rußland weitere zwanzig Millionen. Weder hier noch dort ist bisher die Integration muslimischer Mitbürger ausreichend gelungen. Samuel Huntingtons Schlagwort vom *clash of civilizations* liegt ein gutes Jahrzehnt zurück. Manche hielten seine Prognosen für allzu pessimistisch, andere haben daraus sogar ein geostrategisches Konzept abgeleitet. Heute muß man die Möglichkeit eines weltweiten Konflikts zwischen dem Islam und dem Westen für denkbar halten. Ein solcher Konflikt könnte von Indonesien oder Pakistan und Afghanistan bis nach Algerien und Nigeria reichen und Rußland sowie den Balkan und die großen Städte in Europa einschließen. Religiöse Motive, sozialrevolutionäre Antriebe und machtpolitische Zielvorstellungen können sich vermischen – und ein zufälliges Ereignis kann solch ein Gemisch auf islamischer Seite schnell zur Explosion bringen. Aber die Explosion kann auch durch den Westen, durch die USA oder Israel ausgelöst werden.

Niemand kann die historisch gewachsene Siedlung der Muslime in Rußland und auf der Balkan-Halbinsel rückgängig machen. Auch die muslimische Zuwanderung, ob nach Dänemark, England, Frankreich, Holland oder Deutschland, ist eine unumkehrbare Tatsache. Deshalb müssen wir in jedem Einzelfall sehr genau prüfen, ob es wirklich in unserem Interesse liegt, uns an militärischen Interventionen in muslimisch geprägten Staaten und Regionen zu beteiligen; Bosnien, Kosovo, Afghanistan, die Küsten des Libanon und das Horn von Afrika – diese Kette ist bereits sehr lang!

Innenpolitisch bedarf es einer langwierigen Anstrengung, um die muslimischen Mitbürger in unseren Schulen, im Arbeitsmarkt und in unserer Politik angemessen zu beteiligen. Unser Staat, die Kirchen und die Medien sollten der islamischen Religion mit dem gleichen Respekt begegnen, den sie bisher dem katholischen, dem evangelischen und dem jüdischen Bekenntnis gezollt haben. Wir sollten auch in der Europäischen Union und in allen internationalen Gremien für diese Gleichbehandlung eintreten. Darüber hinaus sollten wir darauf drängen, daß der Europäische Rat, die Regierungschefs und das Europäische Parlament sich dem Islam öffnen. Es ist nicht Deutschlands Aufgabe, dem religiösen Oberhaupt der kleinen, ethnisch begrenzten Sekten der tibetischen Buddhisten zur öffentlichen Anerkennung zu verhelfen. Wohl aber liegt die öffentliche Anerkennung der islamischen Weltreligion in unserem Interesse.

Wir müssen zugleich darauf achten, daß der an vielen Orten in manchen Staaten auftretende islamistische Terrorismus nicht als typisches oder als inhärentes Element des Islam mißdeutet wird. Es hat auch in der langen Geschichte des Christentums immer wieder Kriegsverbrechen und Terrorismus gegeben, gleichwohl hält niemand etwa die Folterungen durch die Inquisition oder die Verbrennungen auf dem Scheiterhaufen für typische Kennzeichen des Christentums. Hinterhältige Attentate, Morde und Geiselnahmen ziehen sich durch die gesamte Geschichte der

Menschheit, unabhängig von der Religion. Seit der Aufklärung hat man zu ihrer Verfolgung und Verurteilung den Rechtsstaat, Polizei und Strafgerichte. Wer ohne Not militärische Streitkräfte zu bewaffnetem Kampf gegen islamistische Terroristen einsetzt, kann dadurch Wut, Erbitterung und zusätzlichen Terrorismus provozieren – so ist es dem Präsidenten Bush jun. im Irak ergangen. Der Westen kann auch im 21. Jahrhundert nicht jeglichen Terrorismus ausrotten. Er muß ihn mit vielerlei politischen Mitteln zurückdrängen. Aber er muß dabei sorgfältig darauf achten, nicht einen generellen Konflikt mit dem Islam auszulösen, der die Spirale der Gewalt – auf beiden Seiten – nur weiterdrehen und dem Terrorismus neue Rekruten zuführen würde.

Die Möglichkeit eines solchen Konflikts scheint in letzter Zeit näher gerückt, ein Konflikt ist jedoch keineswegs unvermeidlich. Gegenwärtig erscheinen die USA den politischen und religiösen Führern des Islam als die herausragende, omnipotente westliche Führungsmacht. Eine erkennbare Grundhaltung oder gar ein politisches Konzept der USA gegenüber den mehr als fünfzig islamisch geprägten Staaten gibt es bislang freilich nicht; die Kenntnisse der amerikanischen Politiker über den islamisch geprägten Mittleren Osten sind gering, zumal die islamischen Staaten geographisch und auch historisch für die Amerikaner sehr weit entfernt zu sein scheinen. Vor allem darf Amerika gegenüber der muslimischen Welt nicht mit zwei Zungen reden: Man sollte nicht einer Reihe von Staaten im Mittleren Osten vorwerfen, sie seien undemokratisch und hielten sich nicht an die Menschenrechte, zugleich aber mit muslimischen Militärdiktaturen paktieren und in Saudi-Arabien, wo die gleichen Zustände herrschen, alles mit dem Argument des Öls zudecken, das im amerikanischen Kongreß eine große Rolle spielt.

Auch die Europäische Union hat für den Umgang mit dem islamischen Teil der Welt kein langfristiges Konzept, obgleich sie unmittelbar betroffen ist. Diese Situation bleibt potentiell gefährlich. Die Entwicklung einer positiven zivilen und zugleich lang-

fristigen Gesamtstrategie für den Umgang mit dem Islam ist für
Europa – und ähnlich für Rußland – eine der wichtigsten neuen
Aufgaben, die das 21. Jahrhundert uns stellt. Sie muß sowohl kulturelle als auch politische und wirtschaftliche Elemente umfassen. Ohne prinzipielle religiöse Toleranz bleibt die Aufgabe unlösbar.

Von ähnlich großer weltpolitischer Bedeutung ist die Entwicklung einer langfristigen Umweltschutzpolitik einschließlich
der Klimapolitik. Hier handelt es sich zum Teil um national lös-
bare Probleme, zum größeren Teil jedoch um transnationale und
globale Aufgaben. Sie werden zwangsläufig zum Gegenstand der
Weltpolitik. Wenn ein grenzüberschreitender Fluß jenseits der
Grenze verseucht wird, dann leiden Menschen, Tiere und Pflan-
zen auch diesseits der Grenze. Wenn ein großer Staat durch seine
Industrien und seine Verbrennung von Kohle, Öl und Gas die
Erdatmosphäre vergiftet, dann leiden auch Völker, die weit entfernt auf einem anderen Kontinent leben. Es ist heute unbe-
stritten, daß die schnell wachsende Menschheit insgesamt durch
Industrialisierung, Motorisierung und durch wachsenden Ver-
brauch von Öl und anderen Kohlenwasserstoffen zur globalen
Erwärmung beiträgt. Theoretisch gibt es vielerlei Möglichkeiten,
den menschlichen Beitrag zur globalen Erwärmung zu bremsen.
Bis heute schließen allerdings das internationale Vertragswerk
und das Kyoto-Protokoll weder China noch Indien ein, die USA
haben ihre Mitwirkung abgesagt; diese drei Giganten sind aber
für die Lösung des Problems von entscheidender Bedeutung.
Man wird nicht auf die Dauer davon ausgehen können, daß die
Kleinen Selbstbeschränkungen und Opfer auf sich nehmen,
wenn die Großen sich versagen. Der Welt-Klimakonferenz auf
Bali müssen noch umwälzende Anstrengungen folgen.

Hier liegt eine weitere neuartige Herausforderung an die
Staaten der Welt, die noch vor einem halben Jahrhundert kaum
vorstellbar waren. Deutschland kann hier einen Beitrag leisten,
aber dieser wird ziemlich unbedeutend bleiben, solange Deutsch-

land als einzelner Staat auftritt und nur für sich spricht. Einige
unserer Landsleute neigen zwar dazu, sich selbst zu Weltwortfüh-
rern in Sachen Klimapolitik zu ernennen; ich rate jedoch zur
Zurückhaltung, schließlich stehen wir, was die Verseuchung der
Atmosphäre mit Kohlendioxyd und anderen Treibhausgasen angeht, an sechster Stelle der Verursacher weltweit. Beim Boden
und beim Wasser haben wir in Deutschland große Fortschritte
erzielt, aber die entscheidend wichtigen Gebiete bleiben die Zerstörung der Erdatmosphäre und die globale Erwärmung. Hier
hat nur die Europäische Union als Ganzes ein ausreichendes Gewicht im umweltpolitischen Schacher der Weltmächte.

Zugleich ist allerdings eine Warnung vor Klima-Psychosen
angebracht. Es steht fest, daß das Klima auf der Oberfläche unserer Erde seit Jahrmillionen immer wieder großen Schwankungen
unterworfen war. Wir wissen von etlichen Eiszeiten und Warmzeiten. Es ist in Deutschland schon einmal sehr viel wärmer gewesen; und wer in seinem Garten gelegentlich Schalen von Meeres-
muscheln im Boden findet, weiß, daß das Gelände einstmals,
vielleicht während einer Wärmeperiode, ein Meeresboden gewesen sein muß. Auch wenn einzelne Autoren Befriedigung darin
finden, uns Angst vor einem klimatischen Weltuntergang zu machen, den wir angeblich verhindern könnten, wenn wir nur wollten – so als ob es in der Macht des Menschen läge, klimatische
Veränderungen prinzipiell zu steuern –, müssen wir gleichwohl
einen kühlen Kopf bewahren.

Wir können weder Erdbeben noch Vulkanausbrüche kontrollieren, weder die Jahreszeiten noch die natürliche Folge von
Eiszeiten und Warmzeiten. Was wir allerdings tun können: Uns
auf Naturereignisse vorbereiten und den Veränderungen Rech-
nung tragen. Vor allem aber muß die Menschheit die von ihr
selbst erzeugten Faktoren der globalen Erwärmung in den Griff
bekommen und sie dämpfen und begrenzen, das heißt konkret,
die Menge der in die Atmosphäre ausgestoßenen Gase, vor allem
Kohlendioxyd und Methan, verringern. Dazu sind vielerlei neue

Techniken nötig – von Windkraftanlagen bis zu sparsameren Motoren in Autos, Flugzeugen und Schiffen. Deutschland muß und kann einen angemessenen Beitrag leisten.

Fassen wir diese einleitenden Feststellungen zusammen, sehen wir, daß sich im 21. Jahrhundert einige neue Herausforderungen ergeben, die wir im vorigen Jahrhundert noch nicht gekannt oder bestenfalls nur geahnt haben. Sie ergeben eine formidable Agenda! Deutschland kann sich und muß sich an der Lösung der Probleme beteiligen. Denn unsere Wirtschaft ist groß und leistungsfähig. Aber wir dürfen nicht vergessen, daß wir mit 80 Millionen Menschen nur gut ein Prozent der Menschheit ausmachen und daß dieser Anteil noch sinken wird. Unser außenpolitisches Handeln kann Gewicht nur haben im Verbund mit unseren Partnern in Europa und im atlantischen Bündnis. Wir hoffen auf die Festigung der Europäischen Union und auf eine gemeinsame Außen- und Sicherheitspolitik – daß sie eines Tages Wirklichkeit werden, ist allerdings keineswegs gewiß.

Kann Europa sich behaupten?

Nach endlosen Jahrhunderten innereuropäischer Kriege ist der am Ende des 20. Jahrhunderts erreichte Stand der europäischen Integration ein in der Weltgeschichte einmaliger Erfolg. Niemals zuvor und auf keinem anderen Kontinent hat eine große Zahl von Nationalstaaten sich aus freiem Willen zusammengeschlossen und auf Teile ihrer Souveränität verzichtet. Dabei hat keine Nation ihre Sprache oder ihre nationale Identität aufgegeben; manche alten Feindschaften, viele Verletzungen und auch einige nationale Eitelkeiten wurden hintangestellt.

Als 1946 Winston Churchill den Franzosen vorschlug, gemeinsam mit den Deutschen (aber ohne England) die »Vereinigten Staaten von Europa« zu gründen, war er zunächst nur ein einsamer Rufer in der Wüste des vom Krieg zerstörten Kontinents. Ein halbes Jahrzehnt später wurde auf französische Initiative die Europäische Gemeinschaft für Kohle und Stahl (EGKS) begründet. Diese Montanunion erweist sich im Rückblick als erster Kern des europäischen Einigungsprozesses, denn aus ihr hat sich alsbald die Idee eines gemeinsamen Marktes auch für alle anderen Güter entwickelt. Zwei Jahrzehnte lang haben die sechs Gründungsstaaten gelernt zusammenzuarbeiten. Die von ihnen als gefährlich empfundene Bedrohung durch die hochgerüstete und expansive Sowjetunion und der Kalte Krieg zwischen Ost und West haben dazu beigetragen, daß die Regierungen der sechs Staaten – Frankreich, Italien, Holland, Belgien, Luxemburg und die Bundesrepublik – alle Krisen der Zusammenarbeit überwinden und schrittweise den gemeinsamen Markt verwirklichen konnten.

Das Prinzip der schrittweisen Integration, das wir vor allem Jean Monnet verdanken (die Europäer sollten ihm ein Denkmal errichten!), hat sich bei der Erweiterung der Europäischen Wirtschaftsgemeinschaft (EWG) bewährt. In den siebziger Jahren traten England, Irland und Dänemark bei; ein Jahrzehnt später kamen Griechenland, Spanien und Portugal hinzu, in den neunziger Jahren Schweden, Finnland und Österreich. Immer noch galt für alle wichtigen Entscheidungen das Prinzip der Einstimmigkeit. Es hat einerseits durch den daraus folgenden Zwang zu allseits akzeptierten Kompromissen geholfen, Krisen zu überwinden. Andererseits hat sich die Regel der Einstimmigkeit wegen der wachsenden Zahl der Mitgliedsstaaten zunehmend als Hindernis erwiesen. Spätestens auf der Maastrichter Konferenz 1991 hätten die internen Spielregeln geändert werden müssen. Damals waren wir noch zwölf Mitgliedsstaaten, beabsichtigten aber eine enorme Erweiterung. Heute hat die Europäische Union 27 Mitgliedsstaaten, und auf mehr als 70 Sachgebieten gilt ausdrücklich das Prinzip der Einstimmigkeit. Das bedeutet: Jeder der 27 Staaten hat auf über 70 Feldern ein Veto-Recht.

Dieser Umstand, den die in Maastricht versammelten Politiker grandios ignoriert haben, hat zwei höchst unerfreuliche Konsequenzen: Einerseits bewirkt er eine tiefgreifende Handlungsunfähigkeit, andererseits führt er dazu, daß sowohl die Kommission in Brüssel als auch alle Ministerräte ihre Aktivitäten auf relativ zweitrangige und sogar auf unwichtige Nebengebiete konzentrieren, was eine unüberschaubare Flut von bürokratischen Detailregelungen zur Folge hat. Der von Washington gewollte Irakkrieg hat 2003 jedermann die Handlungsunfähigkeit der Europäischen Union in drastischer Weise erkennen lassen: Mehrere Mitgliedsstaaten beteiligten sich an dem Krieg, andere Mitgliedsstaaten verweigerten sich. Eine »gemeinsame Außen- und Sicherheitspolitik«, über die einige europäische Außenminister in visionären Sonntagsreden geschwatzt haben, ist in Wahrheit nicht vorhanden. Ob sie jemals zustande kommt, ist zweifelhaft. Denn auch der 2007 paraphierte Vertrag von Lissabon kann keine Gemeinsamkeit des Handelns erzwingen. Einstweilen hat die Welt mit 27 verschiedenen europäischen Außenministern zu tun, dazu mit einem häufig wechselnden EU-Ratspräsidenten. Immerhin stellt die EU keine Bedrohung für andere dar, niemand muß sich heute vor der EU fürchten. Es ist durchaus möglich, daß die EU auf einigen Teilgebieten der im 21. Jahrhundert neu auftretenden Herausforderungen zu gemeinsamem Handeln gelangen wird, vermutlich am ehesten auf ökonomischem Gebiet. Eine Weltmacht aber wird die Europäische Union auf lange Zeit nicht sein.

Seit ihrer Erweiterung um 15 neue Mitglieder in den Jahren nach dem Zerfall der Sowjetunion und dem Ende des Kalten Krieges befindet sich die EU in einer konstitutionellen Krise. Eine Lösung braucht Zeit. Sie wird das Einstimmigkeitsprinzip nicht beseitigen, sondern bestenfalls dessen Auswirkungen ein wenig einschränken. Mit Sicherheit werden aber sowohl der gemeinsame Markt als auch die Euro-Währung Bestand haben. Denn keine nationale Regierung, kein noch so nationalistischer Politiker könnte sein Land herauslösen, ohne der eigenen Nation schwersten ökonomischen und sozialen Schaden zuzufügen. Kein Mitgliedsstaat wäre in der Lage, die eigene Volkswirtschaft wieder zu nationalisieren; die Zeit der »Nationalökonomie« ist für die Europäer vorbei. Die wirtschaftliche Union der Europäer wird dagegen von Dauer sein und in der Weltwirtschaft großes Gewicht haben – und ebenso ihre Währung, der Euro.

Es war ein Glück, daß der Europäische Rat 1992 das Konzept der gemeinsamen Währung beschlossen und den Weg dahin vorgezeichnet hat, bevor die ungewöhnliche, nahezu plötzliche Erweiterung von 12 auf heute 27 Mitgliedsstaaten stattfand. Heute würde die Schaffung einer gemeinsamen Währung in vielen Staaten der EU auf enorme Schwierigkeiten stoßen. Inzwischen ist der Euro in seiner *inneren* Kaufkraft (d. h. in der Inflationsrate) stabiler als die anderen großen Währungen. In seiner *äußeren* Kaufkraft (d. h. in seinem Wechselkurs) ist der Euro sehr viel stabiler als die beiden anderen großen Währungen Dollar und Renminbi oder auch Yen, Rubel und Sterling. Wenn wir bei den kleinen nationalen Währungen Franc, Lira, DM usw. geblieben wären, hätten internationale Hedge-Fonds und dergleichen mit unserem Geld rücksichtslos spekulieren können. Ohne den Euro gäbe es auch innerhalb des gemeinsamen Marktes gefährliche Spekulationen auf Wechselkursveränderungen zwischen 27 Währungen. Deshalb bin ich stolz darauf, gemeinsam mit Giscard d'Estaing während unserer Amtszeit und später als private Bürger die heutige Währungsunion vorbereitet zu haben.

Angesichts der inzwischen strukturell verfestigten Ungleichgewichte der Zahlungsbilanzen – stetige Überschüsse in Ostasien und in den Öl und Gas exportierenden Staaten, beständige Defizite in den USA – wird der amerikanische Dollar weiterhin an Wert und an Gewicht verlieren. Weil wir gleichzeitig eine Globalisierung der Finanzmärkte erleben, ohne daß es eine international funktionierende Aufsicht über Banken, Fonds und deren zunehmend undurchsichtige Finanzierungsinstrumente gibt, müssen wir mit der Möglichkeit von globalen Währungs- und Finanzkrisen rechnen. Sie können auf die reale Wirtschaft durchschlagen. Im Jahre 1929 hat der Schwarze Freitag an der Wall Street eine weltweite Depression ausgelöst. 2007 haben einige Zusammenbrüche im amerikanischen Hypothekenmarkt (Subprime Mortgage-Krise) schwere Bankenkrisen in den USA, aber auch in England, Frankreich, Deutschland und der Schweiz nach sich gezogen. Diese Finanzkrise wird in vielen weiteren Staaten zumindest eine Beeinträchtigung des Wirtschaftswachstums herbeiführen. Wenn irgendwo ein Unglück passiert, verhalten sich die Fonds-Manager und Bankvorstände wie eine Herde von Schafen: Einer rennt los und verkauft und verweigert neue Kredite, der zweite folgt, und alsbald rennt die ganze Herde in ein und dieselbe Richtung.

Massenpsychosen unter Finanzmanagern stellen eine erhebliche Gefahr für die weltweit vernetzten Finanzmärkte dar – und somit für die reale Wirtschaft. Damit dergleichen nicht geschieht, tendiert die mächtige Fed, die amerikanische Zentralbank (Federal Reserve System), immer wieder dazu, durch Zinssenkung für hohe Liquidität zu sorgen. Desgleichen neigt sie dazu, gefährdete große Fonds oder Banken zu retten, weil sie einen Dominoeffekt auf die ganze Wirtschaft fürchtet. Die englische Zentralbank (Bank of England) folgt gleichen Prinzipien. Dadurch werden zwar die privaten Finanzinstitute gerettet, die sich verspekuliert haben, aber zugleich nimmt man damit eine steigende Inflationsrate und die negativen Wechselkurseffekte für die reale Wirtschaft in Kauf. Niemand kann weltweit rezessive Weiterungen ausschließen.

Das Finanz- und Währungsgefüge der Welt ist heute in weit höherem Maße störanfällig als jemals vor 1914 oder in der Zeit vom Kriegsende 1945 bis Ende der sechziger Jahre. Die Weltrezession der siebziger Jahre war nur zum Teil von der Abwertung des amerikanischen Dollars verursacht, vielmehr war die von der OPEC aus geostrategisch-politischem Motiv mit Absicht herbeigeführte Explosion des weltweiten Preises für Erdöl der maßgebliche Faktor. Damals konnten Giscard d'Estaing und ich gemeinsam die führenden Industriestaaten der westlichen Welt zur Einberufung von Weltwirtschaftsgipfeln und zur Koordinierung ihrer Finanzpolitiken überreden. Eine nachhaltige globale Inflationsphase mit unabsehbaren Folgen konnte so vermieden werden. Heute würde jeder Versuch, mit Hilfe eines G8-Gipfels die Weltwirtschaft zu steuern, eine Illusion bleiben, allenfalls gut für die Fernsehberichterstattung. Denn ohne China, Indien, Brasilien, ohne Afrika und ohne die muslimischen Ölstaaten würden heutzutage unverzichtbare, weil gewichtige Mitspieler fehlen.

Das informelle Zusammenspiel der wichtigsten Zentralbanken kann die Haushalts- und Wirtschaftspolitiken der Staaten nicht koordinieren. In dieser labilen Situation erscheint eine international wirksame Initiative dringend erwünscht. Sie ist seitens der USA nicht zu erwarten, weil die amerikanische Wirtschaft nur vergleichsweise gering globalisiert ist, zugleich aber von hohem ausländischen Kapitalimport profitiert. Deshalb sollte die Europäische Union die Initiative ergreifen. Die EU ist dazu legitimiert, weil sie als Export- und Importmacht mehr Gewicht hat als die USA, China oder Rußland und weil der Euro eine wichtigere Rolle spielt als Renminbi oder Rubel. Europa – und damit auch Deutschland – hat ein deutlich größeres Interesse an der Funktionstüchtigkeit der Weltwirtschaft als die Weltmächte USA, China, Rußland. Auf diesem Gebiet ist die EU übrigens nur geringfügig durch interne Verfahrensregeln und Bürokratie behindert.

Für eine Initiative, wie ich sie mir vorstelle, bietet sich der Weltwährungsfonds (IMF) an. Er ist nach 1945 auf amerikanische Initiative mit dem US-Dollar als Ankerwährung für allseits festgezurrte Wechselkurse begründet worden. Dieser Anker ist vor Jahrzehnten verlorengegangen. Feste, am Dollar fixierte Wechselkurse sind zur Ausnahme geworden. Zugleich haben sich die Aufgaben des IMF zunehmend auf die Rettung überschuldeter Entwicklungsländer reduziert, aber das sachverständige internationale Personal des IMF ist intakt geblieben. Es besteht deshalb heute die Möglichkeit, den IMF mit einer neuen Aufgabe zu betrauen: Entwicklung und Herstellung eines transnationalen Systems zur Transparenz und Überwachung der transnationalen Finanzmärkte, aller ihrer Beteiligten und aller von ihnen in Verkehr gebrachten undurchsichtigen Finanzinstrumente. Schließlich sind im internationalen Finanz- und Kapitalverkehr Verkehrsregeln und Verkehrssicherheit mindestens genauso notwendig wie im See- und Luftverkehr.

Natürlich sind auch andere europäische Initiativen zur finanziellen Stabilisierung der Weltwirtschaft denkbar. Eine regelmäßig sich privat treffende Runde der wichtigsten Finanzminister der Welt könnte ein Anfang sein. Ein formloses, eher privates alljährliches Weltwirtschaftstreffen, das die etwa fünfzehn wichtigsten Mitspieler einschließt, wäre desgleichen wünschenswert – allerdings ohne überflüssige Presse- und Fernsehpräsenz, die doch nur zu opportunistischen Fensterreden verleitet.

Ich komme zurück zu der Frage nach dem gegenwärtigen Zustand der Europäischen Union und den Folgen der Stagnation für ihre Außen- und Sicherheitspolitik. Immerhin besteht die Hoffnung, daß die EU ihren seit dem Maastrichter Vertrag andauernden und mit der sprunghaften Erweiterung auf 27 Mitglieder offenkundig gewordenen Stillstand überwindet. Zumindest eine allseitige Ratifizierung des neuen Grundlagenvertrages könnte gelingen. Der europäische Konvent unter Vorsitz von Giscard d'Estaing hat zu Beginn des Jahrhunderts die grundlegende Vorarbeit geleistet. Dennoch ist ein Fehlschlag nicht auszuschließen. Mit Sicherheit wird aber das Feld der Außen- und Sicherheitspolitik weitgehend ausgespart bleiben. Denn Frankreich und England werden zugunsten der EU nicht auf ihren ständigen Sitz im Sicherheitsrat der Vereinten Nationen verzichten und noch weniger auf die alleinige Verfügungsgewalt über ihre Atomwaffen. Auch wird keiner der 27 Mitgliedsstaaten auf sein Außenministerium und seine Botschaften verzichten. Zwar wird die EU auf dem Gebiet der Umweltschutz- und Klimapolitik, der Entwicklungshilfe, der Seuchenbekämpfung und der Gesundheitspolitik zu gemeinsamem Handeln gelangen können, aber eine umfassende gemeinsame Außen- und Sicherheitspolitik wird in weiter Ferne bleiben.

Wenn der 2007 in Lissabon angestrebte Grundlagenvertrag der Europäischen Union scheitern sollte und es deshalb bei all den bisher auf vielerlei Verträge, Zusätze, Protokolle und Erklärungen verstreuten Regelungen bliebe, wäre das ein Unglück, aber es würde nicht notwendig zum Zerfall der EU führen. Wahrscheinlich würde sich im Laufe von Jahren ein innerer Kern von Staaten herausbilden, die sich zu einer weitergehenden Kooperation entschließen, als dies innerhalb der Gesamtheit der Mitgliedsstaaten möglich ist. Auch bei allseitiger Ratifizierung des Lissaboner Vertrages kann dessen Unzulänglichkeit zur Bildung eines handlungsfähigen inneren Kerns führen. Gewiß würde in einem solchen Fall Deutschland zum inneren Kern gehören wollen. Jedenfalls hoffe ich das. Wir sind zum einen wegen unserer jüngeren Geschichte, zum anderen wegen unserer unbequemen Lage im Zentrum des Kontinents auf die Integration Europas stärker angewiesen als die meisten anderen europäischen Staaten.

Sollte es bei der Integration der 27 Mitgliedsstaaten keine Fortschritte geben und die institutionelle Stagnation anhalten – möglicherweise sogar verstärkt durch eine abermals voreilige Aufnahme weiterer osteuropäischer Staaten wie der Ukraine oder Georgien und Armenien, dazu der Türkei und anderer nichteuropäischer Staaten –, könnte die EU aber auch zu einer bloßen Freihandelszone verkommen. Je größer die Zahl der Mitgliedsstaaten wird und je heterogener ihre Interessen und Ziele, desto schwieriger wird die politische Kooperation – zumal im Verhältnis zu Rußland, zu den USA und zu den Staaten im Mittleren Osten. In einer solchen Situation wäre die Abschaffung gegenseitiger Zollschranken ein realistisches Minimalziel; alles, was darüber hinausgeht, bliebe Illusion.

Die hegemonial und imperialistisch gesinnten Kräfte in der amerikanischen politischen Klasse würden einen derartigen Verfall der Europäischen Union begrüßen. Sie haben schon bisher einen starken Einfluß zugunsten schneller Erweiterung ausgeübt. Ein handlungsfähiges und starkes Europa läge quer zu ihren strategischen Vorstellungen von der Ordnung und Kontrolle der Welt, die in ihren Augen allein durch die Supermacht USA ausgeübt werden kann. Immerhin hat am Beginn des 21. Jahrhunderts der amerikanische Verteidigungsminister Rumsfeld den Versuch unternommen, die EU geostrategisch in ein »neues« und ein »altes« Europa aufzuspalten. Es blieb einstweilen beim bloß verbalen Versuch, aber dergleichen könnte sich wiederholen.

Zum Glück gibt es in der amerikanischen Gesellschaft jedoch auch starke Kräfte, denen die zivilisatorischen (oder nach deutschem Sprachgebrauch: die kulturellen) Gemeinsamkeiten zwischen Amerikanern und Europäern als bedeutsamer Wert bewußt sind und die deshalb Europa gegenüber nicht in überwiegend hegemonialen Kategorien denken.

Während des langen Kalten Kriegs haben es die USA für selbstverständlich gehalten, sich als Schutzmacht der Europäer zu fühlen und mit Hilfe ihrer Führungs- und Kommandogewalt in der NATO die Staaten Westeuropas zu dirigieren. Diese amerikanische Denktradition hat sich trotz des abweichenden Verhaltens einiger EU-Staaten während des Irakkrieges fortgesetzt. Im Falle einer inneren Schwächung der EU würde Amerika, um seinen Vormachtsanspruch über Europa zu sichern, auf jeden Fall die gemeinsame nordatlantische militärische und diplomatische Führungsstruktur in Gestalt der NATO aufrechterhalten wollen.

Der englischen Regierung und der Mehrheit des englischen Volkes wäre das recht. Auf der Insel ist man mit dem gegenwärtigen Zustand der EU und ihrer Handlungsunfähigkeit durchaus zufrieden, die Anlehnung an die USA ist den Engländern seit Generationen selbstverständlich. Eine gesamteuropäische Freihandelszone wäre ihnen wahrscheinlich genug, zumal diese ihren eigenen Handlungsspielraum nur unwesentlich einschränken würde. Ähnlich würden es wahrscheinlich viele Menschen im Osten Mitteleuropas sehen. Den meisten Polen ist Amerika immer schon – und zumal unter der sowjetischen Vorherrschaft – als Hort der Freiheit erschienen.

Für die Franzosen wäre eine anhaltende Stagnation der Integration dagegen ein erhebliches Dilemma. Zu Zeiten von de Gaulle, Pompidou, Giscard d'Estaing oder François Mitterrand hat Frankreich die europäische Integration als strategische Notwendigkeit zur Einbindung Deutschlands aufgefaßt. Die meisten Fortschritte im europäischen Einigungsprozeß gehen auf französische Initiativen zurück, von Robert Schuman und Jean Monnet

bis zu Jacques Delors. Zugleich hielt man seit de Gaulle Abstand
von den USA und von der NATO, obgleich Frankreich damals zu
seiner militärischen Verteidigung gegen etwaige sowjetische Aggression auf beide angewiesen war. Zwanzig Jahre nach dem
Wegfall dieser Bedrohung sind in Frankreich erstmalig Tendenzen zur engeren Anlehnung an die USA und zur Rückkehr in die
NATO zu spüren. Auch haben die früheren französischen Bemühungen, den Integrationsprozeß innerhalb der EU voranzutreiben, bereits während der Ära Chirac kaum noch Fortsetzungen
gefunden. Dazu kam 2005 der negative Ausgang der Volksabstimmung (Referendum genannt) über das Projekt eines europäischen Verfassungsvertrags. Es ist daher denkbar geworden, daß
selbst Frankreich sich mit der Reduzierung der EU auf eine Freihandelszone abfinden und nur in einigen nicht allzu wichtigen
Institutionen am Rande noch mitwirken wird. Aus deutschem
Interesse wäre dagegen zu wünschen, daß die Franzosen sich im
Notfall an der gleichzeitigen Herausbildung eines kooperativen
inneren Kerns der EU beteiligen.

Aus den seit der großen Erweiterung der EU zunehmend divergierenden Tendenzen in England, Frankreich, Polen und anderen der EU erst jüngst beigetretenen Nationen können sich
also für die Zukunft der Union bisher unerwartete Probleme ergeben. Dazu sind einige Erwägungen über die künftigen sicher-
heitspolitischen und militärischen Interessen Europas nötig.

Ganz anders als im 20. Jahrhundert erscheint Europa zu Beginn
des 21. Jahrhunderts den meisten als ein friedlicher Kontinent.
Ein innereuropäischer Krieg ist für die meisten Menschen undenkbar geworden. Auch eine etwaige militärische Bedrohung
der europäischen Nationen durch einen fremden Staat will mir
äußerst unwahrscheinlich vorkommen. Von Rußland geht seit
dem Ende der Sowjetunion keine Gefahr aus, das heutige Rußland erscheint friedlicher und weniger imperialistisch als jemals
in seiner Geschichte. China hat uns noch nie bedroht. Und Ame-

rika ist unser übermächtiger Verbündeter. Die auf die beiden Pole Moskau und Washington reduzierte bipolare Machtkonstellation der Welt ist verschwunden; inzwischen steigen China und Indien zu Weltmächten auf, vielleicht später auch Brasilien und Mexiko – aber sie bedrohen den Frieden Europas in keiner Weise.

Allerdings gibt es in anderen Kontinenten gefährliche Konflikte, dort sind mancherlei kriegerische Auseinandersetzungen zu befürchten. Falls die Europäer sich an solchen außereuropäischen Konflikten beteiligen, kann davon auch eine militärische Bedrohung der europäischen Staaten selbst ausgehen. Eine solche Beteiligung, beispielsweise unter amerikanischer Führung, ist auch in Zukunft nicht auszuschließen – das bezeugen Irak oder Afghanistan und viele sogenannte friedenschaffende und friedenerhaltende internationale Interventionen in anderen Erdteilen.

Zu den Ausnahmen, die das Bild von einem friedlichen Europa trüben, gehören die ungelösten Konflikte auf dem Boden des ehemaligen Jugoslawien; dazu könnten denkbare Konflikte zwischen Staaten gehören, die ehemals Teil der Sowjetunion waren. Falls sich aus einer generellen Konfrontation zwischen den westlichen und den islamischen Kulturen auch militärische Konflikte ergeben, wird Europa ebenfalls einbezogen sein. Vom islamistischen Terrorismus gehen schon heute mancherlei Gefährdungen auch für Europa aus.

Eine der wichtigsten Fragen in diesem Zusammenhang lautet: Was ist in der globalen Machtkonstellation des beginnenden 21. Jahrhunderts die Aufgabe unserer Soldaten? Bis zur weltpolitischen Wende Ende der achtziger Jahre war die Aufgabe der Bundeswehr eindeutig und klar. Der fast nahtlose Übergang vom Zweiten Weltkrieg in den Kalten Krieg und die bedrohliche sowjetische Rüstung hatten gegen Ende der vierziger Jahre das atlantische Bündnis notwendig gemacht. Wegen seiner zahlenmäßig eindeutigen Unterlegenheit mußte sich der Westen damals darauf verlassen, daß seine Drohung mit atomarer »Vergeltung« die Sowjetunion von einem Übergriff oder Angriff abschreckte.

Alsbald wollte man aber die zahlenmäßige Unterlegenheit wenigstens zum Teil ausgleichen, deshalb verlangten die Westmächte nach einem Verteidigungsbeitrag Westdeutschlands. Deshalb wurde die Bundeswehr aufgebaut. Die Bundesrepublik wurde in das Nordatlantische Bündnis aufgenommen, und ihre Streitkräfte wurden dem Kommando-Gefüge der NATO unterstellt. Nach der Zuspitzung des Ost-West-Konflikts in der Kuba-Raketenkrise des Jahres 1962 setzte sich im Westen schrittweise die Erkenntnis durch, daß der Frieden nicht durch eine nukleare Vergeltungsdrohung (sogenannter Zweitschlag), die einen atomaren Weltkrieg riskierte, sondern nur durch ein Gleichgewicht der Streitkräfte zu wahren war.

Die westdeutsche politische Klasse hat an diesem strategischen Wandel aktiv mitgewirkt. Ich selber hatte bereits 1959 das Konzept der Abschreckung durch die Drohung mit atomarer »Vergeltung« in Zweifel gezogen. Später setzte ich mich dann für eine »Strategie des Gleichgewichts« ein (so der Titel meines 1969 erschienenen Buches). Damit war gemeint: Gleichgewicht sowohl der normalen (»konventionellen«) Streitkräfte durch vereinbarte Rüstungsbegrenzung als auch Gleichgewicht der atomaren Bewaffnung.

Auch die sowjetische Führung öffnete sich dem Gleichgewichtsprinzip. Der Atomwaffensperrvertrag (NPT) und später die Verträge über das Verbot von Anti-Raketen (ABM) und von Raketen innereuropäischer Reichweiten (IBM) waren Ergebnisse der von beiden Seiten betriebenen Gleichgewichtsstrategie. Sie hat, trotz mancher Krisen, den weltweiten Frieden zwischen Ost und West bewahren können. Bis in die neunziger Jahre waren die westlichen Verteidigungsanstrengungen im Rahmen der gewaltigen militärischen Organisation NATO notwendig – und deshalb auch die deutsche Bundeswehr.

Heute hat die ehemals bedrohliche Sowjetunion in Rußland einen Nachfolger gefunden, der weder für die USA noch für Europa eine Bedrohung darstellt – auch wenn einige Amerikaner und viele Polen das immer noch glauben wollen. Die einstmals bedrohliche militärische Organisation des Warschauer Paktes ist völlig verschwunden. Rußland ist heute eine Respekt gebietende Weltmacht, aber keine weit ausgreifende militärische Supermacht. Auf westlicher Seite hingegen hat sich wenig geändert, der Nordatlantik-Pakt und die NATO sind nach wie vor funktionstüchtig. Beide haben sogar durch die Aufnahme einer Reihe von Staaten im Osten Mitteleuropas ihr Territorium bis an die russischen Grenzen verschoben; davon geht für Rußland zwar keine Gefahr aus, wohl aber muß eine russische Regierung diesen Tatbestand mindestens als bedenklich empfinden.

Die NATO, ihre Generale, Diplomaten und Beamten sind der Versuchung ausgesetzt, das Bündnis als Selbstzweck zu betrachten. Manche von ihnen sprechen von einer »neuen NATO«. Was aber soll im 21. Jahrhundert die tatsächliche Aufgabe der NATO sein? Aus amerikanischer Sicht erscheint es nützlich, wenn Washington mit Hilfe seines politischen und militärischen Übergewichts innerhalb des Nordatlantik-Paktes die NATO, den NATO-Rat und deren Generalsekretär auch künftig als Instrumente seiner Weltpolitik und jedenfalls zur Kontrolle der europäischen Mitgliedsstaaten nutzen kann. Daß die Europäische Union nicht als Einheit Mitglied des Bündnisses ist, sondern die europäischen Staaten einzeln in der NATO vertreten sind und dort nicht mit einer Stimme sprechen, erleichtert den USA, ihre Hegemonie aufrechtzuerhalten. An Versuchen Washingtons, die NATO zum Instrument einer amerikanischen Weltordnungstruppe zu machen, sollten wir jedenfalls nicht mitwirken.

Aus der Sicht der Europäer werden sich zunehmend Zweifel an manchen Aspekten der amerikanischen Weltpolitik einstellen. Auf Unverständnis stieß 2002 die offizielle strategische Erklärung der USA, sich auf einen präventiven und sogar präemptiven Krieg vorzubereiten (präemptiv bedeutet vorwegnehmend). Das Unverständnis stieg mit dem von Bush jun. gewollten Einmarsch im Irak. Damals spalteten sich die Mitglieder der EU und der NATO in zwei Lager. Weitere Fälle könnten folgen, in denen eine Reihe europäischer Nationen geostrategische Entscheidungen der USA nicht wird mittragen wollen. Gleichwohl wird das Atlantische Bündnis erhalten bleiben, wenn auch dessen Organ NATO zunehmend seine weltpolitische Bedeutung verlieren kann. Für uns Deutsche bliebe ein Bedeutungsverlust der NATO ohne strategische Folgen; denn ein militärischer Angriff auf unser Land oder auch nur eine militärische Pression ist sehr unwahrscheinlich geworden.

Im letzten Jahrzehnt des vorigen Jahrhunderts begann sich weltweit eine Tendenz zur militärischen Intervention in Bürgerkriege innerhalb souveräner Staaten (oder in Territorien zerfallender Staaten) abzuzeichnen. Das hatte erhebliche Auswirkungen auch auf die deutschen Streitkräfte und wird uns auch in Zukunft immer wieder stark beschäftigen. Den meisten der sogenannten »humanitären« Interventionen liegen Beschlüsse des Sicherheitsrats der UN zugrunde; Deutschland hat sich in mehreren Fällen mit eigenen Streitkräften daran beteiligt. Wir haben uns aber auch an einer eindeutig völkerrechtswidrigen internationalen Intervention in Bosnien und im Kosovo beteiligt. Es ist zu erkennen – und für die Zukunft zu unterstellen –, daß bei dergleichen Interventionen, auch wenn ihnen Beschlüsse des Sicherheitsrates zugrunde liegen, keineswegs allein moralisch-humanitäre Motive, sondern ebenso nationale Machtinteressen und das globale Sendungsbewußtsein Amerikas eine Rolle spielen.

Auch eine Nichtbeteiligung kann im eigenen nationalen Interesse liegen. Im Gegensatz zu den langwierigen und tiefgreifenden verteidigungspolitischen und strategischen Debatten, die wir in früheren Jahrzehnten sowohl im Bundestag als auch in den Medien erlebt haben, hat es nach 1990 keine wirklich breite Diskussion über die grundlegenden Prinzipien gegeben, die für deutsche Interventionsbeteiligungen gelten sollten. Während des Kalten Krieges war die Verteidigung des eigenen Landes der einzige Auftrag unserer Soldaten. Der Auftrag leuchtete den meisten

Deutschen ein und hat sie in zunehmendem Maße überzeugt. Wenn dagegen heutzutage deutsche Politiker in unscharfer Weise deutsche Interventionsbeteiligungen und den Einsatz deutscher Truppen in fremden Erdteilen damit begründen, daß Deutschland »Verantwortung übernehmen« müsse, und es überdies weiterhin keine einleuchtende und eindeutige Definition der heutigen Aufgaben der Bundeswehr gibt, kann daraus manches Unheil erwachsen – außenpolitisch wie innenpolitisch. Außenpolitisch könnten wir uns ohne Not in allzu viele fremde Konflikte verwickeln. Innenpolitisch könnte, falls unsere Soldaten unversehens in verlustreiche Kämpfe verwickelt werden, das Vertrauen in Sinn und Zweck des Verteidigungsauftrags der Bundeswehr schwinden. Wenn die Beteiligung an humanitären militärischen Interventionen tatsächlich zur Hauptaufgabe der Bundeswehr werden soll, dann wäre eine weitreichende Umgestaltung unserer bereits heute beinahe überforderten Streitkräfte geboten. Sie müßte Erziehung, Ausbildung und Ausrüstung der Truppe umfassen (und die heutige Wehrpflichtdauer bei selektiver Einberufungspraxis wäre kaum noch zu rechtfertigen). Aber auch sofern wir im Gegensatz dazu bescheiden bleiben wollen – wofür ich eintrete –, wird eine grundlegende Erörterung der künftigen Aufgaben der Bundeswehr und deren klare Definition notwendig.

Wir dürfen in dieser Debatte weder unsere Bindung an die Charta der UN noch die Einschränkung der Verwendung unserer Streitkräfte durch den Zwei-plus-Vier-Vertrag, weder den Vertrag über die Begrenzung der konventionellen Streitkräfte in Europa (KSE-Vertrag) noch das kardinale völkerrechtliche Prinzip der Nichteinmischung in die inneren Angelegenheiten souveräner Staaten aus dem Bewußtsein verlieren. Die transnationalen terroristischen Gefahren rechtfertigen auch in Zukunft keinen deutschen Verstoß gegen das Völkerrecht. Der islamistische Terrorismus kann mit militärischen Mitteln kaum wirksam beendet werden, viel eher ist auf eine Austrocknung durch respektvollen, klugen Umgang mit den islamischen Völkern und Staaten zu hoffen. Deutschland hat daran ein großes Interesse, wir können dabei eine positive Rolle spielen. Daraus mag sich eine Divergenz mit den USA ergeben; immerhin stünde ihr wahrscheinlich die Übereinstimmung mit Frankreich, England, Italien, Spanien, Holland und weiteren europäischen Staaten gegenüber. Eine gemeinsame Haltung der Europäischen Union muß nicht unmöglich sein.

Amerika bleibt Führungsmacht des Westens

An dieser Stelle möchte ich, um einer Mißdeutung vorzubeugen, einige grundsätzliche Bemerkungen über das deutsch-amerikanische Verhältnis einfügen. Während ich an diesem Manuskript schreibe, findet sich die amerikanische Nation in einer tiefgreifenden Krise des Vertrauens in ihre gegenwärtige Regierung. Ich bin überzeugt, daß die Nation diese Vertrauenskrise mitsamt ihren innen- und außenpolitischen Verwerfungen überwinden wird. Das mag Zeit kosten. Seit Weltgeschichte geschrieben wird, hat es keine Macht gegeben, die nicht Fehler gemacht hätte. Amerika ist keine Ausnahme. Und so wie keiner den Ägyptern und Chinesen, den Griechen und Römern wegen der dunklen Flecken in ihrer Geschichte Bewunderung und Respekt versagt, so wird gewiß niemand nur wegen der Fehlleistungen der Administration Bush jun. der amerikanischen Nation seine Bewunderung und Zuneigung entziehen. Ganz besonders wir Deutschen erinnern uns dankbar der Befreiung von Hitlers zerstörerischer Herrschaft durch Amerika. Wir erinnern uns der vielen Hilfen, die wir nach 1945 von den USA erhalten haben. Wir Deutschen werden auch die entscheidende Hilfe Amerikas nicht vergessen, als es 1990 um die Wiedervereinigung Deutschlands ging.

Seit 1950 bin ich an die hundertmal zu Besuchen und Verhandlungen in den USA gewesen. Ich glaube Amerika ganz gut zu kennen. Ich bin beeindruckt von der Großzügigkeit, von den demokratischen Instinkten, von dem inneren demokratisch-politischen Kompaß der Amerikaner – und von ihrer Vitalität.

Aufgrund vieler Reisen in andere Weltgegenden weiß ich, daß
eine große Mehrheit überall in Europa und auch in Rußland,
auch in China, ähnlich über Amerika denkt. Viele Staaten lehnen
sich deshalb an die USA an, andere scheuen deshalb einen Konflikt mit ihnen. Zwar haben alle Staaten der Welt von Zeit zu Zeit
auch Meinungsverschiedenheiten und Interessenkonflikte mit
den USA – manchmal gilt das sogar für Großbritannien. Aber solche Konflikte haben die Europäer bisher nicht ihre kulturelle Verwandtschaft und Nähe zu Amerika vergessen lassen. Ich erwarte
deshalb auch für die Zukunft die Aufrechterhaltung der transatlantischen Bindungen.

Gleichwohl sind auch künftig Interessenkonflikte mit den
USA zu erwarten. Einen dieser Konflikte, auf den ich oben bereits
kurz eingegangen bin, möchte ich hier ausdrücklich hervorheben, nämlich die gegenläufigen Interessen bei der Verwirklichung
der Nichtverbreitung atomarer Waffen im Sinne des Atomwaf-
fensperrvertrages (NPT). Auf der einen Seite stehen die fünf klassischen Atomwaffenstaaten, auf der anderen Seite alle diejenigen,
die im NPT auf Atomwaffen verzichtet haben. Die Verzichtstaaten
haben einen vertraglichen Anspruch darauf, daß die fünf Atomwaffenstaaten ihre atomaren Waffenarsenale abrüsten. Der NPT
schreibt im Artikel VI den fünf Atomwaffenstaaten vor, »in redli-
cher Absicht in naher Zukunft Verhandlungen zu führen über
wirksame Maßnahmen zur Beendigung des atomaren Wettrü-
stens und zur nuklearen Abrüstung«.

Am stärksten verstoßen die USA und Rußland gegen ihre seit
1968 geltende vertragliche Pflicht, in geringerem Ausmaß auch
China, Frankreich und England. Alle fünf haben ihre Pflicht zur
atomaren Abrüstung stillschweigend ad acta gelegt. Die USA und
Rußland haben zwar die Zahl ihrer einsatzfähigen atomaren Waffen reduziert, nachdem sie dieselben zunächst noch vermehrt
hatten. Aber immer noch verfügt jeder von ihnen über viele tausend atomare Sprengköpfe. Zugleich haben sie die Leistungsfähigkeit ihrer Trägerwaffen ausgebaut. Die USA haben sogar den

Vertrag über Anti-Raketen (Anti-Ballistic Missiles, ABM) gekündigt, um frei zu sein für die Installation von Systemen, die fremde Trägerwaffen mitsamt ihrer Sprengköpfe im Flug vernichten sollen. Wenn die USA derartige ABM-Systeme nahe an den russischen Grenzen installieren, in Polen und Tschechien, erzeugen sie zwangsläufig Spannungen mit Rußland und provozieren auf dem Feld atomarer Kriegführung einen zusätzlichen technologischen Rüstungswettlauf. An beidem können die europäischen NATO-Partner kein Interesse haben, am wenigsten Deutschland. Die politische Klasse in den USA verfolgt auf dem Gebiet der atomaren Waffen eine in ihrer Zielsetzung undeutlich gebliebene Politik. Tatsächlich scheint es ihr um absolute Überlegenheit über alle anderen Staaten zu gehen. Die russische Führung versucht mit geringeren wirtschaftlichen Mitteln, quasi mit hängender Zunge, Schritt zu halten.

Da die fünf seit 1968 privilegierten Atommächte ihre Abrüstungsverpflichtung aus dem Atomwaffensperrvertrag nicht erfüllt haben, sondern im Gegenteil ihr atomares Potential samt Trägerwaffen technologisch ständig modernisieren und vervollkommnen, haben weitere Staaten sich atomar gerüstet. Die fünf ursprünglichen Atommächte haben die atomare Bewaffnung Israels, Indiens und Pakistans hinnehmen müssen, zumal alle drei dem Atomwaffensperrvertrag nicht beigetreten waren. Hingegen haben die USA die Kündigung des NPT durch Nordkorea mit Sanktionen und Drohungen beantwortet; desgleichen drohen sie dem Iran, dem die Absicht zur atomaren Bewaffnung unterstellt wird, obgleich Teheran den NPT bisher nicht gekündigt hat und daher dessen institutionellen Kontrollen unterliegt. Wie auch immer der Streit mit Nordkorea und dem Iran ausgeht, in jedem Fall muß man für denkbar halten, daß es in wenigen Jahrzehnten nicht mehr nur acht, sondern zwölf oder noch mehr atomar bewaffnete Staaten geben wird. Die technischen Möglichkeiten sind in vielen Staaten längst gegeben.

Die Tatsache, daß der von den fünf ursprünglichen Atomwaf-

fenstaaten selbst nicht eingehaltene Sperrvertrag die Ausbreitung
atomarer Waffen nicht wirklich verhindern konnte und daß zusätzliche Atomwaffenstaaten aufgetreten sind, während zugleich
die Wahrscheinlichkeit wächst, daß weitere Staaten sich atomar
bewaffnen werden, erhöht die Gefahr, daß eines Tages ein atomarer Sprengkopf tatsächlich gezündet wird – sei es absichtlich (das
Völkerrecht und die Charta der UN verbieten weder einen Erst-
noch einen Zweiteinsatz) oder irrtümlich oder wegen unzureichender Kontrollen. Zu dieser Gefahr trägt der Umstand bei,
daß die alten Atomwaffenstaaten ihre atomaren und ihre Träger-
systeme technologisch immer weiter differenzieren, sie unver-
wundbar machen und außerdem neuartige Atomwaffen von be-
grenzter Wirkung (sogenannte mini-nukes) herstellen.

Beunruhigend ist auch die Gefahr, daß von den insgesamt
über 20 000 operativen und über 30 000 obsolet gewordenen und
ausrangierten atomaren Sprengköpfen, die heute auf der Welt
vorhanden sind, einige der Kontrolle durch die jeweilige Regierung entzogen werden und in falsche Hände geraten könnten.
Ein Terrorist benötigt keine Rakete als Trägerwaffe, ihm genügt
ein Container, der in einem Hafen oder Flughafen landet. Diese
Gefahr, die alle bedroht, ist nicht durch atomare Vergeltungsdro-
hungen abzuwenden (und ebensowenig durch antiterroristische
Hysterie).

Die Welt bedarf im 21. Jahrhundert einer prinzipiellen Neu-
definition der Rüstungsbegrenzung, der atomaren Rüstungskon-
trolle und der atomaren Abrüstung. Deutschland hat daran ein
existentielles Interesse. Zugleich sind wir durch unsere Teilhabe
am Atomwaffensperrvertrag und speziell durch dessen Artikel VI
zur Initiative legitimiert. Auch ist denkbar, dafür Mitstreiter zu
gewinnen. Australien, Brasilien, Kanada, Japan, Italien, Polen und
andere große Nicht-Atomwaffenstaaten könnten gemeinsam mit
Deutschland auf die Atomwaffenstaaten Druck ausüben, endlich
ihre Pflichten aus dem Sperrvertrag zu erfüllen. Gewiß könnte
eine derartige Initiative zunächst auf amerikanische Ablehnung

stoßen. Wenn aber nichts geschieht, dann werden die vertrags-
treuen Verzichtstaaten zunehmend deklassiert – und geraten deshalb selbst in atomare Versuchung.

Das tatsächliche Ergebnis des Sperrvertrages, der die Staaten
der Welt in Privilegierte und Verzichtende aufteilt, kann auf lange
Sicht keinen Bestand haben. Wenn Amerika, Rußland und die
anderen privilegierten Staaten trotz ihrer beträchtlichen konventionellen Militärmacht zusätzliche Atomwaffen und dazu Anti-
Raketen nötig haben, warum sollen dann Staaten von geringerer
militärischer Macht auf solche Waffen verzichten?

Es wäre jedenfalls ein wichtiger Schritt in die notwendige
Richtung, wenn die durch den Sperrvertrag privilegierten Staaten sich zumindest verpflichten würden, ihre verbleibenden
Atomwaffen nicht« als erste zu benutzen (»no first use« – kein
Erstschlag). Bisher hat allein China erklärt, seine Atomwaffen
nicht für einen Erstschlag einsetzen zu wollen. Ein Vertrag der
Atommächte, der einen atomaren Erstschlag verbietet, könnte
zur Entspannung beitragen – auch wenn seine tatsächliche Einhaltung ungewiß bleibt.

Sicherlich würde eine amerikanische Initiative zur Begrenzung nuklearer Waffen und Antiwaffen – oder auch nur ihrer
Verwendungszwecke – einige Aussicht auf Erfolg haben. Allerdings sind einstweilen weitblickende strategische Denker etwa
von der Statur George Kennans, George Marshalls oder auch Tru-
mans und Eisenhowers in Amerika nicht zu erkennen. Statt dessen hat während der letzten Jahrzehnte in der politischen Klasse
der USA die imperialistische Haltung die Oberhand gewonnen
über die historischen Traditionen sowohl des amerikanischen
Isolationismus als auch des multilateralen Internationalismus im
Sinne Woodrow Wilsons oder Franklin Roosevelts. Bereits unter
Clinton wurde Belgrad bombardiert, unter Bush jun. wurde der
Krieg gegen den Irak begonnen – eindeutige Verstöße gegen das
Völkerrecht und gegen die Charta der UN. Die drei Traditionen
amerikanischer außenpolitischer Strategie – Isolationismus, In-

ternationalismus, Imperialismus – haben sich im Laufe von zwei
Jahrhunderten mehrfach einander abgelöst. Wenn heute Frankreich und Deutschland versuchen, die von den USA betriebene
Ausdehnung der NATO-Mitgliedschaft auf die Ukraine und auf
Georgien südlich des Kaukasus zeitlich hinauszuzögern, so liegt
dem die Hoffnung zugrunde, ein späterer Präsident in Washington werde auf diesen Schritt verzichten; denn er ist keineswegs
von westlichen Sicherheitsinteressen motiviert, wohl aber muß er
in Moskau Verbitterung und neue Spannungen auslösen.

Wie lange auch immer eine Revision der heutigen expansiven
Strategie Amerikas auf sich warten läßt, in jedem Fall dürfen wir
davon ausgehen, daß das Schwergewicht der amerikanischen Politik sich im Laufe einiger Jahrzehnte von der Außenpolitik auf
die Innenpolitik verschieben wird. Gegen Mitte des 21. Jahrhunderts werden Afro-Americans und Hispanics (Latinos) zusammen ein entscheidendes Gewicht unter den amerikanischen
Wählern haben. Weil sie die Masse der sozialen Unterschichten
darstellen, wird ihr Verlangen nach sozialer Gerechtigkeit und Sicherheit gewichtiger werden als das Verlangen anderer amerikanischer Bürger nach weltweiter Dominanz. Langfristig ist schon
allein deshalb eine Kurskorrektur der gegenwärtigen Außenpolitik der USA zu erwarten. Bis dahin werden wir handlungsunfä-
higen Europäer uns den übermächtigen USA weitgehend zu fü-
gen haben; inzwischen selbstsichere Regierungen wie die der
wirtschaftlich erstarkten Weltmächte China und Indien werden
jedoch die Weltlage verändern. Auf Dauer jedenfalls wird die Aufrechterhaltung eines mit Hilfe der NATO ausgeübten Macht-
monopols der USA ziemlich unwahrscheinlich.

Zunächst könnte es ein wichtiger Schritt in Richtung auf Stabilität – und Humanität! – sein, den Gedanken eines weltweiten
Vertrags auf die Tagesordnung zu setzen, der den Export von
Waffen einschränkt und insbesondere die internationale Verbrei-
tung von sogenannten Kleinwaffen (Maschinenpistolen, Hand-
feuerwaffen, Handgranaten und Landminen) unterbindet. Die

Mehrzahl der Menschen, die in regionalen Kriegen, durch Aufstände, Bürgerkriege und durch Terroristen jedes Jahr getötet werden, stirbt durch importierte Kleinwaffen. Deutschland sollte hier mit gutem Beispiel vorangehen. Unsere Volkswirtschaft und unsere Zahlungsbilanz sind nicht auf Waffenexporte angewiesen. Zumindest wäre zu wünschen, daß wir die Richtlinien für unseren Waffenexport wesentlich enger fassen. Gegenwärtig sind unsere Waffenexporte von erheblichem Umfang; in den Jahren nach der deutschen Vereinigung wurden große Mengen an überflüssig gewordenen Waffen ins Ausland verkauft, so daß Deutschland vorübergehend sogar zum drittgrößten Waffenexporteur der Welt wurde.

Bisher hat der im Nahen und Mittleren Osten, aber auch in anderen Teilen der Welt sich ausbreitende Terrorismus nur Kleinwaffen und Explosivstoffe zur Verfügung gehabt und benutzt. Solange die angegriffenen Völker und Staaten glauben, den Terrorismus vornehmlich mit Kriegsgerät und durch militärische Operationen unterdrücken und die Terroristen so von weiteren Anschlägen abhalten zu können, drehen sie nur weiter an der Spirale der Gewalt. Der Nahe Osten bietet uns seit vielen Jahren erschütternde Beispiele einer sich immer wiederholenden Kette von Schlägen und Gegenschlägen.

Ich möchte sehr wünschen, daß es meinem Land gelingt, auch nach außen als die friedliche Nation zu erscheinen, die wir im Innern doch endlich und tatsächlich geworden sind. So sehr ich in den Jahrzehnten der expansiven sowjetischen Bedrohung für ein Gleichgewicht der Rüstung zwischen Ost und West und für beiderseitige Rüstungsbegrenzung eingetreten bin und so wenig ich jemals Pazifist war, so eindeutig erkenne ich die heutigen, sehr andersartigen Gefahren für den Frieden. Vornehmlich in den USA, im Nahen und Mittleren Osten, aber auch in einigen anderen Staaten Asiens sehe ich Wucherungen eines militärischen Denkens, das zu sinnlosen und gefährlichen Rüstungsprogram-

men führt. Wir Deutschen sollten uns von keiner Sicherheits-
hysterie anstecken lassen.

Es dient unserem Interesse, die Partnerschaft mit Amerika
aufrechtzuerhalten und zu pflegen. Dabei wird unser Einfluß auf
die Politik der USA nur begrenzt sein. Aber von einer Einteilung
der Staaten der Welt in Gute und in »Schurken«, von einem allgemeinen »Krieg gegen den Terrorismus«, von Drohungen und Rü-
stungswettläufen müssen wir uns distanzieren. Deutschland ist
keine Weltmacht, wir wollen auch nicht Weltmacht werden –
nicht einmal die Europäische Union wird Weltmacht werden.
Deshalb sollten wir Deutschen uns deutlich zurückhalten, wenn
in anderen Kontinenten Streitigkeiten entstehen, gar ein *clash of
civilizations* oder ein »heiliger Krieg« propagiert wird. Unser Feld
ist nicht die Weltpolitik, unser außenpolitisches Feld liegt in
Europa.

V
DEUTSCHLAND MUSS
SICH ÄNDERN

Alte Strukturen – neue Probleme

Die deutsche Wirtschaft ist, wie bereits erwähnt, unter den großen Staaten der Welt bei weitem am stärksten in die Weltwirtschaft verwoben – fünfmal so stark wie die USA, mehr als dreimal so stark wie Japan und immer noch stärker als China. Weil aber den meisten der Überblick fehlt, läßt sich die öffentliche Meinung hierzulande leicht von angeblichen Patentrezepten blenden. Sie zeigt sich auch leicht verführbar durch simple Verneinungsparolen: »Gegen die Globalisierung«, »Gegen das chinesische Lohndumping«, »Gegen den Sozialabbau«, »Gegen die Kernkraft«, »Gegen die Ölkonzerne«, »Gegen die Multis«. Weil ich derartige Psychosen für schädlich halte, mache ich in diesem Kapitel den Versuch, in groben Zügen einige der ökonomischen Erfahrungen und Einsichten darzulegen, die ich im Laufe meines politischen Lebens gewonnen habe. Dabei hatte ich das Glück, in unterschiedlichen Aufgaben und Ämtern schon früh gezwungen gewesen zu sein, mich ständig mit weltwirtschaftlichen Entwicklungen zu befassen; dieser Lernprozeß hat mir später einen kleinen Vorsprung vor manchen meiner Kollegen verschafft. Die meisten Politiker hatten und haben diese Chance nicht – oder sie suchen sie nicht. Das letztere halte ich für einen Fehler, denn nur bei Kenntnis sozialer und ökonomischer Zusammenhänge ist es möglich, vernünftige politische Entscheidungen zu treffen.

Wer in die Politik gehen will, soll einen Beruf gelernt und ausgeübt haben; er soll die tragenden Elemente des Grundgesetzes verinnerlicht haben; er soll die Geschichte Deutschlands und

die unserer wichtigsten Nachbarn kennen; und er soll sich auf
mindestens einem Fachgebiet als Experte einarbeiten: Diese
Kenntnisse und Fähigkeiten habe ich am Anfang dieses Buches
als Mindestvoraussetzungen für einen Berufspolitiker aufge-
führt. Eigentlich hätte dort jedoch auch ein gewisses ökonomisches Grundverständnis als Mindestvoraussetzung genannt werden müssen. Ich habe aber die Erfahrung gemacht, daß die
Thematik für die Mehrheit der Politiker ebenso schwer zugänglich ist wie für die Allgemeinheit. Den meisten Politikern bleiben
die ökonomischen Zusammenhänge auch bei langer politischer
Betätigung ziemlich verschlossen. Die Wirtschaft ist komplex
und das Erkennen und Verstehen von Wirkungszusammenhän-
gen schwierig. Mangel an ökonomischem Überblick findet man
allerdings nicht nur bei Politikern, sogar bei Staatspräsidenten
und Regierungschefs, sondern auch bei manchen Wirtschafts-
führern. Viele agieren auf diesem Feld mehr aufgrund von Interessen, auch von Hoffnungen und Gesinnung als aufgrund eigener Urteilskraft, ihr tatsächliches Handeln steht oft unter dem
starken Einfluß fachlicher Berater.

Die öffentliche und die veröffentlichte Meinung konzentrieren ihre Aufmerksamkeit und ihre Kritik fast immer auf einzelne
ökonomische Probleme, auf einzelne Firmen, einzelne Wirtschaftszweige oder bestimmte Mißstände. Dabei bleiben die Zusammenhänge und die wechselseitigen Abhängigkeiten zumeist
außerhalb der Betrachtung. Besonders die Abhängigkeit der
wirtschaftlichen Entwicklung des eigenen Landes von den Entwicklungen der Weltwirtschaft wird weitgehend ignoriert; deren
Beschreibung findet bestenfalls in Fachblättern statt, die aber nur
von Fachleuten verstanden werden.

Vergleichsweise noch am leichtesten erschließt sich den Poli-
tikern das Feld des Staatshaushalts. Der enge Zusammenhang des
Staatshaushalts mit dem Wachstum des Sozialprodukts und des
Volkseinkommens wird nur ungern zur Kenntnis genommen.
Auch liegt es in der Natur der Spezialisierung, daß die Politiker

eines Fachgebietes fast immer vornehmlich die Ausweitung ihres eigenen Haushalts im Blick haben: Die sozialpolitisch engagierten, die verkehrspolitisch engagierten, die verteidigungspolitisch engagierten, die wissenschafts- und bildungspolitisch engagierten Abgeordneten und Minister, sie alle wollen in der Regel mehr Geld für ihren speziellen Bereich. In den meisten Regierungen ist der Finanzminister der einzige, der den öffentlichen Gesamthaushalt des Staates in ökonomisch vernünftigen Grenzen hält. Wenn der Regierungschef ihn nicht stützt, bleibt dem Finanzminister oft nur die Alternative zwischen höherer Staatsverschuldung oder Rücktritt. Es ist kein Zufall, daß wir von der Gründung der Bundesrepublik Deutschland 1949 bis zum Jahre 2008 mehr als doppelt so viele Finanzminister verbraucht haben wie Bundeskanzler.

Für die meisten Politiker ist das Feld der Steuerpolitik ungleich populärer als das der Haushaltspolitik. Besonders beliebt ist der Ruf nach Senkung der Einkommen- und Lohnsteuern. Dabei wird der Hinweis, daß Steuersenkungen zu einer Minderung der Einnahmen des Staatshaushaltes führen, gern mit dem Argument beiseite geschoben, die Steuersenkung werde später zu einer Steigerung des Wachstums der Wirtschaft und infolgedessen zu höheren Steuereinnahmen führen. Die amerikanischen Präsidenten Ronald Reagan und George W. Bush waren Meister dieser Argumentation; aber die unmittelbare Konsequenz war jedes Mal eine ungeheure Steigerung der amerikanischen Staatsverschuldung. Helmut Kohls Versuch, nach 1990 die ökonomische Vereinigung der beiden deutschen Staaten ohne Steuererhöhung zu bewältigen, hatte ähnliche Folgen.

Weit weniger durchschaubar als die Tarife der Einkommensteuer und der Körperschaftsteuer sind die speziellen Vergünstigungen, Ausnahmen und Schlupflöcher im Steuerrecht. Darüber zu reden, ist für einen Politiker deshalb wenig attraktiv, weil nicht öffentlichkeitswirksam. In Deutschland hat die uferlose Ausweitung von Sonderregelungen inzwischen aber dazu geführt, daß kein Handwerksmeister oder Einzelhändler seine Steuererklärung, kaum ein Arbeitnehmer seinen Lohnsteuerjahresausgleich ohne fachliche Beratung erstellen kann. Der Gesamtumfang der Texte des Einkommensteuerrechts (ohne Kommentare!) umfaßte im Jahr 2007 sage und schreibe 454 Seiten! Auf diesem Feld haben sich die Fachpolitiker und die Lobbyisten der Fachverbände ausgetobt. Dabei widersprechen manche Ziele der Steuerpolitik den Zielen einzelner Haushaltsausgabetitel. Während zum Beispiel die Agrarpolitiker dafür gesorgt haben, daß der EU-Haushalt den Anbau vom Tabak subventioniert, zwingen gleichzeitig die Gesundheitspolitiker die Tabakindustrie zu prohibitiver Werbung, und die Finanzpolitiker erheben steigende Tabaksteuern.

Es gibt nur sehr wenige Politiker, welche die fiskalischen, die volkswirtschaftlichen und die gesellschaftlichen Wirkungen einer generellen Vereinfachung des Steuerrechts einigermaßen zutreffend einzuschätzen wissen (der frühere Verfassungsrichter Paul Kirchhof gehörte nicht dazu). Ein Beispiel war die 2001 vom damaligen Bundesfinanzminister Hans Eichel umgesetzte Reform der Körperschaftssteuer; sie sollte zu einer Verbesserung des Wirtschaftsstandorts Deutschland führen, im Ergebnis bewirkte sie aber für ein Jahr den vollständigen Wegfall aller Einnahmen aus der Körperschaftssteuer. Gleichwohl bleibt eine stringente Durchforstung des deutschen Steuerrechts dringend geboten. Allerdings sollte sie schrittweise erfolgen, um das Risiko unvorhergesehener negativer Auswirkungen begrenzt zu halten.

Das unter Politikern aller Parteien bei weitem beliebteste Feld des gesamten ökonomischen Bereichs ist die Sozialpolitik. Wo es um die Verteilung von Geld geht, kann man auf Wählerstimmen hoffen. Das Feld reicht von der staatlichen Renten-, Arbeitslosen-, Kranken- und Pflegeversicherung über das Kindergeld bis zum Wohngeld für alleinstehende Mütter und zur Subventionierung von Kindertagesstätten. Bei der Sozialpolitik geht es um den bei weitem größten Einzelhaushalt der öffentlichen Finanzen.

Bevor 1957 die staatliche Rente entsprechend dem Anstieg der Bruttolöhne dynamisiert wurde, machte der Haushalt des Bundesministers für Arbeit und Sozialordnung rund 39 Prozent des Bundeshaushalts aus; bis heute ist der Anteil auf über 51 Prozent angewachsen, wobei sich zugleich das Volumen des Bundeshaushalts versechzehnfacht hat (von 16 Milliarden Euro auf 260 Milliarden Euro). In diesen Zahlen drückt sich die stetig aufrechterhaltene soziale Gesinnung des Deutschen Bundestags aus, zugleich aber die steigende Belastung der Gesellschaft durch Steuern und Sozialversicherungsbeiträge.

Bei allen Diskussionen über die Steuer- und die Sozialpolitik bleiben die außenwirtschaftlichen und die weltwirtschaftlichen Faktoren der deutschen Wirtschaftsentwicklung meist außerhalb der Betrachtung. Tatsächlich war die relativ harmlose, rein deutsche Rezession der Jahre 1966/67 wohl die letzte Wachstumsunterbrechung, die noch durch innerstaatliche Konjunkturpolitik überwunden werden konnte. Immerhin führten die Krise und die damit einhergehende Arbeitslosigkeit zum Sturz der Regierung Erhard und zur Bildung einer Großen Koalition. Seit dem Ende der sechziger Jahre sind indessen alle Auf- und Abschwünge sowie die Stagnationen der deutschen Volkswirtschaft durch außenwirtschaftliche Faktoren ausgelöst und durch innerstaatliche strukturelle Verhärtungen lediglich verstetigt worden.

Das konnte man Anfang der siebziger Jahre noch nicht erkennen. Noch im Frühjahr 1972 legte eine von mir geleitete Kommission einen für den Zeitraum bis 1985 bestimmten »Entwurf eines ökonomisch-politischen Orientierungsrahmens« vor, der de facto rein binnenwirtschaftlich kalkuliert war. Aber bereits im darauffolgenden Jahr 1973 und abermals 1979/80 wurden durch zwei weltwirtschaftliche Umbrüche alle unsere Voraussetzungen umgestürzt. Einerseits entzogen die USA bereits 1972 dem seit 1945 weltweit geltenden System fester Wechselkurse – das nach seinem amerikanischen Ursprungsort sogenannte Bretton

Woods-System – die Grundlage, indem sie den Dollar-Wechsel-kurs frei schwimmen (das bedeutete in diesem Fall: abwerten) ließen. Andererseits reagierte das Kartell der erdölexportieren-den Staaten (OPEC) auf den Jom-Kippur-Krieg 1973 zwischen Israel und seinen arabischen Nachbarn mit einer bewußten Verknappung der Ölexporte und einer Vervielfachung der Öl-preise.

Der Versuch europäischer Zentralbanken, den Dollar-Wech-selkurs durch Ankauf von Dollars hochzuhalten, bewirkte zwangsläufig eine Vermehrung der Geldmenge der europäischen Währungen und infolgedessen eine Tendenz zur Inflation. Als die Preise für Rohöl von 1979 an durch die OPEC abermals gestei-gert wurden, kam es weltweit zu enormen Preiserhöhungen für Heizöl, Kerosin, Benzin und Dieseltreibstoff und insgesamt zu weiterer inflationistischer Aufblähung. Die Kombination von Dollar-Abwertung, weltweit inflatorischer Geldpolitik und Öl-preisexplosion löste eine weltweite Rezession aus, von der zwangs-läufig auch Deutschland betroffen wurde. Statt der im »Orien-tierungsrahmen« für die Jahre bis 1985 durchaus realistisch unterstellten durchschnittlichen Wachstumsrate von 4,5 bis 5 Pro-zent wurden tatsächlich durchschnittlich weniger als 2,5 Prozent erreicht. Gleichzeitig stieg die Arbeitslosigkeit in der Bundes-republik von 1,2 Prozent im Jahr 1973 auf 9,3 Prozent im Jahr 1985. Die von der Weltrezession ausgelöste Massenarbeitslosigkeit ist seither nicht mehr entscheidend reduziert worden, weil die fest-gefügten, inflexiblen Strukturen des deutschen Arbeitsmarktes eine Anpassung verhindern. Die ökonomische Vereinigung der beiden deutschen Nachkriegsstaaten hat nach 1990 die Arbeits-losigkeit noch einmal gesteigert, weil eine Reihe politischer und wirtschaftlicher Entscheidungen ohne Rücksicht auf die Folgen für den Arbeitsmarkt getroffen wurde.

Die negative weltwirtschaftliche Entwicklung hat mich im Mai 1974, als ich die Bundesregierung zu übernehmen hatte, dazu veranlaßt, die ökonomisch bedeutsamen Aktivitäten des Staates auf die wichtigsten Vorhaben zu konzentrieren und keinerlei zusätzliche größere Ausgaben ins Auge zu fassen. Ich hatte die Übermacht der weltwirtschaftlichen Faktoren verstanden und war im weiteren Verlauf der siebziger Jahre froh, die deutschen Inflationsraten und ebenso den Stand der Arbeitslosigkeit wenigstens unterhalb der Quoten der anderen größeren westeuropäischen Staaten halten zu können. Gleichzeitig verschwand der Orientierungsrahmen sang- und klanglos aus dem öffentlichen Bewußtsein; nur die angestrebte überproportionale Steigerung der Ausgaben für Bildung und Wissenschaft blieb der politischen Klasse als notwendige Forderung erhalten, konnte aber in der Praxis auch der nachfolgenden Regierungen nicht verwirklicht werden.

Wenngleich damals das heutzutage von jedermann verwendete Schlagwort »Globalisierung« noch gänzlich unbekannt war, so ist doch von 1973 an die Einsicht gewachsen, daß für ein in die Weltwirtschaft stark eingeflochtenes Land eine rein nationale Konjunkturpolitik ohne ausreichende Wirkung bleiben muß. Jedenfalls ist die früher gängige Annahme eines »außenwirtschaftlichen Gleichgewichts« seither der Erkenntnis gewichen, daß einigermaßen stabile Wechselkurse und eine ausgeglichene Zahlungsbilanz (genauer: Leistungsbilanz) großer wirtschafts- und finanzpolitischer Anstrengungen bedürfen.

Gewachsen ist vor allem die Erkenntnis, daß die europäischen Volkswirtschaften an einer ausgeglichenen Entwicklung der Weltwirtschaft ein vitales Interesse haben. Diese Einsicht veranlaßte Valéry Giscard d'Estaing und mich im Sommer 1975, regelmäßige Weltwirtschaftsgipfel der wichtigsten Staaten vorzuschlagen, und sie führte uns 1979 zur Schaffung des Europäischen Währungssystems (EWS).

Die alljährlichen Wirtschaftsgipfel der ersten zehn Jahre haben jedenfalls verhindert, daß die damaligen sieben wichtigsten Volkswirtschaften durch gegenläufige Politiken und im Ergebnis durch inflationäre Aufblähung die Weltwirtschaft ruinierten. Sie haben auch den egozentrischen Vorschlag der USA weitgehend abwehren können, nach dem vornehmlich Deutschland und Japan durch hohe Staatsausgaben, finanziert durch hohe Staatsverschuldung, eine weltweit wirksame Steigerung der Nachfrage auslösen und dergestalt als »Lokomotiven« der gesamten Weltwirtschaft fungieren sollten. Anders als die Weltwirtschaftsgipfel, die im Laufe der Jahrzehnte tendenziell zum fernsehwirksamen Schaugeschäft verkommen sind, hat unsere EWS-Initiative eine bleibende Frucht hervorgebracht, nämlich die mittlerweile fünfzehn westeuropäischen Staaten gemeinsame Euro-Währung. Seither kann es einen Abwertungswettbewerb zwischen den fünfzehn beteiligten europäischen Staaten nicht mehr geben.

Im Laufe der nächsten Jahrzehnte, so darf man erwarten, wird die gegenwärtig weltweit noch übermächtige Dominanz des amerikanischen Dollars schrittweise abnehmen. Mit dieser Einschätzung stehe ich nicht allein. Über die langfristig fallende Bedeutung des Dollars und die damit steigende Bedeutung des Euro habe ich im Jahr 2003 mit meinem Freund, dem früheren chinesischen Premierminister Zhu Rongji, gesprochen. Zhu erwähnte, daß er bereits in den letzten Jahren seiner Amtszeit in Erwartung des langfristigen Verfalls des Dollar-Wechselkurses die chinesische Zentralbank angewiesen habe, die chinesischen Währungsreserven sukzessive auf höhere Euro-Anteile umzuschichten. Inzwischen sind die lang anhaltenden Überschüsse der chinesischen Handelsbilanz und die auf über 1600 Milliarden Dollar angewachsenen chinesischen Währungsreserven zu langfristig den Dollarkurs beeinflussenden Faktoren geworden. Ende 2006 hat beispielsweise ein chinesischer Staatskonzern damit begonnen, den Großteil seiner Öleinfuhren aus dem Iran mit Euro statt mit Dollar zu bezahlen; zugleich hat Peking begonnen, Teile seiner staatlichen Währungsreserven in anderen Teilen der Welt privatwirtschaftlich zu investieren, um auf diese Weise den eigenen Rohstoffimport zu sichern.

Als Folge des Wechselkursverfalls des Dollars und des Aufstiegs von Euro und chinesischem Renminbi wird im Laufe der Zeit ein Dreieck der entscheidend wichtigen Währungen entstehen, nämlich Dollar, Euro und Renminbi. Daraus sollte sich dann eine Zusammenarbeit der drei Zentralbanken in Washington, Frankfurt und Peking sowie der drei den Kapitalmarkt beaufsichtigenden staatlichen Instanzen ergeben. Bis dahin ist aber noch ein langer Weg.

In jedem Fall dürfen wir davon ausgehen, daß sowohl der gemeinsame Markt der Europäer als auch die Euro-Währung sich dauerhaft durchsetzen. Für Deutschland bedeutet dies einerseits eine feste Einbettung in einen größeren europäischen Verbund und andererseits einen weitgehenden Abschied von der »Nationalökonomie«. Sofern es bei der bisherigen Freizügigkeit aller Arbeitnehmer und aller Unternehmen innerhalb des gemeinsamen Marktes der EU bleibt, werden nicht nur nationale Konzepte der Wirtschaftsordnung, sondern später auch die nationalen arbeitsmarktpolitischen und sozialpolitischen Modelle nur schwer aufrechtzuerhalten sein. Die geradezu leichtfertig übereilte Ausweitung des gemeinsamen Marktes könnte auch zu einer Einschränkung der transnationalen Freizügigkeit für die Arbeitnehmer innerhalb der Europäischen Union führen.

Wenn manche Deutsche sich Sorgen um die Zukunft unserer Wirtschaft machen, dann zumeist deshalb, weil sie um Arbeitsplätze in der Industrie fürchten, zum Beispiel bei Siemens, Bayer, Daimler, Thyssen-Krupp, Volkswagen, Bosch oder Airbus. Tatsächlich aber erwirtschaftet das produzierende Gewerbe (einschließlich der Bauwirtschaft) weniger als 30 Prozent der gesamten statistisch erfaßten Wertschöpfung, während rund 70 Prozent aus Dienstleistungen erwachsen.

Dienstleistungen werden zum Beispiel erbracht von der Lufthansa oder der Deutschen Bahn, dem Reparaturhandwerk, der Kreissparkasse, der Ortskrankenkasse, der Straßenreinigung, von der Hauptschule, von Arztpraxen und Rechtsanwaltskanzleien, vom Einzelhandel, von den Soldaten der Bundeswehr oder von der Polizei. Die weit überwiegende Zahl aller arbeitenden Deutschen verdient ihr Geld mit Dienstleistungen aller Art, nicht aber damit, Stahl zu kochen, Autos zusammenzuschrauben oder Getreide anzubauen. Seit Gründung der Bundesrepublik ist der Umfang der Produktion gewaltig gestiegen, der Umfang der Dienstleistungen aber noch viel stärker. Vor einem halben Jahrhundert machte der Dienstleistungssektor rund 36 Prozent des Sozialprodukts aus, heute hat sich der Anteil verdoppelt, und er wird weiter wachsen. Dieser Prozeß ist typisch für eine reife Industriegesellschaft, auch wenn er gelegentlich mit dem irreführenden und Angst machenden Begriff »Entindustrialisierung« bezeichnet wird. Die USA und England, aber zum Beispiel auch Dänemark sind in diesem Prozeß der ökonomischen Umstrukturierung schon ein Stück weiter als Deutschland.

Die Verlagerung von Teilen des Sozialprodukts (und des Volkseinkommens) zugunsten der Dienstleistung hat im wesentlichen zwei Ursachen. Zum einen steigt die Produktivität des produzierenden Gewerbes infolge des technischen Fortschritts ständig weiter an, man benötigt also weniger Arbeiter für mehr und zugleich bessere Produkte. Zum anderen verlagert sich mit zunehmendem Wohlstand die allgemeine Nachfrage von Produkten auf Dienste. Niemand kann gleichzeitig zwei Autos fahren, wohl aber wollen immer mehr Menschen ihre Freizeit genießen, immer mehr wollen verreisen und können sich das auch leisten (allein nach Mallorca fliegen jedes Jahr vier Millionen Deutsche und nehmen dort spanische Dienstleistungen in Anspruch). Die zunehmende Überalterung unserer Gesellschaft wird diesen Prozeß noch verstärken.

Die Verlagerung von der Produktion auf die Dienstleistung hat mit ausländischer Konkurrenz und mit Globalisierung fast gar nichts zu tun, vielmehr ist sie vornehmlich eine Konsequenz unseres wachsenden Wohlstands. Zugleich aber ergibt sich daraus eine wichtige wirtschaftspolitische Schlußfolgerung: Es erscheint wenig aussichtsreich, unsere vier Millionen Arbeitslosen zusätzlich in der güterproduzierenden Industrie beschäftigen zu wollen, wenn es doch der Dienstleistungssektor ist, der weiter expandieren wird. Gleichwohl träumen manche Politiker noch immer von Industrieansiedlung.

Überalterung und Schrumpfung
zwingen zum Umbau

In Deutschland leben 82 Millionen Menschen, davon sind 40 Millionen erwerbstätig. Sie arbeiten Voll- oder Teilzeit, einige sind selbständig. Weitaus die meisten sind Arbeitnehmer in einem sozialversicherungspflichtigen Arbeitsverhältnis. Die übrigen 42 Millionen Einwohner leben von dem Sozialprodukt, welches die kleinere Hälfte der Einwohner hervorbringt (und von unentgeltlichen Leistungen innerhalb der eigenen Familie oder Nachbarschaft). Die Erwerbsquote liegt also deutlich unter 50 Prozent der Gesamtbevölkerung. Rund 21 Millionen Einwohner erhalten eine Rente aus der gesetzlichen Rentenversicherung; das sind etwa 25 Prozent der Gesamtbevölkerung. 1957 hatte der Anteil nur rund 10 Prozent betragen, er wird aber weiterhin steigen. Etwa 6 Millionen Einwohner erhalten Arbeitslosengeld oder Sozialhilfe (ihre Zahl stagniert, bei einigen Schwankungen, seit Mitte der neunziger Jahre). Insgesamt leben in Deutschland rund 27 Millionen Empfänger staatlicher Sozialleistungen, von denen die allermeisten keine Einkommensteuern und keine Sozialversicherungsbeiträge zu zahlen haben.

Wer sich diese Zahlen und die weiter ansteigende Alterung unserer Gesellschaft vor Augen führt, wird auf einen Blick zwei für die Zukunft grundlegende Erkenntnisse gewinnen: Zum einen muß die Mehrzahl der Arbeitslosen in Lohn und Brot gebracht werden, wenn die finanzielle Leistungsfähigkeit des Staates und damit seine Sozial- und Rentenpolitik langfristig gesichert bleiben sollen. Zum anderen muß ein weiteres dynamisches

Anwachsen der Sozialleistungen gebremst werden. Eine hohe Ar-
beitslosenrate und ein hoher Rentneranteil an der Gesellschaft
entsprechen einer niedrigen Erwerbsquote. Sollte es dabei bleiben, könnte der Sozialstaat in ernste Gefahr geraten. Gegen Ende
der achtziger Jahre wurde das Problem bei uns erstmals erkannt.
Aber seit der deutschen Vereinigung 1990 hat man vor dieser Gefahr lange Zeit die Augen verschlossen. Wir haben zwar 1990 mit
innerer Überzeugung den Artikel 20 des Grundgesetzes auf ganz
Deutschland ausgeweitet: »Die Bundesrepublik Deutschland ist
ein demokratischer und sozialer Bundesstaat.« Tatsächlich aber
haben wir den Sozialstaat seither zunehmend in Gefahr gebracht.

Es liegt kein Trost darin, daß Deutschland in Westeuropa und
in der Europäischen Union nicht das einzige Land ist, das weder
eine ausreichende Erwerbsquote erreicht noch den Wohlfahrtsstaat auf eine für die Zukunft ausreichende, finanziell gesunde
Grundlage gestellt hat. Immerhin haben uns einige der kleineren
Nachbarstaaten gute Beispiele gegeben – besonders Dänemark,
Holland und Österreich. Daß die Staaten im Osten Mitteleuropas
beim Vergleich deutlich schlechter abschneiden als wir, ist ebenfalls wenig tröstlich; Polen, Tschechien, Ungarn und andere werden noch Jahrzehnte unter den strukturellen Folgen planwirt-
schaftlicher kommunistischer Zwangswirtschaft leiden.

Tatsächlich ist der in Europa entworfene und weitgehend ver-
wirklichte Wohlfahrtsstaat die größte kulturelle Leistung, welche
die Europäer während des ansonsten schrecklichen 20. Jahrhunderts zustande gebracht haben. In den meisten europäischen
Staaten ist der Anspruch auf öffentliche Sozialleistungen gesetzlich verankert. In Deutschland umfaßt die soziale Absiche-
rung eine Vielzahl von Leistungen: Kindergeld, Erziehungsgeld,
Wohngeld, Sozialhilfe, Bafög, Leistungen während Elternzeit
und Mutterschutz, Arbeitslosengeld und Grundsicherung für
Arbeitsuchende, Krankenversicherung, Kriegsopferversorgung,
Pflegeversicherung, Rentenversicherung, Förderung der zusätzlichen Altersvorsorge, Rehabilitation und Teilhabe von Menschen

mit Behinderung usw. Vor hundert Jahren gab es die Bismarck-
sche Alters- und Invaliditätsversicherung – und sonst fast gar
nichts. Seither haben wir schrittweise den heutigen Wohlfahrtsstaat aufgebaut. Nur sehr zögernd sind einige außereuropäische
Staaten dem Beispiel der Europäer gefolgt. Die europäischen
Bürger aber erwarten von ihren Regierungen eine reibungslose
Fortsetzung aller bisherigen Sozialpolitik. Trotz aller strukturellen Veränderungen und trotz der Überalterung ihrer Gesellschaften halten die allermeisten Menschen den bisherigen Wohlfahrtsstaat für selbstverständlich. Sogenannte Neoliberale, welche den
Wohlfahrtsstaat prinzipiell zurückfahren wollen, gelten als Außen-
seiter der Gesellschaft und werden es wohl auch bleiben.

Wenn wir aber das Problem der Massenarbeitslosigkeit,
besonders der älteren Jahrgänge und konzentriert im Osten
Deutschlands, nicht beheben, können wir den bisherigen Sozialstaat nicht aufrechterhalten. Dann besteht durchaus die Gefahr,
daß die Wähler sich massenhaft von den demokratischen Volksparteien abwenden. Populistische Politiker aber, die im Gegenteil
zusätzliche Sozialleistungen versprechen, gefährden die Existenz
des Wohlfahrtsstaats. Der Abbau der hohen Massenarbeitslosigkeit muß jedenfalls an erster Stelle stehen, bevor andere Korrekturen in die Wege geleitet werden können. Es ergibt keinen Sinn,
mehr Teilzeitarbeit oder ein späteres Renteneintrittsalter zu pro-
pagieren, solange noch arbeitswillige Arbeitslose keine Arbeit finden, weil zusätzliche Arbeitsplätze nicht angeboten werden.

Zur Schaffung neuer Arbeitsplätze war Bundeskanzler Schröders sogenannte »Agenda 2010« im Jahre 2003 ein erster, wenn
auch sehr später Schritt in die richtige Richtung. Die Verwirklichung en détail war jedoch unzureichend, einige Korrekturen
sind inzwischen erfolgt. Aber noch immer gelten mit Gesetzes-
kraft allgemeinverbindliche flächendeckende Lohntarife; immer
noch dürfen Betriebsräte keine individuellen Lohn- und Arbeits-
zeit-Tarife mit der Geschäftsleitung abschließen; immer noch gilt
der Innungszwang; immer noch bleiben Arbeitsplätze als Folge

von Zumutbarkeitsregeln unbesetzt; immer noch können sehr viele Menschen vom Arbeitslosengeld oder von Sozialhilfe (heute meist mit dem Stichwort »Hartz IV« bezeichnet) und etwas Schwarzarbeit ausreichend gut leben. Immer noch entspricht die Schwarzarbeit wahrscheinlich rund 15 Prozent zusätzlich zum statistisch erfaßten Volkseinkommen.

Unser Arbeitsmarkt ist übermäßig hoheitlich und zugleich übermäßig durch die Tarifparteien, das heißt durch private Mächte, mit vielerlei Regeln eingeengt. Wir sprechen zwar von einem Markt; tatsächlich aber werden entscheidend wichtige Teile dieses Marktes von einander feindlich gesinnten Monopolen regiert. Mächtige monopolistische Arbeitgeberverbände und mächtige monopolistische Gewerkschaften entscheiden über Manteltarife und Lohntarife, und zwar ohne viel Rücksicht auf die Folgen für Gesellschaft und Staat. Wohl aber macht der Staat durch die von ihm verordnete »Allgemeinverbindlichkeit« beide Pole de facto zu Zwangskartellen (die durch Gesetz erzwungene Mitgliedschaft in handwerklichen Innungen, welche zugleich Tarifpartner sind – aus dem deutschen Mittelalter überkommen – ist die reinste Form eines Zwangskartells). Tarifautonomie – das heißt: Nichteinmischung des Staates in die Lohnfindung –, ist eine gute Sache. In Deutschland handelt es sich jedoch um die Autonomie von staatlich privilegierten privaten Bürokratien der Arbeitgeberverbände und der Gewerkschaften.

Nur eine weitreichende Deregulierung des Arbeitsmarktes kann Abhilfe schaffen. Weitere und unvermeidlich schmerzhafte Veränderungen bleiben notwendig. Geschäftsleitungen und Betriebsräte müssen das Recht zur Vereinbarung von Arbeitszeiten und Löhnen erhalten. Die gesetzliche Allgemeinverbindlichkeit von Tarifen, die zwischen privaten Arbeitgeber- und Arbeitnehmerkartellen geschlossen werden, muß beseitigt werden. Die Kündigungsschutzgesetzgebung ist weiter einzuschränken. Ein gesunder Arbeitsloser, der einen ihm nachgewiesenen Arbeitsplatz nicht annimmt, sollte einen Teil seines Arbeitslosengeldes verlieren. Das Arbeitslosengeld II darf über mehrere Jahre nicht weiter angehoben werden, bis ein gehöriger Abstand zu den geringsten Löhnen erreicht wird, so daß ein Anreiz zur Annahme eines Arbeitsplatzes entsteht.

Keiner dieser Schritte wird populär sein. Sie waren bereits in den neunziger Jahren unpopulär, als ich sie zum ersten Mal erläutert habe. Manche Gewerkschaft, aber auch die Extremisten links und rechts werden Sturm laufen. Die Macht einiger Gewerkschaften und einiger der großen Arbeitgeberverbände ist heute allzu groß geworden. Sie haben gemeinsam allzu viele Ältere in die Frühverrentung geschickt, das heißt deren Unterhalt dem Staat überlassen. Gewerkschaften und Arbeitgeberverbände haben gemeinsam ihre Macht mißbraucht, zum Teil zu Lasten der Beschäftigung und zum Teil zu Lasten der Steuerzahler. Allerdings hat der Gesetzgeber ihnen diesen Mißbrauch ausdrücklich ermöglicht.

Es wird besonders der Sozialdemokratie, aber auch den Sozialausschüssen der Unionsparteien sehr schwer fallen, den deutschen Arbeitsmarkt aufzulockern und ihn von schädlichen staatlichen Vorschriften zu befreien. Wer jedoch an allen vermeintlichen Errungenschaften unserer Arbeitsgesetzgebung festhält, hält im Ergebnis an einer zu hohen Arbeitslosigkeit fest. Wer zusätzlich einen zu hohen gesetzlichen Mindestlohn einführt, der drängt Arbeitgeber zur Einsparung von Arbeitsplätzen. Denn industrielle Arbeitgeber können zusätzlich Teilfertigungen in einen anderen Staat verlagern, in dem ein niedrigeres Lohnniveau herrscht. Und Arbeitgeber, deren Arbeitnehmer nicht in der Produktion, sondern mit Dienstleistungen beschäftigt sind, die nicht ins Ausland verlagert werden können, werden dazu verleitet, Arbeitnehmer in steuer- und beitragsfreie Schwarzarbeit abzudrängen; dies gilt vor allem für häusliche und landwirtschaftliche Arbeitnehmer und insgesamt für Niedriglohngruppen. Deshalb darf ein staatlich vorgeschriebener Mindestlohn einerseits nicht so hoch sein, daß er zusätzliche Arbeitsverlagerung ins Ausland und zusätzliche Schwarzarbeit verursacht und somit die Zahl der im Inland verfügbaren regulären Arbeitsplätze mindert. Andererseits müßte der Mindestlohn aber deutlich über den Leistungen der Sozialfürsorge liegen, damit kein Arbeitnehmer verführt wird, auf einen regulären Arbeitsplatz zu verzichten, weil er dank der Fürsorge, verbunden mit ein wenig Schwarzarbeit, genausogut leben kann. Das Prinzip des Mindestlohns, das auf den ersten Blick einfach und verführerisch aussieht, ist bei näherer Betrachtung also nicht ohne Probleme. Es funktioniert relativ wirksam in Staaten, in denen der Arbeitsmarkt ansonsten weitgehend unreguliert ist.

Ein Sonderfall der Arbeitslosigkeit liegt in den sechs östlichen Bundesländern vor. Dort sind die Arbeitslosigkeitsraten seit Mitte der neunziger Jahre unverändert doppelt so hoch wie im Westen Deutschlands. Der enorme Transfer öffentlicher Gelder von West nach Ost beläuft sich jedes Jahr auf rund 80 Milliarden Euro, das entspricht etwa 4 Prozent des deutschen Sozialprodukts. Dieser Transfer hat einerseits eine durchgreifende Modernisierung der Infrastruktur im Osten bewirkt, andererseits fließt er weitgehend in den staatlichen und vor allem in den privaten Verbrauch. Weder die Regierungen Kohl und Schröder noch die Regierung Merkel haben den ernsthaften Versuch unternommen, die Wirtschaftstätigkeit in den östlichen Teilen Deutschlands bevorzugt zu fördern. Falls es bei dieser Tatenlosigkeit bleiben sollte, könnten jene Schätzungen sich als zutreffend erweisen, die mit vierzig weiteren Jahren Aufholprozeß im Osten rechnen. Das bisherige Tempo dieses Prozesses ist an zwei Zahlen abzulesen: Im Jahr 1995 betrug das Sozialprodukt pro Kopf in den sechs ostdeutschen Ländern im Durchschnitt nur 60 Prozent des in den westdeutschen Ländern erzielten Sozialprodukts; im Jahr 2005, zehn Jahre später, waren es auch nur 67 Prozent.

Rezepte zur Beschleunigung des Aufholprozesses liegen seit Jahren vor, auch ich habe mich mit einigen Vorschlägen zu Wort gemeldet (einige erschienen 2005 in dem Aufsatzband »Auf dem Weg zur deutschen Einheit«). Bisher sind alle Anregungen am Egoismus der westdeutschen Mehrheit gescheitert – besonders am Egoismus der westdeutschen Landesregierungen, die eine einseitige Förderung des Ostens nicht zulassen wollen. Deshalb ist es bisher bei den (entscheidend vom Bund aufgebrachten) finanziellen Hilfen geblieben. Wenn es auch in Zukunft dabei bleiben sollte, kann der permanente finanzielle Aderlaß von jährlich 4 Prozent des Sozialprodukts ein dauerhaftes Zurückbleiben der wirtschaftlichen Wachstumsraten in Deutschland hinter denen anderer Staaten Westeuropas bewirken, denn es handelt sich um einen gewaltigen Batzen (zum Vergleich: Der riesige US-Verteidigungshaushalt entspricht auch »nur« 4 Prozent des amerikanischen Sozialprodukts).

Noch wichtiger als die Konsequenzen des großen Finanztransfers sind aber die psychologischen und die politischen Folgen, die der anhaltende Stillstand des ostdeutschen Aufholprozesses auslösen kann. Die anhaltende Abwanderung junger Leute und der in den östlichen Bundesländern sich wiederholende Wahlerfolg der postkommunistischen und der rechtsradikalen Parteien sind beunruhigend.

Als einige Freunde und ich im Jahre 1993 in Weimar unter der Schirmherrschaft des Bundespräsidenten die Deutsche Nationalstiftung gegründet haben, war uns bewußt, daß das Zusammenwachsen von Ost und West ein schwieriger Prozeß werden würde. Schon auf der ersten Jahrestagung der Stiftung 1994 haben wir uns mit der Lage der Nation beschäftigt; im Laufe der Jahre haben wir dann viele Male die Probleme des deutschen Ostens thematisiert. Zur Jahrestagung 2003 haben wir eine Publikation vorgelegt, die sich mit der Rolle Berlins als deutscher Hauptstadt beschäftigt: »Berlin – Was ist uns die Hauptstadt wert?« Inzwischen hat der Hauptstadtvertrag des Jahres 2007, der dritte seit 1992, geregelt, daß der Bund dem Land Berlin bis zum Jahre 2017 statt bisher jährlich 38 Millionen Euro künftig etwa 60 Millionen

Euro für sogenannte hauptstadtbedingte Sicherheitsausgaben
zur Verfügung stellt. Es ist jedoch nicht gelungen, Klarheit in der
Hauptstadtfinanzierung zu erzielen. Denn neben dem Hauptstadtvertrag finanziert der Bund im Rahmen eines Hauptstadt-
kulturvertrages jährlich rund 430 Millionen Euro für die Stiftung
Preußischer Kulturbesitz und für andere kulturelle Einrichtungen in Berlin. Außerdem zahlt der Bund einmalig 200 Millionen
Euro für die Sanierung der Staatsoper Unter den Linden, er finanziert die im Bau befindliche sogenannte Kanzler-U-Bahn
vom Hauptbahnhof durchs Regierungsviertel zum Alexander-
platz, den Straßenbau im Regierungsviertel sowie die Sanierung
der Museumsinsel und des Schlosses Charlottenburg. Und neben
seiner Beteiligung am Flughafen Tempelhof wird der Bund auch
für den Bau des Berliner Stadtschlosses rund 552 Millionen Euro
aus dem Bundeshaushalt beisteuern. Aber über diese vielen finanziellen Einzelregelungen zugunsten der Hauptstadt weit hinaus ist die Stadt Berlin das herausragende Empfängerland von
Finanzzuweisungen im Rahmen der zahlreichen bundesgesetz-
lichen Finanzausgleichssysteme. Weil die Millionenstadt vorhersehbar noch über lange Jahre in ihrer wirtschaftlichen Entwicklung hinter den westdeutschen Großstädten zurückbleiben wird,
gehört die Finanzierung Berlins auch weiterhin zu den ungelösten Aufgaben des deutschen Finanzföderalismus.

In meinen Augen bleibt es für lange Zeit eine der herausragenden Aufgaben jeder Bundesregierung und der sie tragenden
Bundestagsmehrheit, den ökonomischen Aufholprozeß des deutschen Ostens wieder in Gang zu setzen und sodann in Gang zu
halten. Zu den Mindestvoraussetzungen gehört, daß der Bund
seine eigenen oder die von ihm bezahlten Dienstleistungen, wo
immer dies möglich ist, an ostdeutsche Standorte verlegt. Das gilt
für die noch in Bonn verbliebenen Ministerien und für andere
Bürokratien des Bundes, es gilt vor allem für neue Forschungsin-
stitute und Forschungsvorhaben und für den noch bis 2013 vom
Bund finanzierten Universitätsausbau. Wenn der Bund schon bei

seinen eigenen Verwaltungen die gesamtdeutschen Notwendigkeiten mißachtet, muß man sich über die Stagnation des ostdeutschen Aufholprozesses nicht wundern. Wie gut oder wie schlecht wir es auch machen und wieviel Zeit auch immer benötigt werden wird – letzten Endes wird der schmerzhafte Prozeß wahrscheinlich gelingen; die Vitalität unseres Volkes erscheint mir als durchaus ausreichend.

Wenn wir unseren Sozialstaat und damit den inneren Frieden in unserer Gesellschaft erhalten wollen, werden uns die stetig zunehmenden Veränderungen im Altersaufbau der Gesellschaft für lange Zeit vor immer neue Aufgaben stellen. Als 1891, am Ende der Bismarck-Ära, die Invalidenversicherung für Arbeiter eingeführt wurde (heute Rentenversicherung genannt), begann die Rentenzahlung mit dem 70. Geburtstag. Die durchschnittliche Lebenserwartung eines fünfjährigen Jungen lag aber nur bei 58 Jahren. Nur eine kleine Minderheit hat deshalb jemals eine Rente erhalten. 1957, mehr als ein halbes Jahrhundert später, lag der Rentenbeginn regelmäßig beim 65. Geburtstag, während das durchschnittliche Sterbealter erwachsener Männer sich auf rund 66 Jahre erhöht hatte. Im Jahre 2005 lag das durchschnittliche Renteneintrittsalter nur noch knapp über dem 60. Lebensjahr, das durchschnittliche Sterbealter hatte sich aber auf fast 72 Jahre erhöht. Die Rentenbezugsdauer hat sich nicht nur für Männer gewaltig verlängert. Noch vor drei Jahrzehnten, zu meiner Regierungszeit, hatten wir eine durchschnittliche Rentenbezugsdauer von knapp zwölf Jahren, heute erreichen wir im Schnitt 17 Jahre – bei weiterhin steigender Tendenz. Die Ursachen für diese gewaltige Verschiebung liegen einerseits in den Fortschritten der Medizin, der Hygiene, der Pflege und der humaneren Arbeitsgestaltung, die ein längeres Leben ermöglichen; andererseits liegen sie in der mehrfachen gesetzlichen Absenkung des tatsächlichen Alters beim erstmaligen Bezug der Rente (Stichwort »Früh-Verrentung«).

Der Altersaufbau unseres Volkes gleicht schon lange nicht mehr einer Pyramide, viel eher neigt er zur Gestalt eines Kugelbaums. Die Zahl der Rentner nimmt stetig zu. Im Jahre 2005 waren 19 Prozent aller Einwohner 65 Jahre alt oder älter, im Jahr 2030 wird dieser Anteil wahrscheinlich auf 27 Prozent ansteigen. Gleichzeitig nimmt aber der Anteil der jüngeren Jahrgänge ab. Seit den sechziger Jahren erleben wir einen dramatischen Abfall der Geburtenrate. Damals ergab sich pro Frau eine Durchschnittsrate von 2,36 Geburten, im Jahr 2005 standen wir bei einer Geburtenrate von nur noch 1,36. Trotz der großen Zuwanderungen seit den sechziger Jahren haben wir es im Ergebnis mit einer zunehmenden Überalterung und zugleich mit einer zahlenmäßigen Schrumpfung der Bevölkerung zu tun. Auf Dauer können aber immer weniger junge Erwerbstätige nicht immer mehr Rentner finanzieren. In den letzten Jahrzehnten hat man die Abgaben- und Steuerlast der Jungen erheblich erhöht und zugleich die Rentenansprüche ein wenig eingeschränkt. Jedoch ist klar erkennbar, daß eine uneingeschränkte Fortsetzung der bisherigen Praxis nicht möglich sein wird.

Auf die beiden Auswege, die bisweilen in der öffentlichen Debatte angeboten werden, will ich hier nicht näher eingehen. Denn eine mit Hilfe steuerlicher und sozialpolitischer Anreize zu erzielende Anhebung der Geburtenrate auf das bestandserhaltende Maß von 2,1 erscheint mir utopisch, sie würde sich selbst im Falle eines Erfolges frühestens in der Mitte des 21. Jahrhunderts ausreichend auswirken. Der andere Ausweg, unser Geburtendefizit durch Einwanderung aus Afrika und Asien aufzufüllen, erscheint mir noch weniger realistisch. Denn schon bisher, beim Stand von rund sieben Millionen ausländischen Einwohnern – davon fast die Hälfte Muslime –, haben wir eine kulturelle Einbürgerung nur sehr unzureichend zustande gebracht. Wer die Zahlen der Muslime in Deutschland erhöhen will, nimmt eine zunehmende Gefährdung unseres inneren Friedens in Kauf. Für einen realistisch Urteilenden bleibt nur die Erkenntnis, daß wir die Alterung unserer Nation als unvermeidlich akzeptieren und die deshalb notwendigen Anpassungen unserer Gesellschaft tatkräftig einleiten müssen. Sie reichen von den Deregulierungen des Arbeitsmarktes und der Anhebung der Erwerbsquote über die Verkürzung der Schul- und Ausbildungs- und Studiendauer bis hin zum Kinder- und zum Elterngeld.

Damit die Veränderungen unseres gesetzlichen Rentensystems für die Bürger einleuchtend und für die Wähler akzeptabel werden, sollten die regierenden Politiker die Fakten und Zahlen ohne Beschönigung immer wieder öffentlich darlegen. Auch die verantwortungsbewußten Medien haben hier eine Aufgabe. Dieser Prozeß wird für viele Politiker schmerzhaft werden. Manche werden sich den Konsequenzen verweigern, andere werden sich opportunistisch zu unwahrhaftigen Versprechungen versteigen. Besonders die ehemaligen Kommunisten und andere Klassenkampf-Ideologen, die sich in Deutschland neuerdings in »Die Linke« umbenannt haben, werden große propagandistische Anstrengungen unternehmen, um naiven Wählern ihre vermeintlichen Patentlösungen vorzugaukeln. Tatsächlich würden aber ihre Vorstellungen in ähnlicher Weise zum sozialökonomischen Bankrott führen wie vor Zeiten in der damaligen DDR; nur mit Hilfe westdeutscher Kapitalzufuhr konnte die DDR-Regierung ihren ökonomischen Zusammenbruch fast über ein ganzes Jahrzehnt hinauszögern. Das fünfmal so große heutige Deutschland aber könnte nicht auf von vornherein verlorene Kapitalzuflüsse von außen hoffen.

Jedenfalls wird die Reformdebatte nicht auf eine oder zwei Legislaturperioden des Bundestages beschränkt bleiben. Manche Einsichten werden nur langsam reifen. Auch später werden die notwendigen Veränderungen gewiß nicht in einem einzigen Schritt verwirklicht werden können. Und höchstwahrscheinlich werden weiterhin linksaußen und rechtsaußen Demagogen auftreten und populistische Illusionen verbreiten, von »Sozialraub« reden oder »die Globalisierung« für unsere sozialökonomischen

Probleme verantwortlich machen. Deshalb soll an dieser Stelle die simple Wahrheit hervorgehoben werden: Unsere Rentenprobleme sind so gut wie überhaupt nicht vom internationalen oder globalen Wettbewerb verursacht. Auch wenn wir dem internationalen Wettbewerb nicht ausgesetzt wären, stünden wir in gleicher Weise vor der Aufgabe, unser Rentensystem der allgemeinen Alterung unserer Gesellschaft anzupassen.

Entscheidend wird die Einsicht der Sozialdemokratie werden, daß die Rente keineswegs aus den eigenen früheren Einzahlungen der Rentner finanziert wird, sondern allein aus den gegenwärtigen Einzahlungen der Arbeitenden und der Steuerzahler. Der sogenannte Generationenvertrag beruht auf dem Prinzip, daß jeweils die nachfolgende Generation die Renten und Pensionen der voraufgegangenen Generation durch ihre Versicherungsbeiträge und Steuern finanziert. Die heutige Generation darf darauf vertrauen, daß das gleiche Prinzip auch für sie gelten wird, wenn sie selber später das Rentenalter erreicht hat. Nur insofern ist der oft zu hörende Satz gerechtfertigt: »Wir haben unsere Rente redlich erarbeitet.«

Weil heute überall in Europa und besonders in Deutschland die Rentner immer zahlreicher werden und die nachfolgende zahlende Generation immer mehr abnimmt, wird die Finanzierung der Renten in bisheriger Höhe überall schwieriger. Theoretisch sind drei Auswege denkbar:

1. Entweder muß die Rentenbezugsdauer dadurch verkürzt werden, daß die Rente erst in einem späteren Lebensalter einsetzt, so daß durch die Verlängerung der Lebensarbeitszeit die insgesamt alljährlich benötigten Finanzierungssummen stabil gehalten werden;

2. oder man muß die Renten kürzen;

3. oder man läßt die Renten wie bisher steigen – damit steigen jedoch auch die benötigten Finanzsummen, und man belastet dementsprechend die aktiv Arbeitenden und Verdienenden stärker als bisher mit Beiträgen, Abgaben und Steuern.

Natürlich sind alle möglichen Kombinationen zwischen diesen drei Methoden der Anpassung denkbar. Eine wesentlich stärkere finanzielle Belastung der arbeitenden Generation wird allerdings wohl nur bei schnell wachsendem Wohlstand politisch durchsetzbar sein. Jedenfalls wird es zu längeren Lebensarbeitszeiten kommen, wahrscheinlich nicht nur nach Arbeitsjahren, sondern auch nach der Zahl der Arbeitsstunden pro Jahr.

Die öffentliche Diskussion über eine Verlängerung der Lebensarbeitszeit wurde schon von Kanzler Schröders »Agenda 2010« angestoßen; weitgreifend wurde sie erst im Jahr 2006 geführt. In der öffentlichen Debatte fürchteten sich besonders die älteren Jahrgänge, obwohl gerade sie von der Reform nicht mehr oder kaum noch betroffen sind, denn die Anhebung des Rentenalters soll erst 2012 beginnen. Wer 1947 geboren wurde, muß dann einen Monat länger arbeiten, die 1948 Geborenen zwei Monate länger und so weiter. Erst für den Geburtsjahrgang 1963 wird nach dem gegenwärtig geltenden Recht die Altersgrenze von 67 Jahren greifen. Von den jüngeren Jahrgängen, die tatsächlich deutlich von der Verlängerung der Lebensarbeitszeit betroffen werden, kam relativ wenig Protest; von seiten der Gewerkschaften um so mehr. Die Standhaftigkeit der sozialdemokratischen Minister Riester und Müntefering in dieser Debatte bleibt lobenswert, erste gesetzgeberische Schritte sind erfolgt.

Angesichts sehr viel längerer und weiterhin zunehmender Lebensdauer und angesichts deutlich verbesserter Gesundheit auch im Alter ist zusätzliche Arbeitsbelastung absolut plausibel. Man stelle sich den theoretischen Extremfall vor, daß alle Menschen hundert Jahre alt werden und während ihrer letzten vierzig Jahre Rente beziehen, daß aber zugleich die Arbeitenden nur vom 20. bis zum 60. Lebensjahr, das heißt vierzig Jahre lang, arbeiten. In diesem theoretischen Extremfall müßte jeder Arbeitende nicht nur sich selbst und seine Familie, sondern außerdem einen Rentner und dessen Familie ernähren. Dies würde zu einer unzumutbaren finanziellen Belastung der Arbeitenden führen. Tatsächlich

sind wir aber schon auf dem Wege, uns langsam einem solchen
Ergebnis zu nähern.

Bisher haben viele Politiker, vor allem viele Sozialpolitiker,
die öffentliche Meinung mit Illusionen über künftige Renten-
zahlungen gefüttert. So hat zum Beispiel noch im Jahr 2005 die
staatliche Rentenversicherungsbehörde von Amts wegen an die
versicherten Arbeitnehmer sogenannte Renteninformationen ver-
schickt, in denen der Eindruck erweckt wurde, daß die jeweils
errechnete und in diesen Schreiben genannte Altersrente aufgrund künftiger Rentenanpassungen tatsächlich höher ausfallen
könnte. Ich habe mich damals an den Präsidenten der »Deutschen Rentenversicherung Bund« und an den Arbeitsminister
gewandt und darauf hingewiesen, daß mir diese Renteninformationen vor dem Hintergrund der tatsächlichen Lage des Renten-
versicherungssystems und der demographischen Entwicklung in
Deutschland irreführend und deshalb unseriös erschienen; sie er-
weckten in hohem Maße Erwartungen, die nicht erfüllt werden
könnten. Inzwischen werden solche optimistischen Annahmen
nicht mehr verbreitet. Die heutigen Renteninformationen machen deutlich, daß die künftige Rentenhöhe nicht gewiß ist. Nur
wenn es rechtzeitig zu den oben skizzierten Veränderungen der
Gesetze kommt, kann das heutige reale Rentenniveau gehalten
werden.

Weil gegenwärtig einige Politiker einer Verlagerung eines
Teils der Altersvorsorge von staatlicher Rente auf private Altersvorsorge das Wort reden, möchte ich an dieser Stelle eine wichtige Tatsache hervorheben: Auch jede private kapitalgedeckte
Rente wird aus dem gleichzeitig erwirtschafteten Sozialprodukt
der Nation gezahlt; auch eine private Altersvorsorge setzt also
eine prosperierende Volkswirtschaft und deshalb einen finanz-
wirtschaftlich gesunden Staat voraus. Allein die von einem Rentner selbst bewohnte mietfreie Eigentumswohnung (oder das
eigene Haus oder der eigene Garten), soweit sie nicht mit Kredi-
ten oder Hypotheken belastet ist, stellt einen Beitrag zu seinem

laufenden Lebensunterhalt dar, der nicht von anderen erarbeitet wird.

Gleichwohl erscheint der Gedanke keineswegs abwegig, für die eigene Alterssicherung eine Kombination von staatlicher Rente mit privater Rente anzustreben (ein Stichwort dafür ist die »Riester-Rente«). Doch kommt es dabei immer auf die Form und die Bonität der privaten Kapitalanlage und auf die damit verbundenen Risiken an. Der von spekulierenden Fondsmanagern herbeigeführte Zusammenbruch einiger großer amerikanischer Pensionsfonds war ein Warnsignal. Deshalb vertraut die große Mehrheit der deutschen Sparer immer noch lieber ihrer örtlichen Sparkasse als einem ihnen persönlich unbekannten und undurchsichtigen Investmentfonds.

Allerdings kann der internationale Wettbewerb – ob innerhalb des gemeinsamen Marktes der Europäischen Union oder auf den Weltmärkten – uns künftig zu einer anderen Form der Finanzierung unserer Sozialversicherungssysteme drängen. Seit über hundert Jahren finanzieren wir die Sozialversicherung im wesentlichen mit sogenannten Arbeitnehmer- und Arbeitgeberbeiträgen, die sich beide nach den Bruttolöhnen bemessen. Die Arbeitnehmerbeiträge wirken wie eine zusätzliche spezielle Lohnsteuer, die vor Auszahlung vom Lohn abgezogen wird; die Arbeitgeberbeiträge dagegen sind als Aufschlag auf die Bruttolöhne für das arbeitgebende Unternehmen zusätzliche Lohnnebenkosten und verteuern den Preis für das Produkt. Auf diese Weise entstanden dem Arbeitgeber 2007 in Deutschland auf 100 Euro vereinbarten Bruttolohn tatsächlich im Schnitt 133 Euro Gesamtlohnkosten, von denen der Arbeitnehmer aber nur einen Nettolohn von durchschnittlich rund 63 Euro ausbezahlt bekam.

Nun sind die deutschen Löhne im weltweiten Vergleich sehr hoch – das ist ja eine der Quellen unseres Wohlstandes –, aber unsere Lohnkosten werden durch die Lohnnebenkosten zusätzlich erhöht. Weil sich die Lohn- und Lohnnebenkosten im Stückpreis niederschlagen, kann sich ein Nachteil im internationalen

Wettbewerb ergeben, vor allem im Vergleich mit »Niedriglohn-
ländern«. Deshalb kann es auf lange Sicht zweckmäßig werden,
zum Beispiel die staatliche Rentenversicherung nicht über Ar-
beitnehmer- und Arbeitgeberbeiträge, sondern aus den allgemeinen Steuereinnahmen zu finanzieren. Im Ergebnis würden
dadurch die Lohnkosten sinken, die Steuern aber steigen. Langfristig erscheint es mir notwendig, unseren Wohlfahrtsstaat nicht
weiterhin über steigende Sozialversicherungsbeiträge und damit
auch über steigende Lohnnebenkosten zu finanzieren, sondern
ihn schrittweise steigend aus den Steuereinnahmen zu alimentie-
ren. Immerhin werden schon heute rund 33 Prozent aller Renten
der gesetzlichen Rentenversicherung und 100 Prozent aller staatlichen Pensionen der Beamten und Soldaten aus Steuermitteln
finanziert.

Natürlich hat die längere Lebensdauer der Deutschen Auswirkungen auch auf die gesetzliche Krankenversicherung. Weil
die Menschen immer älter werden, steigen besonders die Auf-
wendungen für die Behandlung altersbedingter Krankheiten.
Weil gleichzeitig die Medizin ungeheure Fortschritte macht und
teurere diagnostische und therapeutische Instrumente, Methoden und Arzneien zur Verfügung stellt, müssen unsere Aufwen-
dungen für die Gesundheit zwangsläufig steigen: Die Entwicklung ging vom Elektrokardiogramm zum Herzkatheter und zum
Herzschrittmacher, von den Sulfonamiden zu den Antibiotika,
vom Aspirin zum Plavix oder von der Röntgendiagnostik zur
Computertomographie.

Die medizinische Versorgung der Gesellschaft ist in Deutschland im Vergleich mit allen anderen großen Staaten der Welt erst-
klassig. Wer jemals in England, in den USA oder Japan krank
gewesen ist, kann das bezeugen. Gewiß gibt es bei uns auch
Fälle von Mißbrauch und Verschwendung. Daß aber deshalb die
Große Koalition der Regierung Merkel 2006 eine weit übertrei-
bend so genannte Gesundheitsreform – von der »Neuen Zürcher
Zeitung« eine »Monster-Maus« genannt – zeitweilig zum sozial-

politisch wichtigsten Thema machte, bezeugt einen erstaunlichen Mangel an ökonomischer Urteilskraft. Ganz gewiß wird in Zukunft nicht nur unsere Gesellschaft weiterhin altern, sondern ebenso gewiß wird deshalb der Anteil am Volkseinkommen steigen müssen, den wir für die Gesundheit aufwenden. Daß in gleicher Weise die 1995 eingeführte Pflegeversicherung langfristig vor Finanzproblemen stehen wird, weil sie zukünftig ebenfalls einen höheren finanziellen Aufwand erfordert, ist ebenfalls offensichtlich. Darin spiegelt sich, stärker noch als in der Krankenversicherung, die demographische Entwicklung unserer alternden Gesellschaft.

Es liegt gut ein Dutzend Jahre zurück, daß ich einmal der Führung der sozialdemokratischen Bundestagsfraktion auf deren Anforderung die Konsequenzen dargelegt habe, die wir aus der Deformation der deutschen Alterspyramide ziehen müssen. Ich habe damals für längere Lebensarbeitszeiten geworben und für einen größeren Abstand fast aller Sozialleistungen zum Nettolohn der aktiven Arbeitnehmer; auch habe ich mich gegen flächendeckende Lohntarife ausgesprochen. Als akute Hauptaufgabe der Sozialdemokratie nannte ich die Ermöglichung vieler zusätzlicher Arbeitsplätze. Vier Jahre später, 1998, wechselte die SPD von der Opposition in die rot-grüne Bundesregierung. Danach hat es noch einmal fast fünf weitere Jahre gedauert, bis Kanzler Schröder im Jahr 2003 wenigstens programmatisch die gebotenen arbeitsmarkt- und sozialpolitischen Konsequenzen zog. Die Absichtserklärung der »Agenda 2010« war ein mutiger erster Durchbruch der ökonomischen Vernunft – die CDU/CSU hatte ihn weder als Regierungs- noch später als Oppositionspartei gewagt. Weil es Schröder nicht gelang, sein Programm der großen Masse seiner Wähler und Anhänger plausibel zu machen, kam es 2005 zur Ablösung seiner Koalition durch die Große Koalition unter Kanzlerin Merkel. Seither kann ihre Partei die positiven Ergebnisse von Schröders Reform, nämlich deutlich günstigere Daten des Arbeitsmarktes, mit Erfolg für sich in Anspruch nehmen, während die Sozialdemokratie unter gewerkschaftlichen Einflüssen darüber rätselt, ob Schröder nicht zu weit gegangen sei. Man kann dies eine Verirrung nennen, denn in Wahrheit ist Schröder noch nicht weit genug gegangen.

Immerhin haben Schröders Reformen ebenso wie eine günstige Weltkonjunktur zu einem spürbaren Rückgang der Arbeitslosigkeit geführt. Wenn aber die Regierenden aus Angst, ihre Wähler zu verschrecken, die weiterhin gebotenen Reformen unterlassen, werden die Zahlen der Arbeitslosen später wieder ansteigen, und die Finanzierung des Wohlfahrtsstaates wird neuen Krisen entgegengehen. Die in ihrer Grundhaltung eher konservative CDU/CSU könnte damit etwas leichter leben als die im Grunde stärker sozial-fortschrittlich gesinnte SPD. Jedenfalls würde die große linke Volkspartei SPD sich selbst beschädigen, falls sie sich den hier skizzierten sozialökonomischen Schlußfolgerungen verweigern sollte.

Wer sich an das Ende der Weimarer Koalition erinnert, muß vor jedem Opportunismus warnen: Im Jahr 1930 fiel wegen einer geringfügigen Korrektur (es ging um ein halbes Prozent Erhöhung der Arbeitslosenversicherungsbeiträge) die demokratische Weimarer Regierungskoalition auseinander, und es begann jene Notstandsdiktatur des Reichspräsidenten, die drei Jahre später zu Hitlers »Machtergreifung« führte.

Chancen und Risiken der Globalisierung

Es kam bereits zur Sprache: Von allen großen Volkswirtschaften ist Deutschland bei weitem am stärksten in die Weltwirtschaft eingebunden. Im Jahr 2007 betrug die Exportquote des deutschen Bruttoinlandsproduktes über 45 Prozent – in den USA lag sie bei 10 Prozent, in Japan bei 15 Prozent, in Frankreich und in England jeweils bei etwa 27 Prozent, in China bei 35 Prozent. Die deutsche Exportquote hat eine besonders hohe Abhängigkeit der deutschen Volkswirtschaft vom Auf und Ab der Weltwirtschaft mit sich gebracht. Deshalb schlägt jede weltweite Wachstumsrezession auf Deutschland viele Male stärker durch als etwa auf die USA; aber eine Wachstumsschwäche der riesenhaften Volkswirtschaft der USA beeinträchtigt das Wachstum der gesamten Wirtschaft der Welt. Konjunkturpolitische Maßnahmen der Bundesregierung können nur unsere Inlandsnachfrage beeinflussen, unsere Exporte jedoch höchstens indirekt und mit großer zeitlicher Verzögerung, das heißt praktisch: so gut wie gar nicht. Unsere öffentliche Meinung und besonders unsere Massenmedien haben die hohe Auslandsabhängigkeit unserer Volkswirtschaft einstweilen noch kaum verstanden. Man brüstet sich gern mit dem Titel des »Exportweltmeisters«, ohne die damit verbundenen Gefährdungen zu ahnen.

Die hohe deutsche Exportquote hat sich erst in den letzten drei Jahrzehnten so rasant entwickelt. Während sie zu Beginn der siebziger Jahre noch bei 22 Prozent des inländischen Sozialproduktes lag, ist sie bis zur deutschen Vereinigung auf über 33 Prozent gestiegen. Die Vereinigung führte zu einem vorübergehenden Abfall, weil die Wirtschaft der ehemaligen DDR kaum exportfähig war. Aber gegen Mitte des ersten Jahrzehnts im neuen Jahrhundert ist die Exportquote steil auf über 45 Prozent gestiegen. Diese Entwicklung hat natürlich viel mit der zunehmenden Funktionstüchtigkeit des gemeinsamen Marktes der Europäischen Union zu tun, denn eine gute Hälfte unserer Exporte geht in die EU; immerhin aber fließt die kleinere andere Hälfte unserer Exporte in Länder außerhalb der EU – von China bis nach Amerika. Vor allem hängen die ungewöhnlich hohen deutschen Exportquoten zum Teil mit der Beweglichkeit der deutschen exportierenden Unternehmen zusammen. Aufgrund von massiven Produktivitätssteigerungen durch Rationalisierung und aufgrund der Qualität ihrer Produkte schneiden sie im internationalen Wettbewerb gut ab. Zum Teil hatte schon die im internationalen Vergleich zurückhaltende Geldpolitik der Bundesbank die Ausweitung der deutschen Binnennachfrage zeitweilig stärker gebremst, als dies in anderen Staaten der Fall war, und dadurch die deutschen Unternehmen indirekt auf den Export verwiesen.

Die Erweiterung der EU von 15 auf 27 Mitgliedsstaaten hat sodann zu einer schnellen Verlagerung von Zulieferungen und Vorprodukten ins Ausland geführt. Dieses sogenannte out-sourcing – vornehmlich in den Osten Mitteleuropas, aber auch nach China und Indien – hat den Anteil der inländischen Wertschöpfung an unseren Exporterlösen und den inländischen Arbeitsanteil dramatisch gemindert; gleichzeitig ist zwangsläufig die deutsche Importquote stark angestiegen. Beide Entwicklungen werden sich vermutlich fortsetzen. Nicht nur mit seiner hohen Exportquote, sondern auch mit der hohen Importquote ragt Deutschland weit über seine großen Nachbarn in der EU heraus. Die Auslandsverflechtung unserer Wirtschaft ist durch Export und Import von Waren heutzutage insgesamt weit höher als jemals zuvor (das Bild verschiebt sich nur unerheblich, wenn man den Ex- und Import von Dienstleistungen einbezieht).

Der ökonomische Aufstieg Chinas, Indiens und anderer Schwellenländer wird sich fortsetzen. Zugleich wird die Zahl der an der Weltwirtschaft beteiligten Menschen in den außereuropäischen Kontinenten weiterhin zunehmen. Die neu hinzutretenden Konkurrenten werden zur Herstellung von Produkten fähig sein, die bisher Domäne der alten Industriestaaten gewesen sind, insbesondere Amerikas, Japans und Westeuropas. Das gilt heute schon für relativ einfache industrielle Produkte, übermorgen wird es auch für High-Tech-Produkte gelten. Ohne Ausnahme aber werden die außerhalb Europas sich neu an der Weltwirtschaft beteiligenden Menschen einstweilen mit viel niedrigeren Löhnen, niedrigeren Sozialleistungen und mit einem insgesamt niedrigeren Lebensstandard zufrieden sein. Außerdem werden sie länger arbeiten und fleißiger sein als die Europäer. Deshalb werden die neuen Konkurrenten ihre Produkte zu relativ niedrigen Preisen anbieten und zum Beispiel deutsche Produkte von den Weltmärkten verdrängen. Dieser Verdrängungsprozeß hat gerade erst begonnen. Gestern ging es noch um Kinderspielzeug aus Plastik, inzwischen geht es um Autos und Containerschiffe, um Software für Computer und um Mobiltelefone, morgen wird es um Flugzeuge und Maschinen gehen.

Die Globalisierung des wissenschaftlichen und technischen Fortschritts hat längst begonnen, ebenso die Globalisierung der Energie- und Rohstoffmärkte – Öl, Erdgas und Stahl an der Spitze – sowie der Finanzmärkte. Die Globalisierung aller industriellen Produktmärkte steht noch bevor, aber auch sie wird unvermeidlich eintreten. Ein deutscher Politiker oder Manager oder Gewerkschafter, der diese Tatsachen nicht zur Kenntnis nehmen will, taugt nicht für seinen Beruf. Denn kein Protest, zum Beispiel gegen sogenanntes Lohn-Dumping in Ostasien, kann verhindern, daß in absehbarer Zeit kaum noch ein in Deutschland hergestelltes Mittelklasseauto in Shanghai verkauft werden kann. Die in China hergestellten Autos werden bald fast genauso gut, dafür aber erheblich billiger sein. Keiner kann wirksam verhin-

dern, daß in Ostasien hergestellte Mobiltelefone in Deutschland
billiger angeboten werden als deutsche Erzeugnisse. Wer sich mit
Schutzzöllen gegen billigere Importe abschotten wollte, der würde
nur die andere Seite provozieren, ein gleiches Importhindernis
gegen deutsche oder europäische Produkte zu verhängen. Einen
Handelskrieg zwischen den billigen asiatischen Schwellenländern
und den teuren europäischen Industriestaaten würde die EU in
jedem Fall verlieren.

Was können Europa und Deutschland in dieser Lage tun?
Wir stehen vor der Alternative, entweder einen langsam fortschreitenden relativen Verlust unseres Lebensstandards zu ertragen oder aber uns zu Leistungen zu befähigen, welche einstweilen
in Asien noch nicht vollbracht werden können. Die Betonung
liegt auf dem Wort »einstweilen«; denn in China, Indien und anderen Teilen des asiatischen Kontinents ist man schon heute in
der Lage, fast jeden technischen Fortschritt der Europäer binnen
weniger Jahre einzuholen. Diese Entwicklung wird sich weiter
fortsetzen, und die zeitliche Spanne, welche die Asiaten brauchen, um technologisch zu den Europäern aufzuschließen, wird
wahrscheinlich zunehmend kürzer werden. Ob wir uns in diesem
Wettbewerb behaupten können, wird entscheidend davon abhängen, daß wir unsere Wissenschaft und Forschung, unsere
Universitäten und Schulen, unsere gesamte berufliche Ausbildung zu höheren Leistungen befähigen als gegenwärtig.

Dieser Wettbewerb ist für Deutschland keineswegs aussichtslos. Unsere eigene Wirtschaftsgeschichte in den letzten Jahrzehnten des 19. Jahrhunderts hat gezeigt, daß wir angesichts der
damals aufkommenden starken amerikanischen Konkurrenz zu
großen wissenschaftlichen und technischen Leistungen und zu
einer enormen Steigerung unserer wirtschaftlichen Leistungs-
kraft fähig waren. Im 20. Jahrhundert ist uns dies trotz zweier zerstörerischer Weltkriege abermals gelungen. Trotz unerhörter Opfer, trotz mehrerer Staatszusammenbrüche, trotz Nazi-Zeit und
über vier Jahrzehnte anhaltender Teilung der Nation haben wir

nicht nur einen bislang ungekannten allgemeinen ökonomischen Wohlstand und dazu einen weitreichenden Wohlfahrtsstaat erreicht, sondern vor allem eine in der deutschen Geschichte einmalig stabile demokratische Ordnung. Dazu kommt der in der europäischen Geschichte einzigartige, noch vor wenigen Jahrzehnten undenkbare Zusammenschluß von mehr als zwei Dutzend europäischen Staaten. Wer diese Erfolgsgeschichte vor Augen hat, wird sich keinen Angstvorstellungen hingeben, wir wären im 21. Jahrhundert weniger fähig, den sich anbahnenden globalen Wettbewerb zu bestehen.

Allerdings müssen wir den dynamisch sich wandelnden Zustand der Weltwirtschaft in unsere Überlegungen einbeziehen. Unsere öffentliche Meinung muß verstehen lernen, daß die Weltwirtschaft sich seit den achtziger Jahren auf zweifache Weise tiefgreifend verändert hat: Im Laufe des letzten Vierteljahrhunderts haben wir es zum einen mit einem in der Geschichte niemals zuvor erfolgten Qualitätssprung zu tun und zum anderen mit einem einmaligen Quantitätssprung. Die qualitative Veränderung liegt in der ungewöhnlichen Beschleunigung des technischen Fortschritts und dessen schneller Ausbreitung über fast die gesamte Welt. Die Entfaltung moderner Techniken allein in den Bereichen Verkehr und Telekommunikation hat die Welt des Jahres 2000 im Vergleich mit der Welt des Jahres 1900 stärker verändert, als sie in den vierhundert Jahren zuvor, seit Beginn der Neuzeit um 1500, verändert wurde. Heutzutage ist dank riesenhafter Containerschiffe, dank der Flugzeuge, dank der über Satelliten verbundenen Computer und vor allem dank des Internet nahezu jeder wissenschaftliche Fortschritt und fast jede neue Technologie ohne Zeitverlust rund um die Erde verfügbar. Es bedarf nur ausreichend ausgebildeter Intelligenz, um den gleichen Fortschritt in allen Kontinenten anzuwenden. Die schnelle Globalisierung von Wissenschaft und Technik macht weit entfernt voneinander lebende Völker nicht nur zu Nachbarn, sondern auch zu Konkurrenten. Wer in der Konkurrenz mithalten will, braucht

Intelligenz und Ausbildung, das heißt: Er braucht Schulen und Universitäten.

Der Quantitätssprung liegt in einer nie zuvor erlebten Vervielfachung der Zahl von Menschen, die am weltwirtschaftlichen Austausch beteiligt sind. Hier wirken sich vor allem zwei Faktoren aus. Zum einen hat sich durch die Öffnung Chinas und durch die Auflösung der Sowjetunion samt ihres Satellitenreichs die Zahl der potentiell an der Weltwirtschaft beteiligten Menschen im Laufe der letzten beiden Jahrzehnte verdoppelt. China allein ist seither von rund 900 Millionen auf über 1300 Millionen gewachsen, und es wird weiterhin wachsen.

Das Wachstum der Menschheit über das Jahr 2050 hinaus ist schwer abzuschätzen. Jedenfalls werden im Jahr 2050 sowohl China allein als auch Indien allein etwa ebenso viele Einwohner zählen, wie noch im Jahr 1900 auf der gesamten Welt gelebt haben. Dieses ungewöhnliche Wachstum findet vornehmlich in Asien sowie in Afrika und Südamerika statt, kaum in Nordamerika, überhaupt nicht in Europa, Rußland und Japan. Der pro Person verfügbare Raum auf den bewohnbaren Flächen Asiens, Afrikas und Lateinamerikas wird nochmals um ein Drittel schrumpfen. Heute schon lebt die Hälfte der Menschheit in Städten, in Zukunft werden immer mehr Menschen zusammengeballt in riesigen Metropolen leben. Ich halte die Urbanisierung an sich nicht für problematisch – jede Kultur setzt Urbanisierung voraus. Was mich mit Sorge erfüllt, ist die damit einhergehende Vermassung. Riesenstädte wie Chongqing oder Mexico City, Kairo oder São Paulo sind schwer zu verwalten und kaum unter Kontrolle zu halten. In Deutschland würde das übrigens nicht anders aussehen; wenn Berlin eine Zehn-Millionen-Metropole wäre, könnte die Aufrechterhaltung der demokratischen Ordnung in einigen Bezirken gefährdet sein.

Die Tendenz, übermäßig bevölkerte Landschaften zu verlassen, wird wachsen, die Zahl der Elendsflüchtlinge wird weiter steigen. Auch die Wahrscheinlichkeit von politischen Konflikten, von Kriegen und Bürgerkriegen wird zunehmen. Die politischen und kulturellen Aspekte, die sich aus diesem Prozeß für die gesamte Menschheit ergeben, will ich hier beiseite lassen und allein die ökonomischen Auswirkungen betrachten. Der Intelligenzquotient der Menschen in Ostasien ist dem der Europäer keineswegs unterlegen. Weil es ihnen bisher aber an Ausbildung fehlte, um die neuen Technologien anzuwenden, sind sie technisch und wirtschaftlich um einiges hinter den meisten Europäern und Nordamerikanern zurückgeblieben.

Die Japaner waren die ersten, die sich in dieser Lage bewußt und zielgerichtet zu einer Änderung ihrer Politik entschlossen. Nach jahrhundertelanger Abschottung von der Außenwelt haben sie ihr Land in den sechziger Jahren des 19. Jahrhunderts für den Westen geöffnet. Gleichzeitig haben sie in einer die Gesamtheit des Volkes umfassenden Reform großen Stils Schulen und Universitäten errichtet. Nach nur zwei Generationen, bereits zu Beginn des 20. Jahrhunderts, hatte Japan technologisch, ökonomisch und militärisch zum Westen aufgeschlossen. Seit den siebziger Jahren sind die Japaner zu vollwertigen wirtschaftlichen Konkurrenten der Europäer und Nordamerikaner geworden. Südkorea, Taiwan, Singapur und Hongkong sind dem japanischen Beispiel gefolgt – mit erstaunlichen Ergebnissen, nicht zuletzt mit einer allgemeinen Wohlstandssteigerung. Und seit der Öffnung Chinas durch Deng Xiaoping Ende der siebziger Jahre hat sich auch das riesenhafte chinesische Volk auf diesen Weg begeben.

China war bis dahin von der Welt abgeschlossen, seine Bedeutung für die Weltwirtschaft ist zu Mao Zedongs Zeiten bestenfalls marginal gewesen. Heute, drei Jahrzehnte später, ist China kaum noch wiederzuerkennen. Meine erste Reise nach China fand 1975 statt, vor mehr als dreißig Jahren. Seitdem habe ich die Volksrepublik regelmäßig besucht. Wenn ich heute nach Peking oder Guangzhou oder Shanghai komme, die ich damals zuerst besucht habe, bin ich verblüfft und beeindruckt von den enormen Ergebnissen der kraftvollen Beseitigung der alten kom-

munistischen Zwangswirtschaft. China wird in wenigen Jahrzehnten – hinter den Vereinigten Staaten von Amerika – die
zweitgrößte Volkswirtschaft der Welt sein, Mitte des Jahrhunderts möglicherweise sogar die größte Volkswirtschaft. Weil es
sich um die bevölkerungsreichste Nation der Welt handelt – mindestens viermal so groß wie die USA, zehnmal so groß wie Japan,
fünfzehnmal so groß wie Deutschland –, wird sich der Moderni-
sierungsprozeß Chinas wahrscheinlich nicht so schnell vollziehen wie zuletzt in Singapur, Hongkong, Taiwan und Südkorea
oder früher in Japan. Auch wird der durchschnittliche Lebensstandard der Chinesen noch weit zurückbleiben. Große Teile
Chinas werden noch lange auf dem Wohlstandsstatus eines Ent-
wicklungslandes verharren. Zugleich aber werden einige Provinzen und Städte Chinas relativ schnell die wissenschaftlichen
Standards, das technologische Niveau und später auch die ökonomische Leistungsfähigkeit Europas erreichen.

Viele Völker der Erde werden sich bemühen, diesem Beispiel
zu folgen, so die Inder und die Vietnamesen, ebenso einige der öl-
reichen arabischen Staaten, auch der Iran, möglicherweise auch
Brasilien. Denn die Globalisierung von Wissenschaft und Technologie ist nicht mehr umkehrbar. Ob und wie weit ein Volk sie
nutzt, hängt ab von seiner Vitalität, seiner politischen Führung,
seiner gesellschaftlichen Verfassung – und von der Fähigkeit seiner Regierung, den äußeren und inneren Frieden zu wahren. Gemeinsam wird aber den bisherigen Entwicklungs- und Schwellenländern die Bereitschaft sein, sich im Vergleich zu Europa und
Nordamerika mit geringeren Löhnen und Sozialleistungen zu-
friedenzugeben. Je länger diese Verzichtsbereitschaft anhält, um
so eher kann ein Entwicklungs- oder Schwellenland zu den wohl-
habenden Staaten aufschließen.

Dauerhafter Wohlstand ist nur möglich auf der Basis eines ge-
sicherten äußeren Friedens. Auf sich allein gestellt, ist keiner der
zweihundert Staaten der Erde in der Lage, seinen äußeren Frieden zu bewahren. Das gilt sogar für die militärische Supermacht

USA, die sich von der im verborgenen agierenden terroristischen al-Qaida zu einem Krieg gegen Afghanistan und zu einem Krieg gegen den Irak herausgefordert sah; beide Kriege können sich über den ganzen Nahen und Mittleren Osten ausbreiten. Auch die Aufrechterhaltung des inneren Friedens bleibt für viele Staaten eine höchst prekäre Aufgabe – beispielhaft sei auf die kaukasischen Teile Rußlands, auf Pakistan, auf den Sudan hingewiesen –, deshalb nimmt die Zahl der von den Vereinten Nationen unternommenen militärischen Friedensmissionen seit Jahrzehnten zu.

Allerdings erscheint es heute sehr unwahrscheinlich, daß ein allgemeiner Krieg vom Ausmaß des Dreißigjährigen Krieges oder der beiden Weltkriege des 20. Jahrhunderts oder auch nur ein »kalter Krieg« sich wiederholen könnte. Aber selbst kleine Kriege können die eng vernetzte Weltwirtschaft schwer behindern und einzelne Staaten in ihrer ökonomischen Existenz und ihrem Wohlstand gefährden. Schon die vergleichsweise begrenzten Kriege zwischen Israel und seinen arabischen Nachbarn haben in den siebziger Jahren auf dem Weg über die explodierenden Ölpreise die gesamte Weltwirtschaft erschüttert. So bleibt auch im 21. Jahrhundert der Frieden eine der wichtigsten, aber nach wie vor gefährdeten Rahmenbedingungen der Weltwirtschaft. Um so notwendiger ist der Versuch der europäischen Staaten, durch den Zusammenschluß zur Europäischen Union den Frieden wenigstens auf dem eigenen Kontinent zu sichern.

Die Mitgliedsstaaten der EU und vornehmlich ihre Regierungen und Politiker müssen wissen: Das Gedeihen ihrer Volkswirtschaft und der Wohlstand ihrer Gesellschaft hängen sehr weitgehend von der Stabilität der Weltwirtschaft ab und deshalb vom Frieden in der Welt. Das gilt besonders für den Nahen und den Mittleren Osten, für West- und Zentralasien; es gilt für den Frieden zwischen dem Westen und dem Islam. Die fortschreitende, inzwischen unumkehrbar gewordene Globalisierung von Wissenschaft, Technik und Wirtschaft zwingt uns zur Aufrechterhaltung des Friedens.

Raubtierkapitalismus –
was kann dagegen getan werden?

Möglicherweise gehen die größten weltwirtschaftlichen Gefährdungen künftig von den globalisierten Finanzmärkten aus. Ich
habe die Auswüchse, die sich hier seit einigen Jahren erkennen
lassen, Raubtierkapitalismus genannt. Seine Anfänge reichen
zurück in die frühen siebziger Jahre, in die Zeit der Wechselkurs-
Unordnung nach dem Zusammenbruch des Bretton Woods-
Systems. Aus ein paar Spekulanten, die damals aus der Freigabe
der Wechselkurse Profit zogen, wurden inzwischen Zehntausende, die international auf alle nur denkbaren künftigen Ereignisse spekulieren. Der eine spekuliert auf einen fallenden Dollar:
Er verkauft, fällig zu einem künftigen Termin, eine große Summe
in Dollar gegen Euro; er hat die Dollars zwar nicht, erwartet aber,
sie sich später, zum vereinbarten Termin, billiger als heute beschaffen zu können. Der andere spekuliert umgekehrt auf einen
fallenden Euro. Beide können aber auch, statt sich zur Lieferung
oder zur Abnahme der jeweils anderen Währung zu verpflichten,
lediglich eine Option vereinbaren, dann steht es ihnen später frei,
das Geschäft auszuführen oder vom Geschäft zurückzutreten –
alles natürlich gegen Gebühren.

Derartige Spekulationsgeschäfte werden heute weltumspan-
nend binnen Sekunden abgeschlossen. Dabei bedient man sich
neuartiger Wertpapiere, genannt *financial derivatives*; die meisten
derivatives sind allerdings unendlich viel komplizierter als mein
Beispiel. Es gibt heute Hunderttausende verschiedener Derivate;
sie sind mit undurchsichtigen Risiken und Chancen verknüpft

und werden nicht über eine öffentliche Börse, sondern im verborgenen gehandelt. Unter den Chefs der Großbanken der Welt kann kaum einer das Feld überblicken und beurteilen. Gleichwohl stellen die Transaktionen mit Derivaten aller Art heute das wichtigste Aktionsfeld der Investmentbanken, der Hedge-Fonds, der Private Equity-Gesellschaften und anderer privater Finanzinstitute dar. In ihrer weltweiten Summe machten derartige Geschäfte bereits im Jahr 2006 pro Tag wahrscheinlich das Fünfzig- bis Hundertfache des täglichen Welthandels in Gütern aus. Weil sich auch viele herkömmliche Geschäftsbanken – und sogar deutsche Landesbanken – in großem Maße am Geschäft mit Derivaten beteiligt haben, dessen Risiken sie nicht beurteilen konnten, hat 2007 eine Krise des amerikanischen Hypothekenmarktes vielen Banken enorme Verluste eingetragen. Eine nahezu weltweite, noch anhaltende Vertrauens- und Kreditkrise ist die Folge.

Diese Entartungen auf den Finanzmärkten wären wahrscheinlich beherrschbar, wenn sie sich im Rahmen einer nationalen Volkswirtschaft abspielten. Das aber ist nicht der Fall. Tatsächlich reagieren die Finanzmanager in jedem der großen Finanzzentren der Welt binnen Minuten auf Kursbewegungen in einem der anderen Zentren. Wenn in den USA, in England, Deutschland oder der Schweiz private Banken staatlich gestützt werden müssen, gibt es sogleich weltweite Angstreaktionen. Als in den neunziger Jahren Rußland und Argentinien ihre fälligen Zinszahlungen in ausländischer Währung nicht leisten konnten, reagierten alle Finanzzentren der Welt, denn überall war ausländisches kurzfristiges Kapital involviert. Die Folgen der Vertrauenskrise der Jahre 2007/08 werden in bisher ungeahnte Größenordnungen steigen.

Auf den globalisierten Finanzmärkten sind fast ausschließlich relativ junge private Institute tätig. Viele sind auf feindliche Übernahmen ganzer Firmen spezialisiert, die sie nach Übernahme zerlegen, ausschlachten und verkaufen, andere verkaufen Derivate, deren Risiken kunstvoll verschleiert sind; fast alle dienen der persönlichen Bereicherung ihrer Gründer und Manager. Die allermeisten Hedge-Fonds, Private Equity- und andere Zweckgesellschaften sind von Investmentbankern errichtet; sie alle bleiben außerhalb der veröffentlichten und geprüften Bankbilanzen und unterliegen keinerlei staatlicher Finanzaufsicht. Dazu kommt, daß die zunehmende Globalisierung von großen Produktions- und Handelskonzernen es diesen ermöglicht, in ähnlicher Weise wie global agierende Fonds sich legal der Finanzaufsicht ihres ursprünglichen Heimatstaates zu entziehen, wenn sie sich an spekulativen Finanzgeschäften beteiligen. Für viele der von den größten Finanzhäusern der Welt eingerichteten Hedge-Fonds wäre mit Blick auf ihre Motivation und ihre raison d'être heutzutage das Wort von den vaterlandslosen Gesellen durchaus angebracht. Viele haben sich jeglicher staatlichen Beeinflussung dadurch entzogen, daß sie ihren rechtlichen Sitz in irgendeinem souveränen kleinen Inselstaat errichtet haben, in dem weder Bankaufsicht noch Finanzämter funktionieren, während sie tatsächlich aus der Londoner City oder aus der New Yorker Wall Street operieren.

Finanzmanager und -händler sind gewohnt, auf eine neue Nachricht oder Information in kürzester Zeit spekulativ zu reagieren. Entsteht an einer Stelle eine Bewegung, werden alsbald Hunderte angesteckt und rennen in die gleiche Richtung – beispielsweise indem sie verkaufen oder ihre Engagements zurückziehen. Eine solche Massenpsychose hat 1929 am sogenannten Schwarzen Freitag (der eigentlich ein Donnerstag war) an der New Yorker Börse eine Depression der gesamten Weltwirtschaft hervorgerufen. Siebzig Jahre später löste eine Psychose unter Bankmanagern für ganz Südostasien eine Banken- und Währungskrise aus. 1998 wurde ein ähnliches Massenereignis gerade noch verhindert. Der Hedge-Fonds LTCM (Long Term Capital Management) hatte sich total verspekuliert; das US-amerikanische Zentralbanksystem bot all seine Autorität auf, LTCM zu retten, um eine mögliche weltweite Krise der kreditgebenden Banken abzuwenden. Die Rettung des LTCM trug dann aber ihrerseits zur Entfaltung des kurzfristigen hysterischen Booms der »New Economy« bei, der sich im wesentlichen auf Informationstechnologie stützte. Kurz nach der Jahrtausendwende brach der Boom zusammen – was vielerlei Korruption offenlegte und enorme Verluste verursachte.

Das letzte und zugleich seit Jahrzehnten gefährlichste Beispiel verantwortungsloser Finanzspekulation durch private Institute bietet die amerikanische Hypothekenkrise. Hier ist in größtem Ausmaß der Bau von Eigenheimen und Wohnungen mit Hilfe von Hypotheken finanziert worden, obgleich vorhersehbar war, daß die Schuldner die Hypothek nicht ausreichend verzinsen und abzahlen konnten. Um die Hypothekenbank als Gläubiger von den eintretenden Verlusten freizuhalten, wurden die faulen Hypotheken (»subprime mortgage« bedeutet auf deutsch: nicht erstklassige Hypothek – eine irreführende, weil beschönigende Begriffsprägung!) gebündelt, zu neuartigen, sehr undurchsichtigen Wertpapieren umgewandelt und diese sodann an gutgläubige Kunden (andere Finanzinstitute und auch private Anleger) verkauft. Als die Risiken offenbar wurden, wollte jedermann die derivativen Papiere verkaufen; so platzte die Blase. Infolgedessen gerieten viele Banken und andere private Finanzinstitute in hohe Verluste.

In der Folge mußte die öffentliche Hand zum Beispiel in England und in Deutschland einige Banken retten, um deren unschuldige Kunden nicht in Panik zu stürzen. Reihenweise mußten Bankvorstände abgelöst werden. Eine allgemeine Vertrauenskrise breitete sich auf den Finanzmärkten aus, die dazu führte, daß alle Banken ihre liquiden Gelder festhielten und nur noch zu außerordentlich hohen Zinsen ausliehen. Um einer allgemeinen Kreditkrise abzuhelfen, sahen sich die für den Dollar zuständige amerikanische Zentralbank, ähnlich die für den Euro zuständige Europäische Zentralbank und andere Zentralbanken zu großer Liquiditätszufuhr in ihre Wirtschaft veranlaßt. Daß mit dieser

Vermehrung der Geldmenge eine inflatorische Aufblähung verbunden sein wird, liegt auf der Hand. Gleichfalls bedenklich ist der bei Finanzmanagern eintretende psychologische Effekt: Sie können damit rechnen, daß ihre Zentralbank sie auch das nächste Mal vor dem Kollaps retten wird. Aus alldem muß man eine wichtige Lehre ziehen: Die Spekulationen privater Finanzmanager gefährden die reale wirtschaftliche Entwicklung des eigenen Landes und sogar der ganzen Welt. Die vom amerikanischen Hypothekenmarkt ausgelöste Finanzkrise wird weltweit das reale wirtschaftliche Wachstum merklich reduzieren.

Daß die Finanzkrise von leichtfertigen Hypothekenbanken ausgegangen ist, kann Zufall gewesen sein, sie hätte zum Beispiel auch von Investmentfonds ausgehen können. Gegenwärtig gibt es auf der Welt über 10 000 Hedge-Fonds und andere spekulative private Finanzinstitute. Kaum ein Finanzminister kann die mit deren spekulativen Geschäften verbundenen Risiken überblicken, zumal sie weitgehend außerhalb der veröffentlichten Bilanzen bleiben; noch weniger können dies ihre Regierungschefs oder ihre gesetzgebenden Parlamente. Die von Spekulationsgeschäften ausgehenden Gefahren für die Weltwirtschaft sollten keineswegs für geringer gehalten werden als die politischen Gefahren von Kriegen. Die Weltwirtschaft ist vom Verhalten mächtiger privater Finanzinstitute und ihrer Manager nicht weniger abhängig als vom politischen Verhalten der einflußreichen Staaten und deren Regierungen.

Jedenfalls ist das Finanz- und Währungsgefüge der Weltwirtschaft vor 1914 und abermals vom Ende des Zweiten Weltkriegs bis in die späten sechziger Jahre weit zuverlässiger gewesen, als es dies zu Beginn der 21. Jahrhunderts ist. Entscheidend für die künftige Stabilität der weltwirtschaftlichen Entwicklung wird eine enge Kooperation der führenden Wirtschaftsstaaten der Welt sein. Erst wenn eine wirksame Zusammenarbeit der Finanzaufsichtsbehörden der USA, der EU, Chinas und Japans erreicht ist, kann eine einigermaßen verläßliche Struktur der globalen Fi-

nanzmärkte erwartet werden. Bis dahin ist es noch ein weiter
Weg, und es sind vielerlei private und national-egoistische Wi-
derstände zu überwinden. Krisen und Unfälle mit weltweiten
Auswirkungen können keineswegs ausgeschlossen werden.

Zu den ökonomischen Faktoren, die auch in Zukunft eine wichtige Rolle spielen werden, gehört leider auch die national-egoistische Abschottung der alten Industriestaaten gegen landwirtschaftliche Produkte aus Entwicklungsländern. Dazu gehören
vor allem die von gewaltigen Defiziten gekennzeichnete Handelsbilanz der USA und Amerikas schnell wachsende riesige
Auslandsverschuldung. Aber dazu gehören auch die gewaltigen
Handelsbilanz-Überschüsse Chinas und Japans und die daraus
resultierenden enormen und weiter wachsenden Dollar-Reserven
in den Händen der ostasiatischen Staaten.

In den nächsten Jahrzehnten sollte die amerikanische Führung zum Ausgleich der enormen Ungleichgewichte in der Lage
sein – wenngleich die US-amerikanische Volkswirtschaft sich seit
Beginn des 21. Jahrhunderts zum weltgrößten Netto-Schuldner
gegenüber dem Rest der Welt entwickelt und Präsident George
W. Bush seit 2003 die Autorität der USA weltweit gefährlich ge-
schwächt hat. Dennoch sollten die Europäer sich nicht täuschen:
Eine Führung durch die EU ist angesichts der politischen Hand-
lungsschwäche der Union gegenwärtig unwahrscheinlich. Andererseits würde der Versuch, zu einer besseren weltwirtschaftlichen
und finanz- und währungspolitischen Kooperation zu gelangen,
ohne entschlossene Mitwirkung der Euro-Zone oder der EU er-
folglos bleiben.

Abraten muß ich von dem Vorschlag, die 1994 begründete
nordamerikanische Freihandelszone (NAFTA – North-American
Free Trade Area) und den vor einem halben Jahrhundert gegründeten gemeinsamen Markt der EU zu einer »Transatlantischen
Freihandelszone« zusammenzuschließen. Denn diese würde an
dem die ganze Weltwirtschaft bedrängenden außenwirtschaft-

lichen Ungleichgewicht der USA nichts ändern; wohl aber würde sie binnen weniger Jahrzehnte zur vollständigen Dominanz der amerikanischen Finanzpolitik – und der amerikanischen Interessen insgesamt – über die Europäische Union führen. Die gegenwärtige politische Handlungsunfähigkeit der EU ist einstweilen kein ausreichender Grund, das Ziel einer handlungsfähigen EU aufzugeben und sich ökonomisch den USA zu unterwerfen.

Der Versuch, im Interesse Europas und im Interesse der Funktionstüchtigkeit der Weltwirtschaft zu einer Kooperation der Regierungen der großen Volkswirtschaften der Welt zu gelangen, erscheint mir immer noch erfolgversprechend. Dazu bedarf es einer Erweiterung der bisherigen Weltwirtschaftsgipfel von heute acht auf etwa fünfzehn Teilnehmer-Regierungen, und es bedarf der Konzentration auf die vordringlichen Probleme unter Verzicht auf Zurschaustellung. Die beiden aktuell wichtigsten ökonomischen Themen eines solchen Gipfels wären das aus dem Gleichgewicht geratene globale Gefüge der Zahlungsbilanzen und die Frage, wie man der gefährlichen spekulativen Zügellosigkeit in den globalen Finanzmärkten begegnen kann. Es könnte zweckmäßig sein, den IMF mit der Bildung einer transnational wirksamen Aufsicht über alle Varianten privater Finanzinstitute und über alle im Handel befindlichen Finanzinstrumente zu beauftragen. Man könnte einen solchen Auftrag natürlich auch einem ad hoc einberufenen international besetzten Gremium geben. Bisher haben sich allerdings vor allem die USA und England gegen eine bessere Ordnung auf den globalen Finanzmärkten gesträubt. Ihr Motiv lag in der national-egoistischen Erwägung, daß New York und London die bei weitem wichtigsten Zentren der globalen Finanzmärkte sind und daß hier die größten Profite abfallen, während die Risiken sich auf die ganze Welt verteilen. So haben auch alle großen internationalen Entschuldungs- und Stützungsaktionen des IMF bisher vornehmlich den in diesen beiden Zentren vertretenen privaten Gläubiger-Instituten genutzt, nicht in erster Linie den verschuldeten Entwicklungsländern. Vor allem die USA dirigieren die beiden weltweit agierenden internationalen Institutionen IMF und Weltbank, die ihren Sitz in Washington haben. Vermutlich wird es leider noch einige Zeit bei dieser finanzpolitischen Dominanz der USA bleiben.

Gleichzeitig beobachten wir seit Jahren, daß die amerikanische Wirtschaft, ihr Wachstum und ihre Konjunktur durch ausländische Netto-Kapitalzuflüsse in der Höhe von fünf und sechs Prozent ihres Sozialproduktes finanziert wird. Wie lange dieser für den Rest der Welt höchst ungesunde Zustand noch andauern wird, hängt davon ab, wie lange viele Bürger anderer Staaten – darunter auch Deutsche – das Vertrauen haben, ihr Kapital sei in den USA sicherer und gewinnbringender angelegt als im eigenen Land. Der stetige Kapitalimport bewirkt zwangsläufig eine Steigerung der Auslandsverschuldung der USA und eine Steigerung der amerikanischen Zinslast. Solange die Ausländer die ihnen gutgeschriebenen Zinsen, Dividenden und Profite in Dollars stehenlassen, ist ein Ende dieser einseitigen Alimentierung der reichsten Volkswirtschaft nicht abzusehen. Die damit verbundene stetige Abwertung des Dollars wird in Washington noch nicht als bedrohlich empfunden; wohl aber möchte man dort einseitig China die alleinige Schuld am Ungleichgewicht zuschieben.

Die Europäer – und damit auch die Deutschen – werden es ertragen müssen, wenn es einstweilen nicht zu einer besseren Ordnung kommt. Die Hoffnung, die sie haben dürfen, richtet sich auf die steigende Bedeutung der Euro-Währung, auf die Europäische Zentralbank, auf eine künftige gemeinsame europäische Finanzaufsicht – und insgesamt auf unsere Fähigkeit, das Haus der Europäischen Union ökonomisch und sozial und politisch in Ordnung zu halten. Je früher und je besser wir Europäer die Aufgaben im eigenen Hause erledigen, um so mehr kann das Vertrauen in die Stetigkeit unserer Entwicklung wachsen. Wenn aber die Mitgliedstaaten der EU – einschließlich Deutschlands –

sich dem notwendigen Strukturwandel verschließen sollten, könnte uns der Raubtierkapitalismus auf den globalen Finanzmärkten in tiefe Mitleidenschaft ziehen.

Deutschland ist auf den globalen Finanzmärkten besonders großen Risiken ausgesetzt. Denn anders als die anderen großen Volkswirtschaften der Welt und anders als in früheren Jahrzehnten haben wir heute in Deutschland keine einzige große Bank von globaler Reichweite. Während wir zu meiner Amtszeit drei deutsche Großbanken hatten, die berechtigterweise über internationales Ansehen und internationalen Einfluß verfügten, gibt es heute nur noch die Deutsche Bank. Zwar hat sie ihren Sitz offiziell noch in Frankfurt, die Masse ihres Geschäfts wird aber längst schon in London und New York gemacht; sie hat sich selbst globalisiert. Während die Regierungen in den USA, in England, in China und ebenso in Japan oder Rußland davon ausgehen können, daß die großen nationalen Privatbanken im Falle einer Krise den Vorgaben ihrer Regierung folgen, kann die Bundesregierung sich heute nicht mehr auf den Patriotismus von Großbanken stützen.

Als junger Abgeordneter habe ich in den fünfziger Jahren miterlebt, wie die drei deutschen Großbanken, die nach Kriegsende von den Besatzungsmächten zunächst in regionale Bestandteile zerlegt worden waren, wieder zusammengefügt wurden. Ich hielt das für vernünftig, denn die Finanzierung unserer großen Firmen durfte nicht auf eine Vielzahl von Provinzbanken angewiesen bleiben. Adenauer konnte damals mit Hermann Josef Abs den ersten Mann der Deutschen Bank zu den Londoner Schuldenverhandlungen entsenden und sich auf dessen Urteilskraft, Verhandlungsgeschick und Patriotismus verlassen. Als wir 1975 vor dem ersten Weltwirtschaftsgipfel in Rambouillet standen, habe ich mich an diesen Vorgang erinnert. Die Amerikaner waren gegenüber einem solchen Gipfel recht skeptisch. Ihr Außenminister Henry Kissinger fürchtete, die mit der Vorbereitung zu

beauftragenden Bürokraten würden bereits im Vorfeld so viele
Hürden errichten, daß am Ende kein brauchbares Ergebnis mehr
zu erreichen wäre. Deshalb schlug ich vor, die nationalen Bürokratien zu umgehen und den Gipfel durch persönliche Beauf-
tragte vorbereiten zu lassen. Wir nannten diese Beauftragten
scherzhaft »sherpas« (Bergführer), und ich entschied mich für
Wilfried Guth, Sprecher der Deutschen Bank.

Ich habe mich mehrfach an die Deutsche Bank gewandt,
wenn ich Rat und Hilfe brauchte. Schon zu Kanzler Brandts Zeiten hatte sich Guths Vorstandskollege F. Wilhelm Christians sehr
um den Ausbau des Osthandels und dessen Finanzierung verdient gemacht. Als ein großes Aktienpaket der Daimler-Benz AG
in iranische Hände überzugehen drohte (Schah Reza Pahlevi saß
noch auf seinem Thron, aber der Umsturz war absehbar und
Ayatollah Khomeini im Anmarsch), habe ich die Deutsche Bank
gebeten einzugreifen, was sie mit Erfolg getan hat. Einige Zeit
später stellte sich heraus, daß die verstreuten Reste der aus
Kriegszeiten überkommenen deutschen Luftfahrtindustrie dem
Wettbewerb mit den amerikanischen Flugzeugherstellern nicht
gewachsen waren. Ich wandte mich abermals an die Deutsche
Bank. Alfred Herrhausen, inzwischen Sprecher des Vorstands,
übernahm es auf meine Bitte, die Zusammenführung der deutschen Luftfahrtindustrie in die Wege zu leiten. Dies ist ihm bis zu
seiner Ermordung durch die RAF nicht gelungen; erst später gelang der Aufstieg der Deutschen Airbus GmbH.

Ich erwähne diese Beispiele, weil sie zeigen, daß es eine deutsche Großbank gab, die ihr Geschäft weltweit betrieb und welt-
weites Ansehen genoß, der es gleichwohl aber selbstverständlich war, im deutschen Interesse Anregungen und sogar Aufträge
der eigenen Regierung entgegenzunehmen. Und die Regierung
konnte sich ohne Bedenken an den Vorstand der Deutschen Bank
wenden. Heute steht die deutsche Volkswirtschaft an der dritten
Stelle der Welt und ist sehr viel stärker in die Weltwirtschaft verflochten als jemals zuvor. Die Modernisierung unseres zerklüfte-

ten Bankensystems aber haben wir weitgehend verschlafen. Wir haben eine der höchsten Sparraten in der Welt, doch über die Verwendung unserer Kapitalbildung wird weitgehend in ausländischen Finanzmetropolen disponiert. Auch die einst beispielhafte Deutsche Bank ähnelt inzwischen immer mehr einem im wesentlichen auf internationale Spekulationen spezialisierten Investmenthaus in New York oder London. In welcher Frage kann die Regierung sich heute an deren Vorstand wenden? An welche andere Bank kann eine deutsche Regierung, kann eine Opposition, kann die politische Klasse insgesamt sich ratsuchend wenden, wenn sie selbst ökonomisch ratlos ist? Nicht ohne Bitterkeit konstatiere ich, daß diese Frage heute ohne Antwort bleiben muß.

Daß die drei ehemaligen deutschen Großbanken im internationalen Vergleich zurückgefallen sind, ist nicht etwa Folge eines politischen oder gesetzgeberischen Eingriffs, sondern Folge unzureichender Weitsicht ihrer Vorstände und Aufsichtsräte. Die deutschen Banken insgesamt haben den in Deutschland notwendigen Konzentrationsprozeß verschlafen. Zugleich haben aber auch die Bundesregierungen und ebenso der Bundestag in den letzten 25 Jahren die Augen verschlossen vor dem zunehmenden Risiko der wachsenden Abhängigkeit unseres gewerblichen Mittelstands und unserer Industrien von den großen privaten Finanzinstituten im Ausland. Ohne daß es unserer politischen Klasse bewußt ist, finden sich nicht nur unsere größeren Unternehmen, sondern auch mittelständische Firmen in zunehmendem Maße Entscheidungen ausgesetzt, die an ausländischen Finanzplätzen getroffen werden. Damit sind sie zugleich auch der unmoralischen und ekelhaften Habgier der global agierenden Finanzmanager ausgeliefert. Mit Recht hat Alan Greenspan von »infectious greed« gesprochen – von ansteckender Habgier.

Aus dem aggressiven Gebaren des Raubtierkapitalismus auf den globalen Finanzmärkten ergeben sich für uns Deutsche zwei strukturpolitische Aufgaben. Zum einen gebietet es das deutsche

Interesse, im Rahmen der EU, bei den Weltwirtschaftsgipfeln und in den Gremien des Weltwährungsfonds (IMF) für wirksame transnationale Finanzaufsicht und Transparenz einzutreten und für die Austrocknung der teilweise steuerfreien Inseln, die keiner Aufsicht unterstehen. Ein deutscher Alleingang wäre freilich wenig aussichtsreich, zumal die politische Klasse der USA davon ausgeht, daß eine Neuordnung der globalen Finanzmärkte nicht im amerikanischen Interesse liege. Die amerikanische Volkswirtschaft ist immerhin fünfmal so groß wie diejenige Deutschlands und New York das wichtigste und mächtigste Finanzzentrum der Welt. Eine gemeinsame Initiative der Europäischen Union oder der an der Euro-Zone beteiligten Staaten hingegen wäre nicht ohne Erfolgschancen. Als Mitte der siebziger Jahre infolge einer Weltrezession und wegen der Gefahr einer Weltdepression eine Initiative zur weltweiten finanzwirtschaftlichen Kooperation erforderlich war, ging sie gemeinsam von Frankreich und Deutschland aus. Inzwischen ist der Euro als eine Weltwährung neben den Dollar getreten, und eine von der Euro-Zone ausgehende Initiative hätte politisch erhebliches Gewicht. Wegen der selbstverschuldeten Handlungsunfähigkeit des Europäischen Rates ist die EU zur Zeit leider zu solch einer weltweiten Initiative kaum fähig. Der unbefriedigende Zustand des globalen Finanzmarktes ist ein zusätzlicher Grund, die EU wieder handlungsfähig zu machen.

Zum anderen ist es im deutschen Interesse erforderlich, im eigenen Land den Konzentrationsprozeß innerhalb unseres traditionell zerklüfteten Gefüges kleiner öffentlich-rechtlicher, genossenschaftlicher und privater Bankinstitute voranzutreiben. Bisher steht der notwendigen Konzentration der kommunale und ideologische Eigensinn in den Verwaltungs- und Aufsichtsräten entgegen, dazu der partikularistische Egoismus der Bundesländer. Selbst kleine und kleinste Institute streben danach, sich eigenständig zu Universalbanken zu entwickeln. Unsere sehr soliden Sparkassen, Genossenschaftsbanken und Hypothekenbanken sind in der Regel zu klein und zu unbedeutend, um verhin-

dern zu können, daß ein ausländischer Fonds in großem Stil
ganze Unternehmen oder ganze Wohnblocks aufkauft, um sie anschließend zu versilbern. Die Verbände, die Aufsichtsgremien und
Vorstände unserer öffentlich-rechtlichen Sparkassen und Landesbanken sowie der Volks- und Genossenschaftsbanken müssen
dazu gedrängt werden, sich im nationalen Interesse zu größeren
handlungsfähigen Einheiten zusammenzuschließen. Aufgabe der
politischen Klasse ist es, die Öffentlichkeit über diese Notwendigkeit aufzuklären. Es ist spät, aber noch nicht zu spät.

Unabhängig davon, ob ein Umbau der deutschen Bankenstruktur gelingt, der Euro wird sich als ein stabilisierendes Element erweisen. Die gemeinschaftliche Währung und die Europäische
Zentralbank werden eine die europäische Integration fördernde
Rolle spielen. Wichtiger noch ist, daß binnen zweier Jahrzehnte
sich zwischen dem US-Dollar, dem Euro und dem chinesischen
Renminbi ein Dreieck von Weltwährungen und infolgedessen
ein Zwang zur Kooperation zwischen den drei Zentralbanken
ergeben wird und – hoffentlich! – auch ein Zwang zur Kooperation der Finanzaufsichtsbehörden. Die Euro-Währung – mit
ihren vergleichsweise niedrigen Inflationsraten, ihren verläßlichen
Wechselkursen, mit ihrem großen Volumen und Gewicht in der
globalen Wirtschaft – scheint ein Garant dafür zu werden, daß die
Europäer die Herausforderungen auf den globalisierten Kapital-
und Währungsmärkten jedenfalls mit Erfolg bestehen können.
Die innerdeutschen Gegner dieser Gemeinschaftswährung, die
den Euro als »Esperanto-Währung« verspottet und sogar über
das Karlsruher Verfassungsgericht versucht haben, ihn zu verhindern, müssen heute ihren Irrtum einsehen. Wenn sie sich mit
ihrer Forderung nach Erhaltung der unabhängigen Deutschen
Mark durchgesetzt hätten, wäre die deutsche Währung mit ihrem
relativ geringen Volumen nach den Maßstäben der heutigen
Weltwirtschaft eine allzu leichtgewichtige Währung, sie wäre
deshalb längst ein wohlfeiles Spekulationsobjekt geworden. Die

Deutsche Mark hätte deshalb nicht nur unerhörte Wechselkurs-Aufwertungen, sondern auch dramatische Schwankungen hinnehmen müssen – mitsamt deren Auswirkungen auf die stark globalisierte deutsche Wirtschaft.

Die Europäische Zentralbank ist dank dem Vertrag von Maastricht 1992 noch etwas unabhängiger von politischen Einflußnahmen, als es die Deutsche Bundesbank war. Unter kluger Leitung hat sie ihre Unabhängigkeit gut genutzt und sich in kurzer Zeit international großes Ansehen erworben. Ich empfinde es als beruhigend, daß keiner der beteiligten Staaten die gemeinsame Euro-Währung verlassen und seine eigene kleine nationale Währung wieder errichten kann, ohne schwerste Risiken und Nachteile für die eigene Wirtschaft in Kauf zu nehmen. Der Euro wird Bestand haben – und wir sollten dafür dankbar sein.

Umdenken und umbauen!

Der vorstehend skizzierte Umbau der deutschen Bankenstruktur ist nur eines der Beispiele für den zwar schwierigen, aber notwendigen Umbau, der unserer Gesellschaft insgesamt bevorsteht. Denn der Alterungsprozeß wird sich fortsetzen; weder politische noch unternehmerische noch kirchliche Vorgaben können die Alterung unserer Gesellschaft wesentlich beeinflussen. Deshalb werden weitere Anpassungen der Arbeitsmarktpolitik und der Sozialpolitik unausweichlich sein. Die notwendigen Entscheidungen betreffen außerdem die Gebiete der Wirtschafts-, Finanz- und Steuerpolitik sowie die Gestaltung unseres Schul- und Ausbildungswesens und unserer Universitäten. Und der globale Wettbewerb zwingt uns zu größeren Anstrengungen in der wissenschaftlichen Forschung.

Der Erkenntnis notwendiger tiefgreifender Veränderungen steht die Verteidigung bisheriger Besitzstände und Interessen gegenüber, deshalb sind politische Auseinandersetzungen zwangsläufig. Leider verhält es sich so, daß die meisten Politiker ihre Argumente in der Regel auf die jeweilige Legislaturperiode berechnen und deshalb über die nächsten vier (oder fünf) Jahre nicht hinaus denken. Politiker, die den Wählern längerfristige Ziele vortragen, bedürfen großer Überzeugungskraft oder eines besonderen persönlichen Charismas. In der Geschichte der Bundesrepublik hat es zwei derartige Fälle gegeben, nämlich 1957 die als dauerhaft versprochene »soziale Marktwirtschaft« Ludwig Erhards und 1972 die auf dauerhaften Frieden zielende »neue

Ostpolitik« Willy Brandts. Der Wahlerfolg blieb aber beide Male
auf eine einzige Bundestagswahl begrenzt.

Alle bisherige Erfahrung spricht für die Wahrscheinlichkeit,
daß in der Regel auch künftig politische Entscheidungen – einschließlich der Entscheidungen der Wähler – nicht unter langfristigen Aspekten getroffen werden, sondern im Blick auf die
Erwartungen für die nächsten vier Jahre. Deshalb wird die Anpassung der institutionellen Strukturen von Gesellschaft und
Staat an die unvermeidliche Alterung unserer Gesellschaft und an
die ebenso unvermeidliche Globalisierung der Wirtschaft wahrscheinlich nur sehr langsam vorangehen. In fast allen Industriestaaten gibt es einen inhärenten Widerstand gegen Veränderung.
In Deutschland jedoch besteht aufgrund unserer föderalen Ordnung ein zusätzliches Hemmnis, weil der deutsche Föderalismus
Gegenkräfte mobilisiert, mit denen in dieser Form kaum ein anderer Staat zu tun hat.

Um der Globalisierung großer Teile der deutschen Wirtschaft
gewachsen zu bleiben, steht an erster Stelle des Aufgabenkatalogs
die dringend notwendige stärkere Orientierung Deutschlands
auf Forschung, auf Technologie und auf Ausbildung. Zwar wird
wegen steigender Produktivität die weitere Verlagerung unserer
Arbeit von der Produktion auf die Dienstleistung sich weitgehend selbsttätig vollziehen. Um aber die deutsche Position im
weltweiten Wettbewerb aufrechterhalten zu können, müssen unsere wissenschaftlichen und technischen Leistungen gesteigert
werden. Das erfordert zusätzlichen personellen und finanziellen
Aufwand für Forschungs- und Großforschungsinstitute und
Universitäten ebenso wie für die Berufsausbildung. Sinnlos lange
Studienzeiten müssen befristet werden, der Eintritt in die Er-
werbstätigkeit muß allgemein früher erfolgen.

Ebenso wichtig bleibt die Herstellung der vollen Gleichheit
der Chancen für Bildung und Ausbildung. Der Zugang zur höheren Schule (Gymnasium) und zum Studium darf nicht von der
finanziellen Situation der Eltern abhängen; deshalb ist eine Aus-

weitung des Bafög-Systems geboten. Unter dieser Voraussetzung ist nichts einzuwenden gegen Studiengebühren und nichts gegen Zwischenprüfungen in allen Studiengängen. Ich möchte für die staatlichen Massen-Universitäten die Prinzipien der in Hamburg errichteten Bucerius-Law School empfehlen: Zulassungsprüfung, Trimester statt Semestern und langen Semesterferien, Studiengebühren, aber gekoppelt mit rückzahlbaren Stipendien. Weil eine weitere Erhöhung der Staatsquote (das heißt der Summe aller staatlichen Ausgaben als prozentualer Anteil am Sozialprodukt) kaum durchsetzbar sein wird und deshalb nicht zu erwarten ist, wird die notwendige erhebliche Erhöhung der Ausgaben für Wissenschaft, Forschung und Ausbildung unvermeidlich zu politischen Verteilungskämpfen führen.

Für die meisten westeuropäischen EU-Mitgliedsstaaten zeichnen sich ähnliche Probleme des Strukturwandels ab. Die neu hinzugetretenen Staaten im Osten Mitteleuropas werden sich mit erheblicher zeitlicher Verzögerung vor vergleichbare Fragen und Aufgaben gestellt sehen. Es gibt jedoch neben dem deutschen Föderalismus noch eine weitere Besonderheit, die Deutschland von den übrigen EU-Mitgliedsstaaten unterscheidet, nämlich den nahezu zwei Jahrzehnte dauernden Versuch, den ökonomischen Rückstand der östlichen, ehemals zwangswirtschaftlich regierten Bundesländer allein durch Übertragung öffentlicher Finanzmittel von West nach Ost auszugleichen. Ohne diesen ständigen Transfer läge die westdeutsche Staatsquote gegenwärtig nicht bei 47 Prozent, sondern nur bei rund 40 Prozent, und die finanzpolitisch verfügbaren Spielräume wären erheblich größer. Kein anderer EU-Staat hat mit einer vergleichbaren Last zu tun, die zudem die entscheidende Ursache ist für das wirtschaftliche Zurückbleiben Deutschlands hinter anderen westeuropäischen Staaten. Bis heute hat unsere politische Klasse versäumt, einen durchgreifenden Strukturwandel im Osten Deutschlands einzuleiten. Leider haben seit 1990 alle Vorschläge von Tyll Necker, Karl Schiller und auch von mir bei drei Bundesregierungen nacheinander kein

Gehör gefunden. Die neuen Bundesländer brauchen für eine lange
Zeit einen ökonomisch fühlbaren allgemeinen Wettbewerbsvorteil vor dem Westen Deutschlands. Die geltenden Verträge und
Regeln der Europäischen Union würden uns übrigens nicht an
entschiedenem Handeln hindern.

Zwar sind die Organe der EU der krankhaften Sucht verfallen, ihre Kompetenzen fortwährend auszuweiten, nachdem sie
ganz Europa bereits mit einem nahezu undurchschaubaren Netz
von Regeln und Richtlinien überzogen haben. Aber in der Gestaltung des größten Teils seiner Finanz- und Steuerpolitik ist
Deutschland frei (die einzig bedeutsame Ausnahme ist die in der
EU geltende Obergrenze der Staatsverschuldung). Wir sind auch
frei in der Gestaltung unserer Arbeitsmärkte, unserer Sozialpolitik und ebenso in unserer Wissenschafts- und Bildungspolitik.
Allein die Felder der Handels- und Zollpolitik, der Wettbewerbspolitik, der Agrarpolitik und der staatlichen Subventionen sowie – seit der Schaffung der gemeinsamen Euro-Währung und
der Europäischen Zentralbank – der Geldpolitik sind auf die Organe der EU übergegangen. Man kann den gegenwärtig erreichten Stand der europäischen Integration so zusammenfassen:
Hinsichtlich der Lösung ihrer nationalen Strukturprobleme sind
die EU-Staaten weitestgehend frei. Der strukturelle Umbau
Deutschlands ist deshalb vorrangig Aufgabe des Bundestages und
der Bundesregierung.

Es ist nicht ungewöhnlich, daß Strukturveränderungen in
demokratisch geprägten Gesellschaften und Staaten Besorgnisse
und Ängste auslösen. Das gilt in einer von elektronischen Medien
beeinflußten Gesellschaft wahrscheinlich in höherem Maße als
früher in einer Gesellschaft, in der die Bürger sich durch Zeitungen und Bücher informiert haben. Es gilt wahrscheinlich für uns
Deutsche noch viel stärker als für die meisten unserer europäischen Nachbarn und Partner. Gerade deshalb muß von der politischen Klasse der Wille zu rationaler Führung und die Tugend
der Tapferkeit verlangt werden. Ein Strukturwandel von Wirt-

schaft und Gesellschaft wird auf jeden Fall stattfinden. Allerdings kann er sich, je nach Qualität und Entschlossenheit der politischen Führung, sowohl außerordentlich schmerzhaft und verlustreich vollziehen als auch gut vorbereitet und ohne bei den betroffenen Bürgern Ängste zu verursachen.

Die großen programmatischen Reden der Bundespräsidenten Roman Herzog 1997 und Horst Köhler 2005 haben die Richtung angegeben, ähnlich im Jahre 2003 Gerhard Schröders »Agenda 2010«. Je zaghafter und zögerlicher die politische Klasse die damit aufgezeigten Wege beschreitet, desto mehr wird sich der Strukturwandel ungeplant und zufällig und vielleicht sogar chaotisch vollziehen. Denn wir können nicht erwarten, daß Unternehmer und Gewerkschaften und alle anderen sich bei ihren Entscheidungen vornehmlich nach dem öffentlichen Wohl richten. Umgekehrt wird der Strukturwandel sich dann zum Wohle der Nation auswirken, wenn und soweit die politische Klasse ihre langfristigen Aufgaben erkennt und ihre Verantwortung wahrnimmt.

Keine Marktwirtschaft und kein Markt schafft automatisch Marktordnung, Wettbewerbsordnung und soziale Gerechtigkeit für die ökonomisch Schwächeren und Abhängigen. Das war im alten China, im antiken Rom oder im europäischen Mittelalter nicht anders. Überall muß die Regierung für Ordnung sorgen, nirgendwo kommt Ordnung von selbst. Solange durch die Lüneburger Heide täglich eine einzige Postkutsche verkehrte und nur bisweilen eine Herde Heidschnucken den Weg kreuzte, so lange brauchte man keine Verkehrsvorschriften. Als Charles Lindbergh 1927 mit einem Flugzeug die Atlantik-Überquerung gelang, brauchte er keine Ausweichregeln; und solange Robinson und sein Gefährte Freitag allein auf einer einsamen Insel lebten, brauchten sie weder eine Verfassung noch einen Markt, weder Geld noch eine Bankenaufsicht. Überall aber, wo Menschen eng beieinander leben, ist eine gewisse Ordnung nötig.

Deshalb kennen wir seit den Anfängen der geschriebenen
Geschichte Staat und Herrschaft. Inzwischen gilt auch in der Lüneburger Heide das staatliche Gebot, rechts zu fahren, es gibt eine
staatliche Geschwindigkeitsbegrenzung und vom Staat errichtete
Verkehrsampeln. Je enger Menschen zusammenleben müssen, je
mehr einer auf das Verhalten des anderen angewiesen ist, desto
notwendiger wird die Regulierung ihres Miteinanders. Im Laufe
des 20. Jahrhunderts neigten allerdings viele Staaten zu immer
stärkerer Regulierung. Diese Tendenz setzt sich zu Beginn des
21. Jahrhunderts offenbar ungebremst fort. Gegenwärtig gelten
in Deutschland weit über 100 000 Paragraphen, verteilt auf Tausende von Gesetzen, Rechtsverordnungen, Erlassen und dergleichen. Dazu kommt die Regulierungsflut durch die ehrgeizig auf
Machtausweitung zielende Bürokratie der EU-Kommission. Entsprechend diesem wachsenden Einfluß staatlicher Behörden und
Instanzen ist die Staatsquote in Deutschland von etwa 30 Prozent
Mitte der fünfziger Jahre auf gegenwärtig fast 47 Prozent gestiegen.

Weil die große Mehrheit unseres Volkes und weil beide großen Volksparteien den Sozial- oder Wohlfahrtsstaat aufrechterhalten wollen, müssen wir auch für die Zukunft einen unverändert hohen Staatsanteil unterstellen. Das bedeutet zugleich, daß
die Last der Steuern und Abgaben insgesamt nicht prinzipiell gemindert werden wird. Wer etwas anderes verspricht, täuscht sich
selbst – oder er ist ein Lügner. Tatsächlich kann es in der politischen Auseinandersetzung im Prinzip kaum noch um die Höhe
der Staatsquote gehen, sondern nur um die gerechte Verteilung
der Lasten und der Wohltaten. Unsere hohe Staatsquote ist und
bleibt zwangsläufig ein Kind der vom Volk gewollten und getragenen sozialen Demokratie, wenngleich ein nicht sonderlich ge-
liebtes Kind.

Diese Tatsache festzustellen bedeutet nicht zwangsläufig, daß
es auch bei dem heutigen Umfang staatlicher Überregulierungen
bleiben muß. Im Gegenteil: Eine erhebliche Vereinfachung unse-

res überkomplizierten Paragraphengeflechtes ist ohne Qualitäts-
verluste durchaus möglich – und die Mehrheit der Bevölkerung
würde erleichtert aufatmen. Allerdings wurde bereits unter der
Kohl-Regierung die Forderung nach einem »schlanken Staat« erfolgreich unterlaufen, der Versuch zur Beseitigung oder Vereinfachung komplizierter Vorschriften scheiterte an vielerlei Einzel-
interessen. Der enorme Einfluß mächtiger Interessengruppen auf
die Staatspraxis wird durch die pauschale Gesetzgebungspraxis
des Bundestages technisch erleichtert. Das Nähere bestimmt der
Bundesminister X oder Y durch Rechtsverordnung, lautet die
Standardformulierung, die dem Lobbyismus Tür und Tor öffnet.

So heißt es zum Beispiel im Einkommensteuergesetz § 51,
Absatz 1: »Die Bundesregierung wird ermächtigt, mit Zustimmung des Bundesrates zur Durchführung dieses Gesetzes
Rechtsverordnungen zu erlassen, soweit dies zur Wahrung der
Gleichmäßigkeit bei der Besteuerung, zur Beseitigung von Un-
billigkeiten in Härtefällen, zur Steuerfreistellung des Existenz-
minimums oder zur Vereinfachung des Besteuerungsverfahrens
erforderlich ist.« Derartige Ermächtigungen, höchst sensible Probleme auf dem Wege der bloßen Verordnung zu lösen, geben
nicht nur der Bürokratie des Bundes und zumeist auch der Bürokratie der 16 Bundesländer eine große Macht, die von den Par-
lamenten nur unzureichend kontrolliert werden kann, sondern
rufen zwangsläufig auch die Lobbyisten auf den Plan. Denn die
verschiedenen Interessengruppen, Verbände aller Art und Gewerkschaften sind mit ihrem Fachwissen und ihrem Einfluß
schon längst tief in die Bürokratien vorgedrungen. Die pauscha-
len Ermächtigungen der staatlichen Bürokratie durch den Gesetzgeber sind von Übel.

Der Bundestag sollte diese Gesetzgebungspraxis einschränken. Je mehr der Gesetzgeber sich selbst die detaillierte Ausgestaltung eines Gesetzes vorbehält, desto eher läßt sich die Flut von
Regelungen mindern. Die lobenswerte Absicht, wuchernde staatliche Bürokratie abzubauen, bleibt bloße Rhetorik, solange der

Gesetzgeber seine bisherige Praxis fortsetzt, die Bürokratie am
laufenden Band zum Erlaß von Verordnungen zu bevollmächti-
gen. Aber auch der Gesetzgeber selbst – das heißt vornehmlich
die Abgeordneten des Bundestages! – muß sich zügeln. Denn in
zunehmendem Maße läßt sich der Bundestag zur gesetzgeberischen Eile verleiten; und auf dem Umweg über den Bundesrat,
von dessen Zustimmung zwei Drittel aller Gesetze abhängen, läßt
er sich zu Detailregelungen verführen, die allzuoft aus der Feder
von Lobbyisten stammen, denen es gelingt, sich Bürokratien und
Politiker der Bundesländer vorzuspannen. Ebenso schädlich ist
die Mitwirkung der internationalen Lobbyisten und der nationalen Bürokratien einschließlich der Fachminister des Bundes bei
der uferlosen Richtliniengebung durch die Brüsseler Kommission der EU.

Zwar ist die Vertretung eigener Interessen verfassungsrechtlich
statthaft, sie ist auch moralisch nicht verwerflich. Aber manche
Verbände sowie einige große industrielle Unternehmen und Medienkonzerne haben aufgrund ihrer Macht und ihres Einflusses
zuviel politisches Gewicht erlangt. Dazu kommen die korrupten
Methoden mancher Lobbyisten. Außerdem gefährden die unangemessene Selbstbereicherung einiger Manager und einige Skan-
dale (wie Neue Heimat, Mannesmann, Balsam, Volkswagen oder
auch die Steuer-Oase Liechtenstein) das öffentliche Vertrauen in
die soziale Marktwirtschaft. Solche unerfreulichen Begleiter-
scheinungen sind Teil einer auf privatem Eigentum und privater
Initiative gegründeten Marktwirtschaft. Unter einer diktatorischen Regierungsform und in einer Zwangswirtschaft sind Ex-
zesse der Selbstbereicherung mindestens ebenso häufig, bleiben
der Öffentlichkeit jedoch meist verborgen. Weil bei uns Medien,
Rechtsstaat und Demokratie recht gut funktionieren, kommen
sie in Deutschland vor Gericht.

Dies gilt allerdings nicht für jene exorbitanten Selbstberei-
cherungen, die sich im Rahmen der geltenden Rechtsvorschriften

bewegen. Wer den weitverbreiteten Unmut über habgierige Selbst-
bedienung von einigen Managern als allzu menschlichen Neid-
komplex beiseite schiebt, der verkennt die in die Tiefe gehende
politische Unzufriedenheit, die von diesen Exzessen ausgeht. Ein
Vergleich eines mit hoher Verantwortung belasteten Spitzen-
managers mit einem Spitzenpolitiker in vergleichbarer Position
ist nicht abwegig. Wenn zum Beispiel im Jahr 2005 ein Bundesminister brutto rund 200 000 Euro erhielt (einschließlich seiner
steuerpflichtigen Bezüge als Bundestagsabgeordneter), dann war
sein Jahreseinkommen rund sechs mal so hoch wie das durchschnittliche Jahreseinkommen eines Facharbeiters (brutto rund
33 000 Euro), es war rund fünf mal so hoch wie das durchschnittliche Einkommen der Bankangestellten (brutto 45 000 Euro).
Diese erheblichen Einkommensunterschiede erscheinen noch als
angemessen und plausibel. So auch mir; allerdings möchte ich
nicht wünschen, daß der Abstand des Einkommens der Spitzenpolitiker vom Einkommen der Facharbeiter vergrößert wird.
Gleichzeitig verdiente aber der Chef einer Bank mehr als das
Vierzigfache des Bundeskanzlers; der Chef eines industriellen
Konzerns verdiente immerhin das Hundertfache seiner Facharbeiter.

Weil die zeitunglesenden Bürger von zusätzlichen hohen Bo-
nifikationen und von hohen Abfindungen erfahren, hat sich bei
vielen der Eindruck grober Unangemessenheit und Ungerechtig-
keit ergeben. Ich teile diesen Eindruck. Das Bonifikationsunwe-
sen belohnt speziell Finanzmanager für erfolgreiche Spekulation
und Manipulation mit einem Vielfachen ihres normalen vertraglichen Gehaltes, es erzieht sie geradezu zur Erfindung und Be-
nutzung ständig neuer Finanzinstrumente und -methoden. Auf
diese Weise hat sich zunächst im angelsächsischen Raum ein dem
Raubrittertum vergleichbarer Pseudo-Adel des »Investment Ban-
king« entwickelt, der sich zu Lasten der Gesellschaft und des
Staates mit enormen Beträgen bereichert. Zwar sind die undurchsichtigen neuartigen Finanzierungsgeschäfte weitgehend

legal, aber mit Marktwirtschaft im Sinne des Prinzips von Angebot und Nachfrage haben sie kaum etwas zu tun. In letzter Zeit beginnt diese soziale Erkrankung sich auch in der deutschen Wirtschaft auszubreiten. Allerdings regen sich in Bundestag und Bundesregierung auch Gegenkräfte.

Gleichzeitig mit der hier kritisierten internationalen Welle von Finanzspekulationen ist in großen deutschen Unternehmen eine unverhältnismäßige Steigerung der normalen vertraglichen Gehälter von Spitzenmanagern zu beobachten. Offensichtlich haben manche unserer Aufsichtsräte oder ihre Personal- oder Präsidialausschüsse das Augenmaß verloren. Das gilt leider auch für einige derjenigen Aufsichtsratsmitglieder, die entsprechend dem Mitbestimmungsgesetz von den Belegschaften und den Gewerkschaften entsandt sind; in der Regel machen sie mit oder halten still, wenn ihnen auf anderen Gebieten Zugeständnisse zugunsten der Belegschaft gemacht werden.

Da zur Zeit viel über das Prinzip eines Mindestlohns gestritten wird, scheint mir eine Diskussion über eine obere Begrenzung der Bezüge für Spitzenmanager nicht abwegig. Sie wäre zu definieren als ein Vielfaches zum Beispiel der Bezüge eines Bundeskanzlers oder auch des Durchschnitts aller Arbeitnehmer. Ein oft gehörter Einwand lautet, »der Markt« oder die internationale Konkurrenz verlangten gleiche Bezüge wie in den USA. Tatsächlich ist bisher kein deutscher Spitzenmanager mit höheren Bezügen nach Amerika abgeworben worden. Die Sachverständigen der Wirtschaftswissenschaften sollten sich öffentlich hörbar und lesbar dieses Problems annehmen. Dabei sollte auch die Praxis unter die Lupe genommen werden, welche einem Spitzenmanager zusätzlich hohe Einkommen in Gestalt von Optionen auf Aktien des eigenen Unternehmens gewährt; denn diese Praxis ist eine stillschweigende Einladung zur Manipulation des eigenen Aktienkurses und zur Spekulation.

Jedenfalls sollte das Einkommen von Spitzenmanagern und Vorstandsmitgliedern genauso durchsichtig sein wie dasjenige von Bundesministern. Anders als ein Eigentümer-Unternehmer haften Politiker und Manager für Fehlschläge und Verluste nicht mit ihrem privaten Vermögen, sondern nur mit ihrem Ruf und mit ihrer Stellung (und damit verbundenen möglichen späteren Einkommenseinbußen). Ich plädiere mit diesem Vergleich keineswegs für höhere Bezüge eines Bundeskanzlers oder seiner Minister, wohl aber für Anstand und Maß bei den Bezügen der Spitzenmanager.

Die ansteckende Habgier hat bei uns inzwischen ein hohes Maß an Unbehagen, Unzufriedenheit und auch Neid ausgelöst. Wer gleichzeitig mit der Erhöhung der Gewinne und Dividenden die Absicht zur Entlassung von Zehntausenden Arbeitnehmern bekannt gibt, muß es sich gefallen lassen, daß sein soziales Verantwortungsbewußtsein und seine Moral in Zweifel gezogen werden. Ebenso moralisch zweifelhaft ist es, wenn der »share holder value«, also der Gewinn der Aktionäre, zur obersten Maxime eines Managers erklärt wird. Um so wünschenswerter bleiben eine kritische Kommentierung insbesondere der Aktiengesellschaften durch die unabhängige Presse und eine vom Gesetzgeber erzwungene Durchsichtigkeit der Bilanzen. Zugleich ist zu wünschen, daß Bundestag und öffentliche Meinung weiterhin die Bemühungen um einen Anstandskodex für Manager unterstützen. Um das Vertrauen in die Unternehmensführung deutscher Gesellschaften zu stärken, soll ein »Deutscher Corporate Governance Kodex« helfen, die in Deutschland geltenden Regeln sowohl für die Leitung als auch für die Überwachung von Unternehmen für nationale wie internationale Investoren durchsichtig zu machen. Das Transparenz- und Publizitätsgesetz des Jahres 2002 war ein wichtiger Schritt; jetzt kommt es darauf an, daß die Wirtschaftsprüfer die Umsetzung kritisch begleiten.

An dieser Stelle ist ein Lob für die große Mehrzahl der Eigentümer-Unternehmer angebracht: In der Regel haben sie ein stärker ausgeprägtes soziales Verantwortungsbewußtsein als die angestellten Manager. In meiner Heimatstadt gibt es seit Jahrzehnten viele Beispiele für sozial geprägte Unternehmer und eine Vielzahl großer privater gemeinnütziger Stiftungen. Da in Hamburg kein Kaiser, König oder Fürstbischof Paläste, Theater oder Kunstsammlungen, Waisenhäuser, Spitäler und Altenheime gebaut hat, haben private Bürger mit wohltätigen Stiftungen die Lücken gefüllt. Den Sievekings, den Laeisz' oder Siemers sind zum Beispiel Gerd Bucerius, Kurt Körber und Alfred Toepfer oder die Ottos und die Greves gefolgt. Bald eintausend private gemeinnützige Stiftungen haben Hamburg bereichert, eine in Deutschland einmalige Leistung.

Auch außerhalb Hamburgs gibt es eine Vielzahl von Unternehmern dieses ungewöhnlichen, aber vorbildlichen Typs des sozial gesinnten Kapitalisten. Ob Bosch, Krupp, Mohn (Bertelsmann) oder auch Klaus Tschira und Hans-Werner Hector – sie haben kraft ihrer Fähigkeiten erfolgreiche Unternehmen geschaffen und große Vermögen gebildet, aber nur einen kleineren Teil davon für sich selbst oder ihre Familie behalten. Den anderen Teil haben sie durch Wohlfahrtseinrichtungen, durch Stiftungen oder durch ihr Testament für sozialen Ausgleich und für das öffentliche Wohl verwendet. Alle diese Eigentümer-Unternehmer waren in ihrer Gesinnung nicht nur eigennützig, sondern empfanden ihre kulturelle und soziale Verantwortung für das öffentliche Wohl. Das Prinzip des Grundgesetzes – »Eigentum verpflichtet. Sein Gebrauch soll zugleich dem Wohl der Allgemeinheit dienen« – ist eben nicht bloß ein notwendiges Wort auf dem Papier, sondern viele Eigentümer-Unternehmer verstehen es auch als eine Verpflichtung. So sind manche von ihnen in ihrem gesellschaftlichen Umfeld zum Vorbild geworden.

Die bedeutenden gemeinnützigen Stiftungen in Deutschland sind fast allesamt nicht von Vorständen großer Aktiengesellschaften ins Leben gerufen worden, sondern vielmehr von Privatpersonen, von einzelnen Kaufleuten und Industriellen; um so größer ist deren Verdienst. Heute sind in Deutschland die Begriffe Mäzen und Philanthrop leider aus der Mode gekommen, an deren Stelle ist weitgehend der Sponsor getreten. Aber ein Sponsor will Reklame für seine Produkte machen, oft ist er weniger ein Wohltäter als ein Markenartikelverkäufer. Dagegen ist moralisch nichts einzuwenden. Viel dringender aber braucht unser Gemeinwesen echte Philanthropen und Mäzene und Stifter.

Leider bleiben viele Wohltäter weitgehend anonym. Mir tut dies leid. Ihre aus privaten Mitteln errichteten gemeinnützigen Stiftungen bedürfen der Anerkennung durch die Gesellschaft. Warum sollte man einem gemeinnützigen Stifter nicht wenigstens dasjenige Maß an öffentlicher Anerkennung zukommen lassen, das ein guter Fernsehschauspieler oder auch ein Politiker erhält? Öffentliche Auszeichnung würde zur Nachahmung anregen. Ich könnte mir zum Beispiel vorstellen, daß man die Namen wohltätiger Stifter öffentlich sichtbar in einer Wand im Reichstagsgebäude einmeißelt, dem Sitz des Deutschen Bundestages.

Die klassischen ökonomischen Lehrer, von Adam Smith und David Ricardo bis zu Joseph Schumpeter, gingen davon aus, daß die Verfolgung des eigenen Vorteils – sei es durch den einzelnen oder durch ein ganzes Land – der Allgemeinheit nützt; sie erkannten Eigennutz als eine der entscheidenden Triebkräfte der Wirtschaft. Karl Marx hat umgekehrt aus der Verfolgung des eigenen Vorteils durch die Unternehmer (die »Kapitalisten«) den »Klassenkampf« abgeleitet und diesen unausweichlich in der »Diktatur des Proletariats« enden lassen. Einerseits hat sich das demokratische Prinzip durchgesetzt, andererseits ist der Manchester-Kapitalismus des 19. Jahrhunderts weitgehend durch den Wohlfahrtsstaat gezähmt und zivilisiert worden. Reste der alten Ideologien sind jedoch immer noch virulent: Das gilt sowohl für den Marxismus mit seiner diktatorischen Regulierungssucht als auch für den Liberalismus, sei es in seiner sozialpolitisch verantwortungslosen »neoliberalen« Variante, sei es als »Ordo-Liberalismus«, der unsere tiefgreifende Verflechtung in die Weltwirtschaft nicht zur

Kenntnis nehmen will, als auch für den ökonomischen Konserva-
tismus, der alles so belassen möchte, wie es bisher gewesen ist.

Das 20. Jahrhundert hat nicht nur den europäischen Wohlfahrtsstaat zustande gebracht, sondern auch zwei neue ökonomische Ideologien. Der Keynesianismus glaubt durch forcierte
staatliche Ausweitung der Nachfrage jede Wachstumskrise zu
überwinden – ein Rezept, das zu Zeiten von Hitler und Schacht
wirksam war, weil Deutschland nach außen von der Weltwirtschaft so gut wie abgeschottet war und im Innern durch Devi-
senzwangswirtschaft, durch Lohn- und Preisstopp und vielerlei
weitere Zwänge gelenkt wurde. Für die heutige deutsche Volkswirtschaft, der eine Geldvermehrung à la Schacht nicht zu Gebote
steht, wäre eine politisch gewollte Steigerung der Nachfrage nur
über höhere Staatsausgaben und deshalb höhere Staatsverschuldung möglich. Sie würde aber einen Importsog auslösen, und
von den erstrebten Beschäftigungseffekten würde wesentlich das
Ausland profitieren. Deshalb habe ich mich schon zu D-Mark-
Zeiten dem amerikanischen Ansinnen widersetzt, durch forcier-
tes »deficit spending« Deutschland hohe Schulden aufzubürden.

Umgekehrt gehen Neo-Liberalismus und ähnlich der Mone-
tarismus von einer staatlichen »Stärkung der Angebotsseite« aus;
durch Absenkung der Staatsquote, nämlich durch Einschränkung
der Besteuerung – das heißt im Endergebnis der Sozialleistungen! –, sowie durch Entfesselung des individuellen Gewinnstre-
bens glaubt man die Wirtschaft zu beleben. Beide ideologischen
Patentrezepte sind für unsere heutige Volkswirtschaft illusionär,
weil unsere Wirtschaft und Gesellschaft vielfältig in den gemeinsamen Markt der EU, in die Euro-Zone und in die globale Wirtschaft verflochten sind. Der Versuch, ökonomische Theorien, die
unsere transnationalen Abhängigkeiten vernachlässigen, in die
Praxis umzusetzen, würde außenpolitische Konflikte und eine
binnenwirtschaftliche Krise auslösen. Auf die Praxis der ökonomischen Politik aber kommt es an, nicht auf irgendwelche Ideologien. Das von Ludwig Erhard propagierte, politisch erfolgreiche

Schlagwort von der sozialen Marktwirtschaft war inhaltlich ausreichend vage, um genügend Raum zu lassen für die praktische Ausgestaltung. Auch das Schlagwort vom Sozialstaat oder vom Wohlfahrtsstaat läßt prinzipiell einen großen Spielraum für die praktische Politik. Ein Gleiches gilt für das Schlüsselwort von der sozialen Gerechtigkeit, ob es nun auf die Einkommen und deren Besteuerung gemünzt ist oder auf die Sozialleistungen.

Es ist weder eine ökonomische Theorie noch eine Ideologie gewesen, die nach dem Zweiten Weltkrieg den Wiederaufbau Deutschlands oder Japans herbeigeführt hat. Die erfolgreichsten Wirtschaftspolitiker, die ich persönlich näher kennengelernt habe, waren Ludwig Erhard Ende der vierziger und zu Beginn der fünfziger Jahre, Karl Schiller und Franz Josef Strauß Mitte der sechziger Jahre, der Amerikaner Alan Greenspan über viele Jahre, die Chinesen Deng Xiaoping seit 1979, nach 1990 Zhu Rongji und über Jahrzehnte der Singapurer Regierungschef Lee Kuan Yew. Sie alle sind ihrer praktischen Vernunft gefolgt; alle haben notabene den Markt, private Unternehmer, den technischen Fortschritt und das Wachstum der Wirtschaft für selbstverständlich gehalten (im Falle der chinesischen Wirtschaftspolitiker muß allerdings hinzugefügt werden, daß sie sich, weil demokratische Hürden fehlten, politisch leichter durchsetzen konnten als ihre europäischen oder amerikanischen Kollegen).

Im Laufe der zweiten Hälfte des 20. Jahrhunderts waren in den meisten industrialisierten Staaten Politik und Wirtschaft viel stärker ineinander verzahnt, als die ökonomischen Theorien erkennen und in Formeln und Gleichungen einfangen konnten. Ohnehin ist an vielen Universitäten weltweit die Mathematisierung der ökonomischen Wissenschaft zu weit gegangen. In der alltäglichen Wirtschafts- und Finanzpolitik spielen vielerlei externe Faktoren eine Rolle, die von den Ökonomen nicht vorhergesehen und schon gar nicht eingerechnet werden können – seien es politische Ereignisse, ökonomische Fehlentwicklungen in anderen Ländern oder Psychosen an der Börse.

Weil die deutsche Volkswirtschaft sich auf das stärkste globalisiert hat, ist nicht einmal mehr das überkommene deutsche
Wort Nationalökonomie zutreffend; denn wegen unserer extrem
hohen Ex- und Importquoten sind wir längst auf Gedeih und
Verderb ein Teil der International-Ökonomie. Man kann unsere
Volkswirtschaft nur dann verstehen und sie nur dann erfolgreich
beeinflussen, wenn man ihre Wechselwirkung mit den vielfältigen Faktoren und Entwicklungen der Weltwirtschaft und der
Weltpolitik einbezieht. Hier aber liegt ein bisher ungelöstes Dilemma: Während es unserer politischen Klasse schwerfällt, unsere internationale Abhängigkeit zu verstehen und daraus die
gebotenen Konsequenzen zu ziehen, bieten die überholten Theorien unserer Wirtschaftswissenschaften nur geringe Hilfen. In
dieser Lage bleibt den handelnden Politikern oft nicht viel mehr
als ihre praktische Vernunft.

Vernunft und Erfahrung sagen ihnen: Ohne wirtschaftliches
Wachstum laufen wir Gefahr, daß uns die unvermeidlichen Ver-
teilungskämpfe politisch lähmen, ohne eine hohe Beschäftigungs-
rate können wir die nötigen Anpassungen und Veränderungen
unserer alternden Gesellschaft nicht bewältigen. Zwar wird in der
Demokratie wegen der Hoffnung, wiedergewählt zu werden, zumeist nur auf höchstens vier Jahre im voraus regiert. Aber die Anpassung unserer sozialen und ökonomischen Strukturen läßt sich
nur über längere Zeiträume bewältigen. Deshalb müssen wir von
unseren politischen Führungspersonen eine langfristige Orientierung verlangen. Sie sollten auf die anhaltende Vitalität, auf den
Arbeitswillen und auch auf den Einfallsreichtum unserer Nation
vertrauen. Zugleich dürfen unsere Politiker und Parteien nicht
vergessen: Eine gut geordnete Ökonomie und eine hohe Beschäftigung allein können zwar den kulturellen und politischen Zusammenhalt von Nation und Staat nicht gewährleisten. Aber eine
hohe Arbeitslosigkeit und eine tiefgreifende Unzufriedenheit mit
der Ökonomie können den Zusammenhalt der demokratischen
Gesellschaft und des Staates untergraben.

VI
RELIGION, VERNUNFT
UND GEWISSEN

Christliche Prägungen?

Bis zum Ende des Krieges habe ich nicht wirklich gewußt, was an die Stelle des »Dritten Reiches« treten sollte. Ich wußte nur, daß ich dagegen war, nicht aber, wofür. Wie sollte es weitergehen? Ich habe meine Hoffnung für die Zeit danach auf die christlichen Kirchen gesetzt. Ich verstand mich als Christ, aber das hatte sich aufgrund äußerer Einflüsse gewissermaßen von selbst ergeben. Ich wußte nichts vom Judentum, nichts vom Islam, nichts von Konfuzius, nichts von Kant und der Aufklärung. Was ich vom Kommunismus Böses gehört hatte, habe ich zwar nicht geglaubt, aber eine Diktatur des Proletariats kam mir doch unheimlich vor. Als ich 1945 nach acht Wehrpflichtjahren nach Hause kam, wurde ich 27 Jahre alt. Ich war also ein erwachsener Mann, aber ich wußte sehr wenig; ich wußte nur: Dies alles darf nie wieder geschehen. Deshalb habe ich mich alsbald für Demokratie und soziale Gerechtigkeit engagiert. Wie man aber dorthin gelangt, das wußte ich nicht.

Meine christliche Unterweisung hat nicht im Elternhaus, sondern im Konfirmationsunterricht 1934 begonnen. Dort hatte ich die wichtigsten Glaubensinhalte gelernt, aber das meiste blieb bloßer Lernstoff. Vater, Sohn und Heiliger Geist, die jungfräuliche Geburt, das leere Grab und Christi Himmelfahrt, die verschiedenen Wunder, aber auch die Geschichten aus dem Alten Testament, von Kain und Abel, von Noah und seiner Arche, von Moses am Berge Sinai – all das waren für den Fünfzehnjährigen lediglich seltsame Geschichten. Ich glaubte zwar an Gott als wirklich existent, aber seine Dreieinigkeit vermochte ich mir nicht vorzustellen. Ich konnte auch nicht glauben, daß Gott seinen Sohn auf die Erde geschickt hat, um ihn dort kreuzigen zu lassen und ihn am Ende in den Himmel aufzunehmen. Wenn Jesus der Sohn Gottes war, wieso dann nicht auch alle übrigen Menschen? Ich habe mit den anderen gemeinsam gebetet, aber die Gebete blieben mir ziemlich fremd. Nur das wunderbare Vaterunser habe ich mit innerer Überzeugung gesprochen. Allerdings verstand ich wohl: Nicht nur unser Pastor, Walter Uhsadel, meint alles sehr ernst; auch viele andere meinen es ernst, wenn sie von der Bibel als einem heiligen Buch reden.

Sieben Jahre später – unsere Fahrzeuge blieben im russischen Schlamm stecken, und ich hatte bereits die unausweichliche Niederlage und die unausweichlich bevorstehende Katastrophe Deutschlands vor Augen – eröffnete mir ein Soldat meiner Batterie, ein angehender Pastor oder Priester, mit zwei christlichen Weisheiten zum erstenmal einen wirklichen Zugang zum Christentum. Ich hatte ihm geklagt: Wir kämpfen hier, und viele müssen sterben, aber in Wahrheit hoffen wir gar nicht auf unseren Sieg, sondern vielmehr auf ein Ende des Krieges. Wir befolgen pflichtbewußt unsere Befehle, aber in Wahrheit zweifeln wir doch an der Vernunft des Führers – wo ist der Ausweg? Jener junge Theologe hat mir mit dem Römerbrief des Apostels Paulus geantwortet: »Seid untertan der Obrigkeit ... denn die Obrigkeit ist von Gott.« Und im Laufe unseres mir unvergessenen Gesprächs fiel ein anderer Satz: Vergessen Sie nicht, es geschieht nichts ohne Gottes Willen. Beide Sätze haben mich an jenem Abend beruhigt.

Freilich hat die Hilfe nicht lange angehalten. Denn konnte der Krieg wirklich Gottes Wille sein? Und wieso hatte Gott den in meinen Augen größenwahnsinnigen »Führer« als Obrigkeit geduldet? Ich war mir und bin mir auch heute darüber im klaren, daß viele Menschen in ihrem christlichen Glauben Halt finden. Ich habe Gläubige zeit meines Lebens immer respektiert, gleich welcher Religion sie anhängen. Aber ebenso habe ich religiöse Toleranz immer für unerläßlich gehalten. Deshalb habe ich die christliche Mission stets als Verstoß gegen die Menschlichkeit empfunden. Wenn ein Mensch in seiner Religion Halt und Geborgenheit gefunden hat, dann hat keiner das Recht, diesen Menschen von seiner Religion abzubringen.

Wenn aber ein Christ, ein Muslim, ein Hindu oder auch ein Jude seine Religion zum Vorwand für seinen Kampf um Macht, für Eroberung und Unterwerfung nimmt oder wenn er sich einbildet, allein seine eigene Religion sei von Gott offenbart und gesegnet, und deshalb sei es seine Pflicht, sie zum Sieg über andere Religionen zu führen, dann verstößt er gegen die Würde und die Freiheit des Andersgläubigen – er ist deshalb ein böser Mitmensch. Jeder Mensch muß jedem anderen Menschen seinen Glauben und seine Religion lassen. Er muß ihm auch seinen Unglauben lassen. Die Menschheit hat religiöse Toleranz nötig, deshalb hat jeder einzelne religiöse Toleranz nötig.

Alle Religionen entstammen dem Bedürfnis des Menschen nach Orientierung an einer höheren Wahrheit. Alle heiligen Bücher sind von Menschen geschrieben. Alle religiösen Gebote, alle Dogmen, alle Traditionen und Gebräuche sind Menschenwerk. Die Deutschen bekennen sich mehrheitlich zum Christentum und zu den christlichen Kirchen. Kaum einer möchte auf Weihnachten verzichten; kaum einer möchte auf die Kirchtürme seiner Stadt verzichten, im Gegenteil: Die kriegszerstörte Dresdner Frauenkirche wurde von vielen Bürgern wieder aufgebaut, die in großer Distanz zum Christentum stehen. Trotz der seit vier Jahrhunderten fortschreitenden Aufklärung – und trotz des kommunistischen Atheismus – ist das metaphysische Bedürfnis des Menschen nach Orientierung lebendig geblieben.

Als Loki und ich mitten im Kriege heiraten wollten, haben wir eine kirchliche Trauung beschlossen. Wir waren beide dreiundzwanzig Jahre alt, die Zukunft sah düster aus. Vielleicht würden wir das Ende des Krieges gar nicht erleben, deshalb wollten wir uns aneinander binden. Aus ähnlichem Empfinden sind damals manche Kriegsehen geschlossen worden. Aber warum eine kirchliche Trauung?

Von Hause aus waren wir beide ziemlich immun gegen die Nazis. Wir haben zwar nichts von ihren schweren Verbrechen, nichts von dem fabrikmäßigen Massenmord in Auschwitz und anderwärts gewußt. Aber immerhin hatte ich begriffen: Die Nazis sind verrückt, Deutschland wird jämmerlich enden. Ich habe mir das Ende noch viel schlimmer vorgestellt, als es dann tatsächlich gekommen ist. Zur Zeit von Hitlers Angriff auf die Sowjetunion war ich darüber mit einem Nennonkel in einen heftigen Streit geraten. Er war ein Freund meines Vaters, fünfundzwanzig oder dreißig Jahre älter als ich, Hauptmann der Reserve, also in gewisser Weise eine Autoritätsperson für den jungen Kriegsleutnant. Ich habe ihn angeschrieen: »Das alles wird mit dem Untergang Deutschlands enden. Der neue deutsche Baustil wird Barack heißen. Aber wir können noch froh sein, wenn wir dann in Baracken und nicht in Erdlöchern leben!« Denn so habe ich mir in der Tat das Ende vorgestellt. Außerdem rechnete ich mit dem Zusammenbruch aller Moral.

In solcher Lage kann man seine Hoffnung nur auf die Kirche setzen, dachte ich, und deshalb muß man die Kirche stützen. Meine Frau teilte diese Vorstellung. So kam es zu dem Entschluß, uns kirchlich trauen zu lassen. Das war nicht als Provokation gemeint, wie einige unserer Bekannten damals meinten; wir waren auch keine Widerstandskämpfer. Unsere kirchliche Trauung war keine Hinwendung zur christlichen Religion, sie war vielmehr Ausdruck unserer Hoffnung auf die moralische Kraft der Kirche, die nach dem erwarteten bösen Ende in Deutschland wieder eine anständige Gesellschaft herstellen würde.

Heute weiß ich längst, daß diese Hoffnung allzu idealistisch und auch naiv gewesen ist. Die Kirchen konnten gar nicht leisten, was wir von ihnen erwarteten. Immerhin hatte Lokis Pastor,

Richard Remé, unsere Hoffnung geteilt. Loki kam aus einer atheistischen Familie; um kirchlich getraut zu werden, bedurfte sie zunächst der Taufe. Ihr Pastor glaubte an die Schöpfungsgeschichte im Alten Testament – Loki hingegen war von Charles Darwin überzeugt. Ein halbes Jahr lang haben sie diskutiert. Pastor Remé wußte, daß er Loki nicht überzeugt hatte, aber er taufte sie gleichwohl, weil er ihr Motiv für die kirchliche Trauung verstand und anerkannte.

Nicht wenige Deutsche haben während der Nazi-Herrschaft und im Krieg an ihrem christlichen Glauben festgehalten. Einige wenige fanden aus ihrem Glauben die Kraft zum Widerstand. Einige, die von den Verbrechen wußten, wurden aus Entsetzen und Empörung darüber in ihrem Glauben noch bestärkt. Wieder andere hat ihr Gewissen in den Widerstand geführt, ohne daß sie dazu der Gewißheit eines religiösen Glaubens bedurft hätten. In den meisten Fällen dürfte die Kenntnis von den Verbrechen der Nazis Auslöser für den Entschluß zum Widerstand gewesen sein. Die Offiziere des 20. Juli 1944 hatten zunächst bei der Vorbereitung und bei der Durchführung von Hitlers Angriffskriegen unentbehrliche Dienste geleistet. Erst als ihnen seine verbrecherische Maßlosigkeit und die Unausweichlichkeit der Niederlage klar wurde, haben sie sich zum Tyrannenmord entschließen können. Die große Mehrheit der Deutschen freilich wurde wohl oder übel zu gehorsamen Befehlsempfängern. Der Obrigkeitsgehorsam war schon unter Wilhelm II. gang und gäbe – Zuckmayer hat den »Hauptmann von Köpenick« nicht erfunden! –, und so fiel es den Nazis relativ leicht, schrittweise den totalen Gehorsam einzuüben.

Heutzutage ist die Beziehung zwischen den Kirchen und den staatlichen Obrigkeiten in Deutschland weit besser und deutlich freiheitlicher beschaffen als in den meisten Phasen der deutschen Geschichte. Zum einen ist die religiöse und weltanschauliche Neutralität des Staates weithin gesichert. Kirchliche Versuche,

auf die Politik Einfluß zu nehmen oder durch Hirtenbriefe die
Wähler zur Stimmabgabe für oder gegen eine Partei zu bewegen,
sind im Laufe der letzten Jahrzehnte eher selten geworden – und
der Erfolg solcher kirchlichen Einmischungen ist heute gering.
Zum anderen sind Freiheit und Selbstbestimmung der Kirchen
ohne jede Einschränkung gegeben. Die Zeiten der Bismarckschen
Pression auf die katholische Kirche oder später die nationalsozialistischen Bevormundungsversuche gegenüber den protestanti-
schen Kirchen gehören endgültig der Vergangenheit an.

Es mag sein, daß manche Kirchenleute in Deutschland den
schrittweisen Niedergang des Christentums unterschätzt haben.
Jedenfalls war 1945 der christliche Glaube bei weitem nicht so fest
in der Seele des Volkes verankert, daß die Kirchen in der Lage gewesen wären, eine neue, moralisch fundierte Gesellschaftsord-
nung ins Leben zu rufen. Das hat sich bereits im Laufe der späten
vierziger Jahre deutlich gezeigt und bedeutete für mich eine emp-
findliche Enttäuschung meiner jugendlichen Hoffnung. Auch das
Stuttgarter Schuldbekenntnis 1945 wies nicht wirksam in die Zukunft: »Wir klagen uns an, daß wir nicht mutiger bekannt, nicht
treuer gebetet, nicht fröhlicher geglaubt … haben. Nun soll in
unseren Kirchen ein neuer Anfang gemacht werden.« Tatsächlich
waren für den neuen Anfang aber nicht nur die gute Absicht, sondern auch allerlei Fähigkeiten notwendig. Diese Fähigkeiten aber
hatten beide Kirchen nur in kleiner Münze vorrätig.

Statt dessen kam der Neuanfang in entscheidendem Maße
zunächst von einigen erfahrenen Politikern der Weimarer Zeit,
von Adenauer, Heuss, Schumacher und anderen. Die Begründung einer erstmals nicht konfessionell beschränkten christlichen Partei war insofern ein politisch-taktisches Meisterstück, als
es gelang, beide Kirchen und ihren Anhang an das eigene politische Lager zu binden.

Es waren allerdings weder die alten Politiker aus Weimarer Zeiten noch die neuen christlichen Demokraten, welche die
Westdeutschen für die Demokratie gewannen. Was die Deut-

schen in den Anfängen der Bundesrepublik zunehmend für Freiheit und Demokratie und die Grundlagen des Rechtsstaates emp-
fänglich machte, waren vielmehr der erstaunliche ökonomische
Erfolg Ludwig Erhards und die amerikanische Marshall-Hilfe,
die uns auf die Demokratie eingestimmt haben. Diese Wahrheit
bedeutet keine Schande. Schon bei Karl Marx hatte man lesen
können: Es ist das ökonomische Sein, welches das politische Bewußtsein bestimmt. Zwar enthält dieser Satz nur eine Teilwahr-
heit. Richtig bleibt aber, daß eine Demokratie gefährdet ist, wenn
die Regierenden Wirtschaft und Arbeit nicht einigermaßen in
Ordnung halten.

Ludwig Erhard war in den ersten Jahren gar nicht Mitglied
der christlichen Partei, er hat lange gezögert, ihr beizutreten. Ich
hatte dafür Verständnis, denn die Verquickung von Christentum
und Parteipolitik war mir suspekt. Zwar hatte in meinen Augen
mein Parteivorsitzender Kurt Schumacher sich geirrt, als er 1950
das Konzept der Montan-Union polemisch als katholisch, kleri-
kal und kapitalistisch disqualifizierte. Die absichtsvolle Anlehnung einer politischen Partei an die christlichen Kirchen erschien
mir jedoch als ein Rückfall ins Mittelalter. Sie barg auch die Gefahr der Diffamierung von Menschen, die anderen Parteien angehörten, als Nicht-Christen, als Menschen ohne Grundwerte
und ohne Moral. Nicht wenige aus dem Lager der christlichen
Parteien erlagen der Versuchung, die politischen Gegner gar als
Feinde des Christentums herabzusetzen – und als Kommunisten:
»Alle Wege des Sozialismus führen nach Moskau.«

Trotz all meiner Skepsis gegenüber einer ganzen Reihe christlicher Dogmen empfand ich mich auch später noch als Christ.
Das Schisma zwischen Katholiken und Protestanten und ihr jahrhundertelanger theologischer Streit erschienen mir dabei vollkommen belanglos. Für mich war es wichtig, den Kontakt und
das Gespräch mit erfahrenen Kirchenleuten zu pflegen, um von
ihnen zu lernen; in öffentlichen Reden freilich vermied ich jede
Anlehnung an die christliche Lehre. Sicherlich habe ich mehrfach

gegen die letztere Regel verstoßen. 1976 habe ich in einem kleinen Buch meine im Laufe der drei Nachkriegsjahrzehnte gewonnenen Vorstellungen als Christ zusammengefaßt. Dabei hielt ich allerdings auf Abstand von spezifischen Glaubensinhalten und theologischen Grundsatzfragen. Solange ich im Amt war, habe ich nur ungern in Kirchen Vorträge gehalten, aber als Privatperson habe ich mich vielen Einladungen zu kirchlichen Gremien nicht entziehen wollen. Besonders später, in den acht Jahren zwischen dem Ende meiner Kanzlerschaft und dem Ende der DDR, habe ich fast jährlich in einer ostdeutschen Kirche oder einem kirchlichen Gremium im Osten Vorträge gehalten. Meist konnte meine Bitte erfüllt werden, mir ein Pult hinzustellen, denn ich wollte nicht wie ein Prediger des Christentums von der Kanzel herab sprechen.

Meine Kontakte mit herausragenden Kirchenleuten habe ich auch nach dem Ausscheiden aus allen Ämtern aufrechterhalten. Mehrfach hatte ich das Glück, den emeritierten Wiener Kardinal Franz König zu treffen. König, der im Jahr 2004 mit 98 Jahren starb, war ein wunderbar kluger Mann, der im Laufe seines Lebens wohl immer noch gläubiger geworden ist. Als ich ihn das letzte Mal in Wien besuchte, lebte er in einem der Kirche oder einem Orden gehörenden Haus und wurde von einer Nonne betreut, die seinen Haushalt führte. Beim Abschied gab er mir die Hand und sagte: »Herr Schmidt, vergessen Sie nicht die Kraft des persönlichen Gebets!« Im gleichen Augenblick begriff ich, daß ich ihn nicht wiedersehen würde; es war das Vermächtnis eines Menschen, der wußte, er würde sterben. Ich werde das nie vergessen. Königs Mahnung zum Gebet habe ich allerdings nicht befolgt. Einige Jahre später war ich abermals in Wien und wollte sein Grab besuchen. Ich erfuhr, daß der Kardinal in einer Gruft in der Krypta des Stephansdomes beigesetzt ist. Ich stieg hinunter, und da lagen – in Nischen übereinandergestapelt – die Särge der Wiener Erzbischöfe, darunter auch Franz Königs Sarg. Mir kamen die Tränen in der Erinnerung an diesen weisen Mann – und um die Tränen zu verbergen, habe ich zu dem mich begleitenden Monsignore irgendeine burschikose Bemerkung gemacht.

Während des Vierteljahrhunderts seit Ende meiner Kanzlerschaft habe ich nicht nur das Gespräch mit Vertretern der christlichen Kirchen fortgesetzt, sondern auch mehrere gläubige Muslime, Juden und Buddhisten näher kennengelernt. Auch im Gespräch mit Freunden in China, Korea und Japan habe ich manches über andere Religionen und über mir bis dahin fremde Philosophien gelernt. Diese Bereicherung hat meine Distanz zum Christentum vergrößert, sie hat zugleich meine religiöse Toleranz entscheidend gestärkt. Gleichwohl nenne ich mich immer noch einen Christen und bleibe in der Kirche, weil sie Gegengewichte setzt gegen moralischen Verfall in unserer Gesellschaft und weil sie Halt bietet. Wir Deutschen können nicht in Frieden miteinander leben ohne die auf dem Boden des Christentums entwickelten Pflichten und Tugenden.

Die christlichen Theologen lehren uns die drei »religiösen Tugenden«: Glaube, Liebe und Hoffnung. Daneben stehen die vier »Kardinaltugenden« des Thomas von Aquin: die Tugend der Klugheit, die Tugend der Mäßigung, die Tugend der Gerechtigkeit und die Tugend der Tapferkeit. Statt Tapferkeit würden wir heute wohl eher Standfestigkeit sagen oder auch einfach von Zivilcourage sprechen. Standfestigkeit ist besonders geboten, wo es um die Verteidigung des als richtig und notwendig Erkannten geht. Keiner der beiden christlichen Tugendkataloge aber enthält Achtung und Respekt vor der Würde der einzelnen Person. Dagegen hat unser Grundgesetz die Würde des Menschen zum Grundstein unseres Staates gemacht – mit vollem Recht. Ohne die Achtung der Würde des anderen und seiner Rechte kann es weder Gerechtigkeit noch Frieden geben.

Über alle anderen Tugenden schweigt das Grundgesetz. Gleichwohl sind uns die »bürgerlichen« Tugenden bewußt, die aufgrund eines groben Mißverständnisses gelegentlich als »Sekundärtugenden« bezeichnet werden. Ohne unsere persönliche

Verantwortung gegenüber dem Gemeinwohl, ohne den Gemeinsinn, der das Gefühl für Anstand, Wahrhaftigkeit, Reinlichkeit und Ordnung einschließt, hat eine freie Gesellschaft keinen Bestand. Vor Jahrzehnten haben meine Freunde Marion Gräfin Dönhoff und Herbert Weichmann – fast wörtlich übereinstimmend – darauf hingewiesen, daß eine Gesellschaft ohne sittliche Normen sich auf Dauer gegenseitig zerfleischt. Um dies zu verhindern, haben wir die Aufgabe, den Nachwachsenden Beispiel zu geben. Und unsere Kirchen sollten uns dazu anstiften und ermutigen.

Kürzlich hat mich ein Freund gefragt, was denn für mich die Formel »So wahr mir Gott helfe« als Zusatz zum Amtseid, das heißt zum Schwur des Bundeskanzlers, bedeutet habe. Ich muß gestehen, ich wußte darauf keine bündig-kurze Antwort zu geben. Es wäre unwahr gewesen, wenn ich etwa geantwortet hätte, die Formel habe mein Vertrauen ausdrücken sollen, daß Gott mir helfen würde; denn ein solches gläubiges Vertrauen hatte ich in Wahrheit nicht. Selbst wenn das Wort Gott nur eine Metapher, eine Redensart wäre, die für den Kanon unserer ethischen Überzeugungen steht, läge die Verantwortung für die Einhaltung des beeideten Versprechens doch allein in meinem eigenen Gewissen.

Im weiteren Nachdenken über den Amtseid bin ich zu dem Ergebnis gekommen, daß der Eid als solcher – gleichgültig ob mit oder ob ohne die Formel »So wahr mir Gott helfe« – eigentlich nur ein feierlicher Zauber ist, vor Jahrhunderten entstanden und über Jahrhunderte beibehalten. Im Kern handelte es sich immer um ein feierliches Versprechen gegenüber dem Thing, der Ratsversammlung oder dem Parlament, gegenüber dem Richter oder dem König. Unser Rechtssystem kennt den Meineid als speziellen Fall einer absichtlichen Falschaussage vor Gericht, er wird besonders bestraft. Andere Fälle der Verletzung eines beeideten Versprechens werden hingegen nicht bestraft; wenn zum Beispiel das Verfassungsgericht ein vom Bundestag bona fide – mit gutem

Gewissen – beschlossenes Gesetz oder einen Teil davon als grundgesetzwidrig verwirft, wird niemand bestraft.

Die Regierenden beschwören die Einhaltung des Grundgesetzes; aber jedes Jahr gibt es viele Fälle, in denen es streitig ist, ob ein Handeln der Regierung verfassungskonform oder verfassungswidrig ist. Die Richter selbst sind oft genug nicht einig darüber, und weder der Amtseid der Regierenden noch der Amtseid der Richter kann und soll etwas daran ändern. So reduziert sich der Amtseid auf eine Warnung an das eigene Gewissen vor leichtfertig oder gar vorsätzlich pflichtwidrigem Handeln. Auch der religiöse Zusatz ändert daran nichts.

Wohl aber bezeugt der Zusatz öffentlich: Ich, der Schwörende, glaube an Gott. Aber was alles ist im Laufe von Jahrhunderten im Namen des christlichen Gottes an Kriegen und Verbrechen verübt worden! Die Liste reicht von den blutigen Kreuzzügen zu den Borgia-Päpsten, von den ungezählten Ketzer- und Hexenverbrennungen bis zu den Eroberungskriegen. 1914 standen auf den Koppelschlössern der deutschen Soldaten die Worte »Gott mit uns«; damals war natürlich der christliche Gott gemeint, und der Pastor hatte die Regimentsfahne geweiht. Heute ist es durchaus möglich, daß der Schwörende den Gott der Thora oder den Gott des Koran meint. Allerdings halte ich heute sowohl den Schwur an sich als auch die zusätzliche Anrufung Gottes für eine zweifelhafte Einrichtung.

Gleichwohl ist es mir immer selbstverständlich gewesen, den Eid mitsamt der religiösen Zusatzformel zu leisten. Ich wußte immer, die Mehrheit unserer Bürger glaubt, daß es Gott gibt, und sie erwartet meine Anrufung Gottes. Es war für mich gänzlich unproblematisch, dieser Erwartung zu entsprechen. Allerdings hätte ich auch ohne die religiöse Zusatzformel mein Gewissen immer genauso angestrengt, mein Versprechen einzuhalten, das ich in Gestalt des Amtseides gegeben habe. Der Amtseid ist die einzige Erwähnung Gottes in den Artikeln des Grundgesetzes – aber das Grundgesetz sagt ausdrücklich: »Der Eid kann auch ohne reli-

giöse Beteuerung geleistet werden.« Ob Amtseid oder Eid des
Zeugen vor Gericht, jedenfalls muß jeder im eigenen Gewissen
entscheiden, ob er mit oder ohne Gott schwören will. Ich hatte
keinerlei Gewissenszweifel, den Amtseid unter Anrufung Gottes
zu schwören; jedoch bezweifle ich, daß Martin Luther oder der
Vatikan mich als Christen anerkennen würden.

Toleranz zwischen den Weltreligionen

Über das Gewissen gibt es verschiedene theologische und philosophische Meinungen. Das Wort kommt schon bei den Griechen und Römern vor. Später haben Paulus und die christlichen Theologen damit das Bewußtsein des Menschen von Gott und der von ihm gewollten Ordnung umschrieben; jede Verletzung dieser Ordnung war ihnen eine Versündigung an Gott. Bis heute unterscheiden wir zwischen dem »guten« und dem »schlechten« Gewissen. Manche Christen sprechen von der »Stimme Gottes im Menschen«. Bei meinem Freund Richard Schröder las ich, unser Verständnis des Gewissens sei aus der Begegnung des biblischen Denkens mit der Welt des Hellenismus hervorgegangen.

Immanuel Kant hat ein Leben lang über die Grundwerte des Gewissens nachgedacht, ohne daß die Religion dabei eine Rolle spielte. Für ihn war das Gewissen »das Bewußtsein eines inneren Gerichtshofes im Menschen«. Ob man das Gewissen aus der Vernunft des Menschen herleitet oder ob von Gott: An der Tatsache, daß es ein menschliches Gewissen gibt, besteht jedenfalls wenig Zweifel. Ob einer Christ oder Muslim oder Jude ist, ob er Agnostiker oder Freidenker ist – der erwachsene Mensch hat ein Gewissen. Allerdings kann der Mensch gegen sein Gewissen verstoßen; außerdem kann sein Gewissen sich auch irren. Wir alle haben schon einmal für kürzere oder längere Zeit mit einem »schlechten Gewissen« leben müssen. Das schlechte Gewissen folgt aus den menschlichen Schwächen.

Die Frage, was das Gewissen sei, kommt mir ähnlich vor wie

die Frage nach dem Ort der Seele. Vor hundert Jahren meinte der
Chirurg August Bier, er habe viele Menschen operiert, aber bei
keiner Operation eine Seele entdecken können. Gleichwohl zwei-
felt kaum einer daran, daß wir alle eine Seele haben. Was mich bei
der Herleitung des Gewissens von Gott immer wieder stört, ist
die Tendenz zur Ausschließlichkeit, die wir zum Beispiel im Christentum oder im Islam antreffen: Du hast unrecht, ich aber bin
erleuchtet; meine Meinungen, meine Ziele sind gottgefällig, deine
sind es nicht. So schrieb Kardinal Ratzinger (noch bevor er Papst
wurde): »Mit empirisch gestützter Gewißheit können wir sagen,
wenn die sittliche Macht … des christlichen Glaubens plötzlich
aus der Menschheit weggerissen würde, dann … bestünde höch-
ste Gefahr für das Überleben der Menschheit.« Solche selbstge-
rechten religiösen »Gewißheiten« haben im Laufe der Geschichte
unermeßliche Leiden verursacht. Ob Wilhelm II. sich als Mon-
arch »von Gottes Gnaden« inszenierte oder ob George W. Bush
glaubte, als religiöser Überzeugungstäter im göttlichen Auftrag
zu handeln, als er einen Angriffskrieg gegen den irakischen Diktator Saddam Hussein führte: Solche Politiker glauben in religiöser christlicher Verantwortung zu stehen, aber zugleich in-
strumentalisieren sie die Religion zur Legitimation ihrer Politik.
Gewiß gibt es dergleichen ebenso unter Muslimen und unter
Juden.

Für mich selbst habe ich schon früh eine sehr einfache
Schlußfolgerung gezogen: Mißtraue jedem Politiker, jedem Re-
gierungs- oder Staatschef, der seine Religion zum Instrument seines Machtstrebens macht, und halte Abstand von allen, die eine
auf das Jenseits orientierte Religion mit sehr diesseitigen politischen Interessen zu verbinden suchen. Diese Ermahnung gilt im
übrigen auch für die innere Politik, sie gilt ebenso gegenüber dem
Bürger, der sich zur Durchsetzung seines Vorteils auf seine Religion beruft. Von einem Politiker müssen wir Respekt und Toleranz gegenüber den Gläubigen anderer Religionen verlangen.
Wer als politischer Führer dazu nicht fähig ist, stellt eine Gefahr

für den Frieden dar – für den Frieden im Innern unseres Staates wie für den Frieden nach außen.

Heute beunruhigt es mich, daß zu Beginn des 21. Jahrhunderts die Gefahr eines weltweiten, religiös motivierten oder religiös verbrämten »clash of civilizations« durchaus real geworden ist. Besonders seit dem terroristischen Kolossalverbrechen des 11. September 2001 und seit dem 2003 begonnenen Krieg der USA gegen den Irak vermischen sich religiöse und ideologische Sendungsmotive mit exzessiven Herrschaftszielen. Empörung über Armut, vermischt mit Neid auf den Wohlstand anderer, läßt sich durch geschickte Massenagitation relativ leicht zur Auflehnung, zur Aggression und zur Gewaltbereitschaft steigern. Aber ähnliches gilt auch für die Gegenseite, wenn die durchaus ehrwürdigen westlichen Leitbilder Demokratie und Menschenrechte mit militärischer Gewalt ganz anders gewachsenen Gesellschaften und ihren Kulturen oktroyiert werden sollen. Manche amerikanische neo-konservative und evangelikale Publizisten und Politiker heizen Menschenmassen an – nicht anders als manche asiatische Mullahs und Ayatollahs. Von den erschütternden Aufnahmen der brennenden Türme in Manhattan bis zu den grauenhaften Videos aus dem amerikanischen Gefängnis von Abu Ghraib: Die Bilder und Berichte, welche die Fernsehanstalten und Zeitungen verbreiten, rufen Empörung hervor und führen zwangsläufig zu haßerfüllten Reaktionen. Täglich neue Bilder und Berichte aus Israel, Palästina, Libanon, Irak, Iran oder Afghanistan sorgen für neue Erregung. In dieser Situation wachsen auf allen Seiten die Chancen für Extremisten. Die abwägenden und mäßigenden Stimmen der Vernunft haben es schwer, Gehör zu finden. In einer von Hysterie befallenen, ekstatisch aufgeregten Menschenmasse bleiben Appelle an die Vernunft oder an das Gewissen des einzelnen ohne Gehör.

Seit dem Beginn des nun schon über ein halbes Jahrhundert anhaltenden Konfliktes zwischen dem Staat Israel und seinen arabischen und muslimischen Nachbarstaaten hat es auf beiden

Seiten auch besonnene und gewissenhafte Menschen gegeben, die um des Friedens willen für Verständigung und Kompromiß eintraten. So habe ich in seinen späten Jahren Moshe Dayan erlebt, so war ich von Yitzhak Rabins Friedenswillen überzeugt. Über den regionalen Konflikt hinaus gab es einige Weitsichtige, die für einen weltweiten Frieden zwischen den Religionen eingetreten sind. Anwar as-Sadat war der erste, der mich, lange bevor das Schlagwort Mitte der neunziger Jahre durch Samuel Huntington eingeführt wurde, auf die Gefahr eines weltweiten religiös-kulturellen Zusammenstoßes hingewiesen hat.

Wir waren bereits befreundet, als ich 1977 einen offiziellen Besuch in Ägypten machte. Als sei es gestern gewesen, so gut erinnere ich unsere gemeinsame Fahrt den Nil aufwärts nach Assuan. Es war eine sternenklare Nacht, wir saßen auf dem Oberdeck. Und während wir die Sterne am Himmel betrachteten, erklärte Sadat mir die gemeinsame Herkunft der drei großen monotheistischen Religionen. Er sprach von Noah, von Abraham und seinen beiden Söhnen Isaak und Ismael, von Moses und von den jüdischen Propheten des Alten Testamentes – ich hatte bis dahin nicht gewußt, daß sie fast alle auch im Koran vorkommen. So lernte ich, daß Jesus auch im Koran von Gott auf die Erde gesandt worden ist. Sadat erklärte mir, daß der Koran Christen und Juden als »Völker der Schrift« mit Hochachtung behandelt und unter Schutz gestellt hat; zwar sind sie Ungläubige, aber sie besitzen die Schrift, und die haben sie von Gott. Sadat wußte von den übereinstimmenden moralischen Geboten und vom gemeinsamen Friedensgebot, zum Beispiel in den Psalmen des jüdischen Alten Testamentes, in der christlichen Bergpredigt oder in der vierten Sure des muslimischen Korans.

Am nächsten Tage habe ich mir Notizen über Sadats Ausführungen gemacht. Später habe ich in Gesprächen mit Menschen aus allen drei Religionen alles bestätigt gefunden, was mir mein Freund erzählt hatte (die einzige Ausnahme war seine als persönliche Vermutung ausgesprochene Spekulation über eine Verbin-

dung zwischen Moses und dem ägyptischen Pharao Echna-
ton, der um 1340 vor Christus den vergeblichen Versuch gemacht
hatte, die Vielzahl der ägyptischen Götter durch Aton als einzigen
Gott zu ersetzen).

Auf das stärkste hat mich Sadats Überzeugung beeindruckt,
daß Frieden zwischen Juden, Christen und Muslimen möglich
sei, wenn sie nur endlich begriffen, daß ihre Religionen aus der
gleichen Wurzel stammen. Wenn sie nur endlich ihre vielen
Gemeinsamkeiten erkennten, dann müsse es gelingen, zwischen
ihnen Frieden zu stiften und zu halten. Sadat war General, ein Be-
rufssoldat, der an allen Kriegen zwischen Arabern und Israelis
teilgenommen hatte. Schon seit einigen Jahren war er mit dem
Gedanken umgegangen, den ehemaligen Feind in seiner Hauptstadt Jerusalem aufzusuchen, um ein Zeichen zu setzen. Wir haben darüber mehrfach ausführlich gesprochen. Als es im November 1977 tatsächlich dazu kam, war ihm lange schon klar, welche
politischen Risiken er damit auf sich nahm. Er wußte auch, daß
er sein Leben riskierte. Weil er trotzdem seinem Gewissen folgte,
war er unter allen Staatslenkern, denen ich begegnet bin, derjenige, der den stärksten Eindruck bei mir hinterlassen hat. Sein
gewaltsamer Tod im Oktober 1981 hat mich tief getroffen.

Meine Gespräche mit Sadat haben dazu geführt, daß ich
mich für den Islam näher zu interessieren begann und mich um
vertiefende Kenntnisse und Einsichten bemühte. So lernte ich,
daß es im europäischen Mittelalter mehrere Epochen gab, in denen Toleranz zwischen den drei Religionen Abrahams vor-
herrschte. Mir steht der Staufer Friedrich II. vor Augen, der das
Reich von Unteritalien aus regierte. In seinen »Konstitutionen
von Melfi« hat er Christen, Muslime und Juden gleichgestellt. Sowohl unter christlicher Ägide am Hofe Friedrichs II. als auch unter muslimischer Ägide in Bagdad und Cordoba haben jüdische,
christliche und muslimische Gelehrte sich gemeinsam größte
Verdienste um die Grundlegung der europäischen Wissenschaften erworben. Das gilt von der Mathematik über die Medizin bis

zur Philosophie. Maimonides, geboren 1135 in Cordoba und ge-
storben siebzig Jahre später in Kairo, der als Arzt den muslimischen Herrschern diente, wurde für Jahrhunderte zum herausragenden jüdischen Lehrer. Avicenna (Ibn Sina), geboren um 980
im heutigen Usbekistan, und Averroes (Ibn Rušd), geboren 1126
in Cordoba, gehörten jahrhundertelang zu den wichtigsten me-
dizinischen und zugleich philosophischen Lehrern Europas. Platon und Aristoteles wurden uns nicht etwa über Athen oder Rom,
sondern durch die gelehrten Zentren arabischer Muslime tra-
diert. Wir besäßen heute wahrscheinlich nur eine geringe Kenntnis von den wichtigsten Texten der Griechen, wenn es nicht die
arabisch-muslimische Übersetzungsarbeit gegeben hätte. Diese
fruchtbare interreligiöse Zusammenarbeit wurde durch die spanische Reconquista, die christliche Rückeroberung der Iberi-
schen Halbinsel, beendet, die religiös und machtpolitisch zugleich motiviert war. Als 1492 unter den »katholischen Königen«
Ferdinand und Isabella die Reconquista vollendet wurde, hat
man sogleich auch die Juden vertrieben. Es war für fast ganz
Europa das Ende jeder religiösen Toleranz.

Friedliches Zusammenleben zwischen Menschen verschiedener ethnischer Zugehörigkeiten und verschiedener Religionen ist
aber auch heute möglich. Ein gutes Beispiel bietet Singapur, wo
allerdings eine straffe, autoritative Führung regiert. Ein anderes
Beispiel glaubte ich 1986 in Indonesien gefunden zu haben. Indonesien ist mit 240 Millionen Menschen der bei weitem bevölkerungsreichste Staat unter allen muslimisch geprägten Ländern.
Auf Tausende von Inseln und Inselchen, über Tausende von Kilometern verstreut, gibt es vielerlei religiöse und ethnische Minder-
heiten. Nach der blutigen Selbstbefreiung von jahrhundertelanger niederländischer Kolonialherrschaft ersetzte der diktatorisch
regierende Staatspräsident Sukarno eine Vielzahl von Sprachen
durch einen einzigen, obendrein vereinfachten malayo-polynesi-
schen Dialekt, Bahasa Indonesia. Für die Masse der Einwohner
handelte es sich um eine neue, einfach zu erlernende Kunstspra-

che, die sich in den Zeitungen, im Fernsehen, in den Ämtern all-mählich durchsetzt.

Ungleich wichtiger und schwieriger war aber Sukarnos Kunststück, sowohl den Muslimen als auch den Angehörigen der anderen Religionen (einschließlich der Christen) beizubringen, daß sie tatsächlich alle an ein und denselben Gott glauben; der Glaube an Gott wurde zu einem der fünf Grundwerte der Verfassung. Entsprechend dieser Staatsdoktrin haben sich damals die Politiker und die Militärs bei ihren öffentlichen Auftritten verhalten. Heute, mehr als zwanzig Jahre nach meinem Besuch in Indonesien, bin ich nicht mehr sicher, ob meine positiven Eindrücke sich bestätigen würden, ob es überhaupt eine Chance gibt, daß Indonesien auf seinem Weg bleibt. Immerhin kam es in den vergangenen Jahren immer wieder zu gewaltsamen Ausschreitungen gegen Chinesen mit ungezählten Toten. Gleichwohl ist Sukarnos Versuch der Aufmerksamkeit und des Nachdenkens wert.

Nach meinem Rückzug aus öffentlichen Ämtern habe ich einige Male vor internationalem, religiös gemischtem Publikum eine Vorstellung von den Werten und Geboten zu vermitteln versucht, die den drei abrahamischen Religionen gemeinsam sind. Dabei habe ich stets die Tatsache an den Anfang gestellt, daß alle drei heiligen Schriften Aufforderungen zum Frieden enthalten. Im Koran wird gesagt: Wenn die Ungläubigen Euch nicht behelligen und Euch nicht bekämpfen und wenn sie Euch Frieden anbieten, dann erlaubt Gott Euch nicht, gegen sie zu kämpfen. Im Matthäus-Evangelium sagt Jesus: Selig sind die Friedfertigen; denn sie werden Gottes Kinder heißen. Im Psalm 34 des Alten Testaments heißt es: Laß ab vom Bösen und tu Gutes; suche Frieden und folge ihm nach.

Ich weiß zwar, daß man aus den heiligen Büchern auch durchaus gegenteilige Maximen herauslesen kann. Aber niemand wird leugnen, daß alle drei heiligen Bücher Frieden fordern – *Shalom* auf hebräisch oder *Salam* auf arabisch. Es ist eine Tragödie, daß die Rabbiner, die Priester und Pastoren, die Mullahs und

Ayatollahs uns Laien die Kenntnis solcher Gemeinsamkeiten weitestgehend vorenthalten. Im Gegenteil, sie bringen uns gern bei,
die anderen Religionen abzulehnen und abfällig über sie zu denken. Wer ernsthaft Frieden zwischen den Religionen will, der
sollte religiöse Toleranz und Respekt predigen. Ob die Zuhörer in
einer Synagoge, in einer Kirche oder einer Moschee versammelt
sind, in einer Schule oder einer Universität oder ob sie zu Hause
vor dem Fernsehgerät sitzen: Sie müssen begreifen, daß die Menschen, die einer anderen Religion anhängen, ähnlich gläubig sind
wie sie selbst; sie sind Gott so nah und so fern wie sie selbst. Auch
wenn ihre Gebete, ihre Traditionen, Gebräuche und Sitten sich
von den unsrigen noch so stark unterscheiden, haben sie Anspruch auf den gleichen Respekt, den wir für uns selbst wünschen. Ich jedenfalls bin davon überzeugt, daß, über die drei
abrahamischen Religionen hinaus, auch der Hinduismus, der
Buddhismus oder der Shintoismus des gleichen Respekts und der
gleichen Toleranz bedürfen.

Zugleich weiß ich auch, daß vor zweieinhalbtausend Jahren
zwei der grundlegenden Denker der Menschheit keiner Religion
bedurften: Sokrates und Konfuzius. Beide haben keine Lehrbü-
cher hinterlassen. Nach allem, was wir von ihren Schülern wissen,
hat Sokrates seine Philosophie, hat Konfuzius seine Ethik allein
auf die Argumente der Vernunft gegründet. Sie haben keine Religion gestiftet, auch keine Religion umgestaltet, erneuert oder re-
formiert, ihre Lehre hatte kein religiöses Bekenntnis zur Grundlage; nur aus Gründen der Opportunität haben sie gelegentlich
ein Lippenbekenntnis abgelegt. Gleichwohl sind sie bis auf den
heutigen Tag Leuchttürme für die Menschheit geblieben. Ohne
Sokrates kein Platon, kein Aristoteles – vielleicht auch kein
Immanuel Kant. Ohne Konfuzius und ohne den Konfuzianismus ist die in der Weltgeschichte einmalig lange Lebensdauer der
chinesischen Kultur und des Reiches der Mitte schwer vorstellbar. Ein Doktor der Philosophie mag diese Sätze für unzulässige
Simplifikationen halten. Mir kommt es hier lediglich darauf an,

deutlich zu machen, daß herausragende Erkenntnisse und wissenschaftliche Leistungen, daß ethische und politische Lehren nicht an eine Religion gebunden sein müssen. Es reicht aus, wenn der einzelne sich seiner Vernunft verpflichtet weiß.

Unter den zeitgenössischen Denkern, die überzeugt davon sind, daß es tatsächlich einen großen, den Weltreligionen gemeinsamen Bestand an ethischen Grundsätzen und Lehren gibt, ragt Hans Küng hervor, dem ich viele Male begegnet bin. Dieser katholische Priester hat, gemeinsam mit Gleichgesinnten aus anderen Weltreligionen, in zäher ökumenischer Arbeit den allen Religionen gemeinsamen moralischen Grundkanon herausgefiltert und aufgeschrieben. Das Ziel, das Küng mit großem persönlichen Einsatz ins öffentliche Bewußtsein zu heben sucht, ist ein allen gemeinsamer Wertekanon, den er »Weltethos« nennt. Es mag sein, daß dieses Wort sehr anspruchsvoll erscheint, aber das ganze Projekt ist zwangsläufig sehr anspruchsvoll. Es verdient jede Unterstützung. Denn wenn die Muslime erfahren, daß der Koran in großer Zahl die gleichen Gebote erhält wie der Tanach und die Prophetien der Juden oder das Neue Testament der Christen; wenn die Christen erfahren, daß die wichtigsten ihrer moralischen Lehren im Buddhismus oder im Hinduismus ähnlich gelehrt werden; wenn die Gläubigen aller Religionen begreifen, daß sie seit Jahrtausenden in ähnlicher Weise eine größere Zahl von grundlegenden Regeln und Verboten befolgen – dann kann dieses Wissen entscheidend zum gegenseitigen Verständnis beitragen. Es läuft hinaus auf die in allen Weltreligionen gelehrte goldene Regel, die Immanuel Kant in seinem Kategorischen Imperativ lediglich neu formuliert und die der deutsche Volksmund in den Merkvers verdichtet hat: »Was du nicht willst, das man dir tu, das füg' auch keinem anderen zu.«

Küngs ökumenisches Projekt hat mich von Anfang an begeistert. Sein verantwortungsbewußter Ansatz entspringt der gleichen Einsicht, von der seinerzeit Anwar as-Sadat ausgegangen war. Weil Küng über die drei monotheistischen Religionen hinausgreift, darf er sehr wohl als ein universaler Denker gelten; zuletzt hat auch Papst Benedikt XVI. ihm seinen persönlichen Respekt erwiesen.

Jeder Mensch ist von der Natur nicht nur mit Instinkten begabt, sondern die Natur hat dem Menschen auch die Fähigkeit gegeben, zu sprechen, zu denken und zu reflektieren. Zu diesen natürlichen Begabungen des Menschen gehört ebenso sein metaphysisches und religiöses Fragen und Verlangen. Weil alle menschlichen Kulturen der Erde sich unter vielerlei verschiedenen natürlichen Bedingungen verschieden entfaltet haben, ist auch die Unterschiedlichkeit ihrer Philosophien und Religionen von der Natur bedingt. Deshalb, so bin ich überzeugt, haben große wie kleine Religionen ein gleiches Recht, respektiert zu werden.

Die Idee, daß es ein natürliches Recht gibt oder doch geben sollte, welches für alle Menschen, für alle Völker und für ihre verschiedenen Kulturen gilt, hat mich schon als junger Mann fasziniert. Damals blieb mir verborgen, was die Rechtsgelehrten, die Theologen oder die Philosophen im einzelnen mit dem Wort Naturrecht meinen. Ich akzeptierte, daß damit offenbar verschiedene Inhalte gemeint sein konnten. Später habe ich mich näher damit befaßt und so unter anderem erfahren, daß bereits die Stoa im klassischen Altertum, die von einem natürlichen Sittengesetz ausging, den Begriff Naturrecht kannte.

Ein Jahrtausend später hat Thomas von Aquin die Bergpredigt im Sinne des Naturrechts gedeutet; die Bergpredigt entspreche der innersten Natur des Menschen. Mir hat das nicht eingeleuchtet. So steht zum Beispiel die Ermahnung der Bergpredigt, nicht für morgen vorzusorgen, sondern sich auf Gott zu verlassen, im Widerspruch zur Vernunft. Jede Familie, jeder private Haushalt, jede Wirtschaft, jede Politik muß auf Vorsorge für die unmittelbare Zukunft bestehen. Auch die Mahnung, nicht zu richten, kommt mir weltfremd vor; denn wo es Konflikte und Verbrechen gibt, da muß es auch Richter geben.

In den folgenden Jahrhunderten ist die Idee des Naturrechts allmählich in den Hintergrund getreten. Der Augsburger Religionsfriede von 1555, der den Fürsten das Recht gab, die Religion ihrer Untertanen zu bestimmen, war in meinen Augen ein schlimmer Verstoß gegen das natürliche Recht. Erst gegen Ende des Dreißigjährigen Krieges, nach der weitgehenden Zerstörung Deutschlands mit Millionen von Toten, brach sich der Gedanke eines Naturrechtes wieder Bahn. Vor dem Hintergrund der beginnenden Aufklärung, das heißt mit der Emanzipation der Philosophie und der Wissenschaften von kirchlicher Bevormundung, haben im 17. Jahrhundert große Juristen, Hugo Grotius an der Spitze, das Naturrecht mit Hilfe einer Reihe von konkreten Rechtsnormen definiert. Sie haben das Prinzip des Naturrechts rationalisiert, um die Menschen vor staatlicher und religiöser Willkür zu bewahren.

Der Westfälische Frieden 1648 hat nicht lange gehalten. Immerhin ist auf seinen Grundlagen durch vielerlei Verträge die Gesamtheit des heutigen Völkerrechts entstanden – bis hin zur Charta der Vereinten Nationen. Mit der Idee oder dem Ideal eines einzigen Naturrechts hat das heutige Völkerrecht, gegen das vielfach verstoßen wird, allerdings kaum etwas zu tun. Ich habe längst begriffen, daß Immanuel Kant recht hatte, wenn er am Schluß seiner Schrift »Zum ewigen Frieden« jeglicher Illusion und Schwärmerei abschwört. Er spricht dort von einer Aufgabe, die nur »nach und nach« gelöst werden könne, und gibt seiner Hoffnung Ausdruck, daß die zeitlichen Abstände zwischen den einzelnen Fortschritten »immer kürzer werden«.

Immerhin haben seit 1945 fast alle Nationen und ihre Staaten die an keine Religion und an keine besondere Kultur gebundene Charta der UN als allgemein geltendes Völkerrecht anerkannt. Viele religiöse Führer und Priester in manchen Staaten und Kulturen lassen jedoch ihrer Überheblichkeit gegenüber anderen

Religionen freien Lauf und geben ihrer Abneigung oft sogar agitatorischen Ausdruck. Die immer dichter zusammengedrängte Menschheit hat dagegen religiöse Toleranz bitter nötig. Toleranz meint nicht bloßes Gewährenlassen oder Vernachlässigen, sondern Toleranz ist Achtung und Respekt gegenüber den Glaubensüberzeugungen des anderen, soweit auch der andere meine eigene Überzeugung anerkennt. In Deutschland ist im Laufe der letzten Generationen zwar die Bereitschaft gewachsen, die Andersgläubigen gewähren zu lassen, aber eine religiöse Toleranz aus Achtung und Respekt hat kaum zugenommen. Nicht nur für die Geistlichen und die Theologen, auch für die Politiker liegt hier eine Aufgabe. Denn besonders gegenüber dem Islam werden Toleranz und Kompromißbereitschaft morgen noch wichtiger sein, als sie es gestern schon gewesen sind.

Bausteine zu einer politischen Ethik

Es ist kaum zu übersehen, daß alle Religionen und alle heiligen Bücher ihren Gläubigen weit überwiegend Gebote und Pflichten auferlegen, ihnen aber kaum Rechte zugestehen. Auch im heutigen Völkerrecht spielen die Rechte des einzelnen nur eine geringe Rolle, die kriegsvölkerrechtlichen Genfer Konventionen sind eine rühmliche Ausnahme. Die Freiheiten und die Rechte der Person kommen in der Völkerrecht gewordenen Charta der UN nur als Zielsetzung vor, die Allgemeine Erklärung der Menschenrechte der UN ist nicht Bestandteil des verpflichtenden Völkerrechts.

Im Gegensatz zu den großen Religionen spricht unser Grundgesetz in seinem ersten Kapitel (Artikel 1 bis 19) fast ausschließlich von Rechten des einzelnen, Pflichten kommen kaum vor. Dieser Gegensatz beschäftigt mich seit langem. Zum einen stellt der Grundrechtskatalog des deutschen Grundgesetzes eine gesunde Reaktion auf die extreme Beseitigung der Freiheit des einzelnen dar, die sowohl unter dem Nazi-Regime als auch in den östlichen Teilen Europas unter kommunistischer Herrschaft eingetreten war. Zum anderen griffen die Schöpfer des Grundgesetzes weit zurückliegende Erfahrungen der deutschen Geschichte auf. Während des Bauernkrieges hatte Martin Luther sich mit mehreren Sendschreiben in schärfster Form gegen die gequälten aufständischen Bauern gewandt; die Untertanen sollten »fromm, still und gehorsam sein« und »mit Leib und Gut der Obrigkeit dienen«. Dabei konnte Luther sich auf das bereits erwähnte Kapitel 13 des Römerbriefs im Neuen Testament berufen, wo es heißt:

»Jedermann sei untertan der Obrigkeit, die Gott über ihn hat. Denn es ist keine Obrigkeit ohne von Gott, wo aber Obrigkeit ist, die ist von Gott verordnet.«

Der Ratschlag des Apostels Paulus an die in Rom unter zahlreichen Repressalien leidende kleine frühchristliche Gemeinde ist seinerzeit gewiß sinnvoll gewesen. Ihn aber für die Dauer von beinah zweitausend Jahren als christliches Gebot zu etablieren, war ein folgenschwerer Irrtum. Was haben nicht noch im späten 19. Jahrhundert unsere Hofprediger aus Luthers Text von Römer 13 gemacht. Auch mein theologischer Kriegskamerad und ich haben uns 1941 durch Römer 13 beruhigen lassen. 1934 hat sich die evangelische Konferenz in Elberfeld-Barmen (heute Wuppertal) zur Abwehr des Überwältigungsversuchs durch den NS-Staat indirekt von Kapitel 13 des Römerbriefes losgesagt; die Barmer »Theologische Erklärung«, die stark unter dem Einfluß von Karl Barth stand, erinnerte »an die Verantwortung der Regierenden *und Regierten*«. Doch es war bereits zu spät, als daß eine solche Erklärung noch hätte wirksam werden können. Nach meiner Überzeugung hatte die Barmer Erklärung allerdings recht – und Paulus darf in diesem Punkt keineswegs recht behalten: Auch die Regierten sind verantwortlich!

Die deutsche Geschichte kennt keine Magna Charta wie in England, keine Bill of Rights wie in den USA, keine französische Revolution, wohl aber 1806, 1918/19 und abermals 1945 mehrere Zusammenbrüche deutscher Obrigkeitsstaaten. Vor diesem Hintergrund wird die einseitige Betonung der Rechte des einzelnen Menschen im Grundgesetz von 1949 verständlich. Daß diesen Rechten auch Pflichten gegenüberstehen, scheint im Denken vieler Mitbürger allerdings nur eine geringe Rolle zu spielen; jedenfalls vermisse ich in Gesprächen oft das Bewußtsein dafür, daß es zwischen Rechten und Ansprüchen einerseits und Pflichten und Verantwortungen andererseits ein Gleichgewicht geben muß. In unseren Schulen und Hochschulen, in der Publizistik und in der Politik wird viel von den Rechten und Ansprüchen gesprochen, die der einzelne gegen den Staat hat und haben soll, aber kaum je wird von der Verantwortung der Staatsbürger gegenüber ihrer Familie, der Firma, der Gesellschaft insgesamt, gegenüber der Nation und ihrem Staat gesprochen. Auch an die Verantwortung gegenüber unseren Nachbarnationen wird nur selten appelliert – obgleich in unseren Kirchen oft genug über Nächstenliebe gepredigt wird.

Seit über zweieinhalb Jahrtausenden tragen bedeutende Autoren alle möglichen Elemente zu einer politischen Ethik zusammen, zum Teil mit durchaus kontroversen Ergebnissen. Ich will mich hier auf jene Einsichten beschränken, die ich selbst im Laufe meines Lebens als Politiker und als politischer Publizist gewonnen habe, sowohl im eigenen Land als auch im Umgang mit unseren Nachbarn oder in der Begegnung mit weit entfernten Kulturen. Dabei ist zunächst grundsätzlich festzuhalten, daß in der deutschen Innenpolitik relativ häufig von Gott, vom Christentum, von seinen Geboten und Grundwerten die Rede war, aber kaum jemals im Gespräch mit ausländischen Politikern – Sadat war eine bedeutende Ausnahme.

Ich denke nicht, daß für den Politiker andere moralische Grundregeln gelten als für jedermann. Die gemeinsame Grundlage einer allgemeingültigen Moral vorausgesetzt, gibt es allerdings vielerlei spezielle Ausprägungen für spezifische Berufe oder Situationen. Ich denke zum Beispiel an den ehrwürdigen Hippokratischen Eid der Ärzte, an die berufliche Ethik des Richters oder an die besonderen ethischen Regeln, die vom Kaufmann, vom Geldverleiher oder Bankier, vom Arbeitgeber oder vom Soldaten im Krieg verlangt werden müssen. Weil im Laufe des 20. Jahrhunderts die gesetzgebenden wie die regierenden Politiker ihr Amt immer seltener als Ehrenamt und immer häufiger als Hauptberuf ausübten, scheint es mir an der Zeit, daß Politikwissenschaftler und Moralphilosophen sich bemühen, eine Ethik des Berufspolitikers zu fixieren. Soweit ich sehe, liegen Versuche zu einem solchen Kanon oder Kodex noch nicht vor, jedenfalls nicht in Europa oder Nordamerika. Wohl aber findet man in der Literatur, vielfältig verstreut auch in manchen Memoiren von Politikern, durchaus in größerer Zahl einzelne Elemente, die als Bausteine in Betracht zu ziehen wären.

Die Ethik des Berufspolitikers bedarf so wenig wie die politische Moral des Staatsbürgers einer religiösen Grundlage oder eines spezifischen religiösen Bekenntnisses. Viele Deutsche haben sich heute vom Christentum gelöst und ihre Kirche verlassen, manche haben sich auch von Gott losgesagt – und können gleichwohl Gutes tun und gute Nachbarn sein. Viele Menschen bedürfen der Religion; aber Moral und Anstand hängen nicht davon ab, ob einer die Lehren des Buddhismus oder des Hinduismus kennt oder die Regeln des Koran oder der Thora oder des Neuen Testaments befolgt. Heute teilt die überwiegende Mehrheit der Deutschen – und so auch die überwiegende Mehrheit unserer Berufspolitiker – andere wichtige, sie bindende Grundüberzeugungen. Ich nenne an erster Stelle die unveräußerlichen Menschenrechte, das Prinzip der Demokratie und das Prinzip der sozialen Gerechtigkeit. Die innere Bindung an diese Grundwerte ist offenbar unabhängig vom eigenen Glauben oder Nichtglauben. In diesem Zusammenhang ist darauf hinzuweisen, daß alle drei Prinzipien in den christlichen Bekenntnissen nicht enthalten sind.

Das Grundgesetz ist aus gutem Grund nicht auf christlichen oder anderen religiösen Lehren aufgebaut. Es gilt mit Recht für jedermann. Es war gut, daß Artikel 1 des Grundgesetzes die Würde des Menschen als unantastbar an die Spitze gestellt und zum Fundament unserer staatlichen Verfassung gemacht hat. Alle Grundrechte und die damit verbundenen Grundwerte der parlamentarischen Demokratie, des Rechtsstaats- und des Sozialstaatssystems, aber auch alle Verantwortlichkeiten der Politiker leiten sich daraus ab. Allerdings reicht die geschriebene Verfassung allein nicht aus, um tatsächlich das ganze Land in guter Verfassung zu halten. Man braucht – neben vielerlei geistigen, wissenschaftlichen, religiösen, künstlerischen und ökonomischen Kräften – jedenfalls den Verfassungsgehorsam der Regierenden wie der Regierten; man braucht aber auch die Kontrolle der Regierenden durch ein oberstes Gericht, durch das Parlament und am Ende durch die wahlberechtigten Bürger. In jedem Staat gibt es sowohl bewußte als auch fahrlässige Verstöße gegen das gesetzte Recht; es gibt aber auch oft genug den Fall, daß ein Bürger nach sorgfältiger Prüfung meint, innerhalb der Grenzen des Rechts zu handeln, während später ein Gericht eine Rechtsverletzung feststellt. Solche Konflikte sind oft Interessenkonflikte – und zugleich moralische Konflikte. Anstand und Moral sind allerdings nur selten justitiabel.

Was nun den Beruf des Politikers angeht, so halte ich es für ein Mißverständnis, wenn allen Bewerbern um ein politisches Mandat leichthin unterstellt wird, sie strebten vor allem nach Macht. Bei vielen spielt auch das Streben nach öffentlicher Anerkennung eine erhebliche Rolle. Tatsächlich liegt aber vielen Bewerbungen wohl eher das Bestreben zugrunde, auf dem Boden der eigenen politischen Gesinnung einen Beitrag zu leisten, Bei manchen Politikern entfaltet sich im Laufe ihres Lebens geradezu eine Leidenschaft zum Dienst am öffentlichen Wohl.

Im ersten Nachkriegsjahrzehnt gab es viele Abgeordnete, die ihr Mandat in dem Bewußtsein ausübten, einer moralischen Pflicht zu folgen. Sie sahen es als ihre wichtigste Aufgabe an, mit aller Kraft dazu beizutragen, daß sich die Grausamkeiten der Nazi-Zeit niemals wiederholten. Ihr Lebensstandard war gering, viele waren in ihrem bürgerlichen Beruf bessergestellt gewesen denn als Abgeordnete. In den folgenden Jahrzehnten hat sich dieses Verhältnis umgekehrt. Zwar geht es vielen auch heute noch darum, aus politischer Überzeugung eine Aufgabe zu übernehmen (und dabei die eigene Geltung hervorzukehren). Aber vielen geht es heutzutage auch um eine gut entlohnte Karriere; heute gewährt das Abgeordnetenmandat oftmals einen höheren Lebensstandard als der vorher ausgeübte Beruf. Während Konrad Adenauer oder Ludwig Erhard, Kurt Schumacher oder Ernst Reuter – von ihrer politischen Aufgabe besessen und beherrscht – zwangsläufig »von der Politik leben« mußten, sehen heutzutage manche politisch interessierte Leute den Beruf und die Laufbahn eines Politikers als erstrebenswert an, weil mehr als auskömmlich. Ich will diese Entwicklung nicht kritisieren, sie ist auch keineswegs eine deutsche Besonderheit; dennoch seien hier einige persönliche Bemerkungen erlaubt.

Als ich 1982 aus dem Amt schied, hatte ich die Hypothek auf unser Reihenhaus, ein serienmäßig gebautes Haus der »Neuen Heimat«, Anfang der sechziger Jahre mit dem Maschinengewehr hingeschossen, immer noch nicht zurückgezahlt. Es war eine geringe Resthypothek, aber doch war ich all die Jahre nicht in der Lage gewesen, sie auszulösen. Der Bundeskanzler wird angesichts der vielen unausweichlichen Ausgaben, die er jeden Tag zu bestreiten hat, nicht sehr hoch bezahlt. Heute verdient ein einfacher Abgeordneter gutes Geld, manch einer steht besser da als zuvor. Er war bisher vielleicht Betriebsratsvorsitzender oder Major der Bundeswehr, jetzt ist er plötzlich Bundestagsabgeordneter, hat einen Freifahrschein auf der Bahn und eine nicht steuerpflichtige Aufwandsentschädigung, die so hoch ist wie seine Diäten.

Das war vor fünfzig Jahren anders. Der Lebensstandard der Familie Schmidt wurde 1953 durch meinen Eintritt in den Bundestag deutlich gesenkt. Meine Frau fing an, Haushaltsbuch zu führen: ein Pfund Zucker soundsoviel, ein halbes Pfund Kaffee soundsoviel (die Bücher sind noch vorhanden). Ich fuhr mit dem Auto von Hamburg nach Bonn und zurück wegen des Kilometergeldes, das der Bundestag zahlte; auch von Bonn nach Brüssel und zurück fuhr ich wegen des Kilometergeldes, mit dem ich den Kredit zurückzahlen konnte, den ich zum Kauf eines Gebrauchtwagens aufgenommen hatte. Heute ist das Mandat im Bundestag für viele ein sozialer und finanzieller Aufstieg – und für viele ist das ein Anreiz. Schon deshalb darf nach meinem Gefühl die Ver-

gütung der Parlamentarier nicht angehoben werden, jedenfalls
nicht, solange der Bundestag aus sechshundert Abgeordneten besteht. Solange man deren Bezüge nicht anhebt, darf man auch die
der Minister nicht anheben, denn dann würden einige Abgeordnete aus finanziellen Gründen Minister werden wollen.

Der Soziologe Max Weber war der erste, der in Deutschland
sorgfältig über »Politik als Beruf« nachgedacht hat. Sein Vortrag
aus dem Jahre 1919 ist immer noch lesenswert. Wenngleich es damals noch kaum Berufspolitiker gegeben hat, bleiben Webers
Analysen weitgehend zutreffend; einige der Anforderungen, die
er an den Berufspolitiker richtet, sind ebenso grundlegend wie
aktuell. Dazu gehört Webers Charakterisierung des Berufspolitikers durch drei Qualitäten: Leidenschaft, Verantwortungsgefühl
und Augenmaß; dazu gehört insbesondere seine Unterscheidung
allen ethisch orientierten Handelns in zwei grundverschiedene,
gegensätzliche Maximen: »gesinnungsethisch« und »verantwor-
tungsethisch«.

Vom Berufspolitiker muß vor allem verlangt werden, daß er
die Folgen seiner Entscheidungen und Handlungen verantworten kann. Er muß nicht nur die von ihm beabsichtigten Folgewirkungen verantworten, sondern auch die unbeabsichtigten
Folgen und die Nebenwirkungen. Das Bewußtsein seiner Verantwortung zwingt ihn in jedem konkreten Fall zu einer vernunftge-
leiteten Analyse und zur Abwägung sämtlicher Faktoren, der erstrebten Vorteile ebenso wie der in Kauf genommenen Nachteile.
Mit dem Wort »Augenmaß« umschrieb Weber die Fähigkeit, »die
Realitäten mit innerer Sammlung und Ruhe auf sich wirken zu
lassen«, also die tatsächlich gebotene Anstrengung der eigenen
Vernunft und der eigenen Urteilskraft. Die Vernunft kann sich
irren. Gleichwohl bleibt das eigene Gewissen die oberste Instanz,
vor der ein Politiker sich zu verantworten hat. Eine Verletzung
des eigenen Gewissens untergräbt Moral und Anstand – und
außerdem das Vertrauen anderer in die Integrität der eigenen
Person.

In der Regel steht dem Politiker genug Zeit zur Verfügung, alternative Möglichkeiten zu prüfen und Rat von vielen Seiten einzuholen, bevor er sich entscheidet. In der Regel sind nicht allein mehrere Alternativen und deren vorhersehbare Folgen abzuwägen, sondern auch vielerlei Varianten im Detail. Und nicht nur die Grundlinien, auch viele Einzelheiten sind umstritten und umkämpft, nicht nur zwischen den Mitgliedern der Regierung, sondern vor allem im Parlament und in der öffentlichen und veröffentlichten Meinung. Meinem Eindruck nach haben viele Deutsche noch nicht wirklich verstanden, daß die kontroverse Debatte zum Wesenskern der Demokratie gehört. Manche Journalisten kommentieren und bewerten eine Meinungsverschiedenheit zwischen Politikern derselben Partei oder derselben Regierungskoalition genüßlich als verächtliches Signal der Schwäche. In Wahrheit ist viel wichtiger, ob am Ende eine zweckmäßige Entscheidung zustande kommt.

Je mehr ein Politiker sich »gesinnungsethisch« von einer vorab fixierten Theorie oder Ideologie leiten läßt, je mehr er bei einer Entscheidung dem Machtinteresse seiner Partei folgt, je weniger er im Einzelfall alle erkennbaren Faktoren abwägt, desto größer ist die Gefahr von Irrtümern, von Fehlern und Fehlschlägen. In jedem Fall trifft ihn die Verantwortung für die Folgen – und oft genug kann die Verantwortung durchaus bedrückend sein. Eine gute Absicht oder eine lautere Gesinnung allein kann ihn von seiner Verantwortung nicht entlasten. Also muß der Politiker seine Vernunft anstrengen, um sein Handeln und dessen Folgen vor seinem Gewissen verantworten zu können. Deshalb empfinde ich Max Webers Plädoyer für die Verantwortungsethik im Gegensatz zur Gesinnungsethik noch immer als gültig.

Andererseits wissen wir, daß viele aufgrund ihrer Gesinnung in die Politik gehen, nicht aus Vernunftgründen. Wir müssen ebenso einräumen, daß manche innenpolitische und ebenso manche außenpolitische Entscheidung der Gesinnung entspringt und nicht der rationalen Abwägung. Und wir dürfen uns nicht darüber täuschen, daß ein großer Teil der wählenden Bürger und Bürgerinnen ihre Wahlentscheidung vornehmlich aus Gesinnung trifft oder aus einer vorübergehenden Gefühlsregung. Um so stärker betone ich seit Jahrzehnten in Wort und Schrift die grundlegende Bedeutung der beiden wichtigsten Elemente politischer Entscheidung: Vernunft und Gewissen.

So einfach, wie dieses Fazit sich anhört, so einfach ist es in der demokratischen Wirklichkeit nicht. Denn es ist in einer demokratisch verfaßten Staatsordnung die Ausnahme, daß ein einzelner allein eine politische Entscheidung trifft. In den meisten Fällen entscheidet eine Mehrheit von Personen. Dies gilt ohne Ausnahme für jegliche Gesetzgebung. Damit im Parlament eine Gesetzgebungsmehrheit zustande kommt, müssen mehrere hundert Personen sich auf einen gemeinsamen Text einigen. Auch eine relativ unwichtige Materie kann infolgedessen höchst kompliziert werden; in solchen Fällen verläßt man sich gern auf anerkannte Experten oder auf die Führungspersonen der eigenen Fraktion. Es gibt aber viele Fälle, zumal bei wichtigen Entscheidungen, wo dieser oder jener Abgeordnete in einem oder in mehreren Punkten eine andere, wohlbegründete Meinung hat; um ihm die Zustimmung zu ermöglichen, muß man ihm entgegenkommen. Mit einem anderen Wort: Jede demokratische Entscheidung setzt den Willen und die Fähigkeit zum Kompromiß voraus.

Das gilt für eine parlamentarische Demokratie in höherem Maße als für eine Präsidialdemokratie. In den USA oder auch in Frankreich hat der Präsident häufiger als bei uns der Bundeskanzler weitreichende Entscheidungen als einzelner zu treffen. Trotz seiner im Grundgesetz festgeschriebenen Richtlinienbefugnis ist der Kanzler von Mehrheiten abhängig, die sich in der Regel einem Kompromiß innerhalb seiner Regierungskoalition verdanken. Ohne Kompromisse kann der Konsens einer Mehrheit nicht erreicht werden. Das Prinzip des Kompromisses gehört zum Wesenskern der parlamentarischen Demokratie. Wer zum

Kompromiß prinzipiell nicht fähig oder nicht bereit ist, ist als Demokrat nicht zu gebrauchen.

Jeder Kompromiß unterliegt dem Gesetz des *do ut des;* deshalb muß ein Demokrat oft einen Verlust an Stringenz und Konsequenz seines politischen Handelns in Kauf nehmen. Allerdings lernt er dies häufig erst im Parlament, während er vor seiner Wahl vielleicht noch an seine eigene Kompromißlosigkeit geglaubt und sie sogar als Tugend mißverstanden hat. Leider sprechen manche Außenstehende bisweilen von einem »Kuhhandel« oder auch von einem »faulen« Kompromiß. Besonders häufig verführen die Massenmedien ihre Leser und Hörer zu solch oberflächlichem Urteil, indem sie sich zum Beispiel über angeblich unmoralische Fraktionsdisziplin entrüsten. Aber auch der seriöse Journalismus und die öffentliche Meinung insgesamt sind nicht frei von dieser Attitüde. Das gilt besonders für manche Wirtschaftswissenschaftler, die einer Regierung nach der anderen vom Katheder herunter ideale Ratschläge erteilen, die aber in der demokratischen Wirklichkeit nicht realisierbar sind, weil hier ein Handeln ohne Berücksichtigung anderer Meinungen und Interessen gar nicht möglich ist.

Gleichwohl gibt es in der Tat üble Kompromisse, zum Beispiel zu Lasten Dritter oder zu Lasten der Zukunft. Auch gibt es unzureichende Kompromisse, die das vorliegende Problem nicht lösen, sondern nur den Anschein einer Lösung hervorrufen. So steht also der notwendigen Tugend des Kompromisses die Versuchung zum durchaus verächtlichen Opportunismus gegenüber, besonders zum opportunistischen Kompromiß mit der öffentlichen Meinung oder mit Teilen der öffentlichen Meinung. Deswegen bleibt gerade auch ein kompromißwilliger Politiker auf sein eigenes Gewissen angewiesen. Er darf nicht zustimmen, wenn sein Gewissen widerspricht. In solchem Fall bleibt ihm nur der offene Dissens, manchmal nur der Rücktritt oder der Verlust seines Mandats – beides habe ich im Laufe von vier Jahrzehnten bei Kollegen der CDU/CSU wie der SPD oder der FDP mehrfach erlebt.

Am spektakulärsten war der Rücktritt des Bundesministers Gustav Heinemann, der im Protest gegen Adenauers Wiederbewaffnung 1950 sein Amt als Innenminister aufgab und zwei Jahre später aus der CDU austrat. Nach dem Scheitern der von ihm mitbegründeten Gesamtdeutschen Volkspartei (GVP) trat er 1957 in die SPD ein (und wurde nach einem weiteren Jahrzehnt ein geachteter Bundespräsident). Einige spätere Fälle von Parteiwechseln waren in ähnlicher Weise gewissensbedingt. Es gab aber auch Parteiwechsel aus dem opportunistischen Motiv, das eigene Mandat zu behalten und die eigene Wiederwahl zu ermöglichen. Tritt ein Minister aufgrund seiner Überzeugung oder aus Gewissensgründen zurück, wird dies mit Rücksicht auf das Ansehen der Regierung oder der Partei nach außen fast immer anders begründet; ein Mandatsverzicht wird meistens bis zur nächsten Wahl verschoben. In den Fällen, die mir näher bekannt wurden, wirkten oft mehrere Faktoren zusammen, darunter oft auch private Motive, und es handelte sich um schmerzhafte Entscheidungen. Im Gegensatz zu der in den Medien vorherrschenden Meinung, es gehe den Politikern entscheidend um ihre persönliche Macht, ist es oft weniger der »Machtverlust«, der schmerzt, sondern eher der Verlust einer Aufgabe und der Verlust öffentlicher Anerkennung.

Der Frieden verlangt den Kompromiß

Auch in der auswärtigen Politik sind Kompromisse immer wieder notwendig, um den Frieden zwischen den Staaten zu wahren. Kein nationaler *sacro egoismo* kann auf Dauer friedlich funktionieren. Allerdings hat das Ideal des Friedens – von den Tagen Alexanders des Großen oder Caesars bis hin zu Hitler und Stalin – in der Praxis der auswärtigen Politik nur selten eine entscheidende Rolle gespielt. Ebensowenig fand es Eingang in die Staatsethik, in die politische Philosophie oder in die Politikwissenschaft. Im Gegenteil, jahrtausendelang, nicht erst seit Machiavelli und Clausewitz, galt der Krieg als selbstverständliches Element der Politik.

In den westlichen Kulturen neigen die Menschen dazu, ihre Ideale von Gesellschaft, Politik und Staat in Schlagworten zusammenzufassen. Besonders einprägsam sind Kombinationen aus drei Begriffen. Thomas Jeffersons »Life, liberty and the pursuit of happiness« (in der amerikanischen Unabhängigkeitserklärung 1776) ist mir immer extrem individualistisch vorgekommen. »Liberté, egalité, fraternité« war mir zwar sympathischer, klang in meinen Ohren aber nach erstrebter Gleichmacherei. Die drei Grundwerte der deutschen Sozialdemokratie (im Godesberger Grundsatzprogramm 1959, an dessen Erarbeitung ich als Berichterstatter beteiligt gewesen bin): »Freiheit, Gerechtigkeit, Solidarität« habe ich aus Überzeugung mitgetragen. Später, beim Nachdenken über diese Trilogien ist mir aufgefallen, daß sie zwar alle die Freiheit einschließen, nicht aber das Prinzip der Demokratie,

also auch nicht das Prinzip der Verantwortung des einzelnen –
und auch nicht das Prinzip des Friedens.

Der Frieden wurde erst im Zuge der europäischen Aufklärung zum erstrebenswerten politischen Ideal erhoben, so zum
Beispiel von Hugo de Groot oder Immanuel Kant. Aber noch
während des gesamten 19. Jahrhunderts ist Krieg für die europäischen Großstaaten eine selbstverständliche Fortsetzung der Politik mit anderen Mitteln geblieben; und so auch bis in das 20. Jahrhundert. Erst das entsetzliche Elend der beiden Weltkriege führte
dazu, daß das in breiten Volksschichten längst vorhandene Bewußtsein vom Krieg als einem vermeidbaren Kardinalübel der
Menschheit sich auch führenden Politikern mitgeteilt hat. Der
Versuch des Genfer Völkerbundes 1919 und die Begründung der
Vereinten Nationen 1945 bezeugen das; ebenso die auf Gleichgewicht zielenden Verträge zur Rüstungsbegrenzung zwischen den
USA und der Sowjetunion und nicht zuletzt die Begründung der
europäischen Integration seit den fünfziger Jahren.

Die Bonner Ostpolitik gegenüber Moskau, Warschau und
Prag in den siebziger und achtziger Jahren war ein denkwürdiges
Beispiel, denn sie unterstrich eine entscheidende Voraussetzung
jeder Friedenspolitik: Wer als Staatsmann dem Frieden dienen
will, der muß mit dem Staatsmann auf der Gegenseite reden –
das heißt: mit dem früheren oder dem möglicherweise künftigen
Feind! –, und er muß ihm zuhören. Reden, Zuhören und wenn
möglich einen Kompromiß schließen. In der Schlußerklärung
der Konferenz für Sicherheit und Zusammenarbeit (KSZE) 1975
in Helsinki wurde zum Beispiel ein gehöriger Kompromiß unter-
zeichnet: Die Sowjetunion erhielt die Unterschriften der westlichen Staatsmänner unter die Festschreibung der Staatsgrenzen
im Osten Europas, der Westen erhielt die Unterschriften der
kommunistischen Staatschefs unter die Menschenrechte (in Gestalt des nachmals berühmt gewordenen Korb III der KSZE). Ein
umgekehrtes, negatives Beispiel geben die seit Jahrzehnten wie-
derkehrenden Kriege und Gewalttaten zwischen dem Staat Israel

und seinen palästinensischen und arabischen Nachbarn: Wenn beide Seiten nicht miteinander reden, bleiben Kompromiß und Frieden eine bloße Illusion.

Seit 1945 verbietet das Völkerrecht in Gestalt der Satzung der Vereinten Nationen jede gewaltsame Einmischung von außen in die Angelegenheiten eines Staates. Allein der Sicherheitsrat darf eine Ausnahme von dieser Grundregel beschließen. Mir will es dringend nötig erscheinen, eine ganze Reihe einflußreicher Regierungschefs, ihre Außenminister und deren Vertreter im Sicherheitsrat an diese Grundregel zu erinnern. So war zum Beispiel die militärische Intervention im Irak 2003, noch dazu lügenhaft begründet, eindeutig ein Verstoß gegen das Prinzip der Nichteinmischung, ein eklatanter Verstoß gegen die Satzung der UN. Politiker vieler Nationen sind an diesem Verstoß mitschuldig. Ebenso tragen Politiker vieler Nationen (darunter auch deutsche) Mitverantwortung für mehrere völkerrechtswidrige Interventionen »aus humanitären Gründen«.

Aus voller innerer Überzeugung haben wir 1990 gemeinsam mit den vier Siegermächten des Zweiten Weltkriegs den Zwei-plus-Vier-Vertrag ratifiziert, in dem die außenpolitischen Aspekte der deutschen Wiedervereinigung geregelt sind. Der Vertrag enthält unsere Verpflichtung, »daß das vereinte Deutschland keine seiner Waffen jemals einsetzen wird, es sei denn in Übereinstimmung mit seiner Verfassung und der Charta der Vereinten Nationen«. Ohne diesen Vertrag wäre die Vereinigung der beiden deutschen Nachkriegsstaaten nicht möglich geworden, er ist unsere völkerrechtliche Grundlage. Trotzdem hat die neue Bundesrepublik Deutschland sich 1999 unter amerikanischem Druck an der militärischen Einmischung auf der Balkan-Halbinsel beteiligt, obgleich kein Beschluß des Sicherheitsrates vorlag und die »humanitäre Intervention« folglich ein Verstoß gegen die Charta der Vereinten Nationen darstellte. Gewiß haben damals rationale Abwägungen eine Rolle gespielt, darunter auch das deutsche Interesse an der Vermeidung von Flüchtlingsströmen, die auf Mitteleuropa gerichtet gewesen wären. Aber der humanitäre Aspekt wurde in den Vordergrund gestellt: Es gelte, einen blutigen Bürgerkrieg im ehemaligen Jugoslawien zu verhindern. Der Außenminister Fischer hat unsere völkerrechtswidrige Beteiligung sogar mit dem Hinweis auf den millionenfachen deutschen Judenmord in Auschwitz zu rechtfertigen versucht. Nicht wenige der in den siebziger und achtziger Jahren als pazifistische »Friedenskämpfer« angetretenen Wortführer sind in den späten neunziger Jahren unversehens zu gewaltbereiten Interventionisten geworden und haben es sich gefallen lassen müssen, von einstigen Gesinnungsgenossen nunmehr »Bellizisten« genannt zu werden. Die Bomben auf Belgrad haben gezeigt, wie schnell aus einer sogenannten humanitären Intervention eine brachiale Verfolgung eigener machtpolitischer Interessen wird – das kommt dabei heraus, wenn man anfängt, sich einzumischen.

Seither hat Deutschland sich an mehreren militärischen Interventionen beteiligt; sie wurden teils humanitär, teils mit der Notwendigkeit der Abwehr von Terrorismus begründet. Aber ob in Bosnien oder im Kosovo, in Afghanistan oder an der Küste des Libanon: Die Häufung deutscher Interventionsbeteiligungen beunruhigt mich zutiefst. Ich halte die Verteidigung meines Landes gegen fremde Gewalt und ebenso die Verteidigung unserer Demokratie und unseres Rechtsstaates nicht nur für völkerrechtlich legitim, sondern für moralisch geboten. Zugleich aber liegt mir die Mahnung am Herzen: Laßt uns die sorgsame Pflege guter Nachbarschaft wichtiger sein als jede Beteiligung an fremden Konflikten in anderen Kontinenten.

Die Wahrung des Friedens hängt nicht von den Politikern allein ab. Religiöse Eiferer haben im Laufe der Menschheitsgeschichte nicht nur Tausende Menschen zum Tode verurteilt, hingerichtet und ermordet, sie haben auch zahllose Kriege angestiftet. Das gilt für die islamischen Kalifen ebenso wie für die christlichen Päpste. Das Bestreben, die eigene Religion auszubreiten, geht immer wieder Hand in Hand mit dem Willen, die eigene

Macht auszudehnen. Sowohl das Christentum als auch der Islam sind weniger durch Zeugnis, Überzeugung und Einsicht ausgebreitet worden als vielmehr durch das Schwert, durch Eroberung und Unterwerfung. Wenn in Kaschmir Hindus und Muslime einander bekämpfen oder im Mittleren Osten sunnitische und schiitische Muslime, dann geht es im Kern abermals um Macht und Herrschaft. Mit Hilfe der Religion lassen sich Menschenmassen noch immer leicht beeinflussen, und manche religiöse Lehrer, Priester und Oberhirten werden selbst zu Anstiftern von Krieg und Terrorismus.

Auch deshalb bleibt die Maxime des Friedens ein unentbehrlicher Teil der politischen Ethik. Das heißt nicht, daß der verantwortungsbewußte Politiker ein Pazifist sein soll. Pazifismus um den Preis der bedingungslosen Unterwerfung unter die Macht und den Willen eines Eroberers kann den Untergang des eigenen Volkes und des eigenen Staates bedeuten. Ein signifikantes Beispiel war das Münchener Abkommen im Herbst 1938. Die Tschechoslowakei hatte wegen des seit Mai 1938 drohenden deutschen Einmarschs ihre Streitkräfte mobil gemacht, und Frankreich und England hatten unterstützende Erklärungen abgegeben. Ende September stimmten Daladier und Chamberlain aber überraschend und ohne Rücksicht auf die Tschechoslowakei zu nehmen der Abtretung der sogenannten sudetendeutschen Landesteile an das Deutsche Reich zu. Durch das Abkommen ermutigt, das ihn in dem Glauben wiegte, Frankreich und England seien für einen Krieg gegen Deutschland nicht ausreichend gerüstet, marschierte Hitler ein halbes Jahr später in Prag ein und besetzte den tschechoslowakischen Staat. Objektiv und moralisch haben die Tschechen recht, wenn sie das Münchener Abkommen als von vornherein ungültig ansehen.

Die Charta der Vereinten Nationen verbietet einem Staat keineswegs, sich zu verteidigen, wenn er angegriffen wird. Wenn ein Staat durch Art und Umfang seiner Rüstung einen anderen Staat in seinem Frieden bedroht, so ist dieser Staat moralisch im Recht, wenn er entsprechende Gegenmaßnahmen ergreift: Jedoch wäre ein dem Aggressor zuvorkommender militärischer Gewaltakt (»präventiver Krieg«) moralisch höchst zweifelhaft. Deshalb war die Weigerung von Bundeskanzler Schröder, sich mit deutschen Streitkräften an der amerikanischen Invasion im Irak 2003 zu beteiligen, nach meinem Urteil nicht nur vollauf gerechtfertigt, sondern auch geboten.

Ganz anders dagegen war die Lage der alten Bundesrepublik zu Zeiten des Kalten Krieges, als die Sowjetunion nicht nur uns Deutsche, sondern auch andere Staaten im Westen Europas durch eine quantitativ hoch überlegene Rüstung bedrohte. Die USA, Frankreich und England kompensierten ihre zahlenmäßige Unterlegenheit durch atomare Rüstung. Das Nord-Atlantische Bündnis und die NATO drohten der Sowjetunion für den Fall eines Angriffs mit »nuklearer Vergeltung«. Ich habe sowohl die gemeinsame Verteidigungsbereitschaft der NATO als auch die deutsche Beteiligung für notwendig gehalten.

Die Strategie der nuklearen Vergeltung hingegen ist mir zunehmend als fragwürdig erschienen. Für mich war die prinzipielle Überzeugung maßgebend, daß jedweder Einsatz einer atomaren Waffe in Deutschland der Kontrolle der Bundesregierung vorbehalten bleiben mußte, weil ein atomarer Krieg zwangsläufig zur Auslöschung großer Teile des deutschen Volkes und zur Verwüstung weiter Landstriche führen würde. Leben und Wohl des eigenen Volkes zu sichern war der meiner Politik zugrunde liegende moralische Maßstab. Der gleiche Maßstab galt 1979 für den auf Gleichgewicht zielenden NATO-Doppelbeschluß, der 1987 dank Gorbatschow und Reagan zur beiderseitigen Beseitigung von Atomwaffen mit innereuropäischen Reichweiten geführt hat.

Einen Krieg zu führen, der das eigene Volk auslöschen kann, ist sinnloses Heldentum; nach den beiden Atombomben auf Hiroshima und Nagasaki war deshalb die Kapitulation Japans dringend geboten. Hitler dagegen war willens gewesen, die Vernichtung der eigenen Nation in Kauf zu nehmen – ein zutiefst unmoralisches Verhalten. Einen Krieg zu führen, der ein fremdes Volk ganz oder teilweise auslöschen oder verkrüppeln kann, ist moralisch genauso verwerflich. Deshalb war der Rückzug der USA aus dem Krieg in Indochina zwingend notwendig, auch wenn Nixon – reichlich spät – aus eigenem amerikanischen Interesse handelte.

Die vielfältigen Beispiele von grenzüberschreitendem Terrorismus – am schlimmsten bisher am 11. September 2001 in New York – stellen die heutigen Staaten vor neuartige Fragen der Abwägung: Welches Machtmittel darf ich einsetzen? Gegen wen? Wenn der Regierungschef eines Staates einem anderen Staat die Beseitigung androht, wie im Oktober 2005 Präsident Mahmud Ahmadinedschad dem Staat Israel, dann können solche Fragen von existentieller Bedeutung werden. Sorgfältigste Abwägung der zur Abhilfe nötigen Mittel ist geboten. Das den Frieden wahrende Prinzip der Nichteinmischung kann in Konflikt mit Vernunft und Moral geraten.

Wenn die Gefahr eines militärischen Konflikts gegeben ist, darf sich ein Staatslenker nicht einer allgemeinen Hysterie ausliefern. Weder darf er selbst eine Psychose erzeugen, noch darf er sich in seiner Entscheidung durch Massenmedien oder Demagogen im eigenen Land beeinflussen lassen. Er ist angewiesen auf die Anstrengung seiner Vernunft, auf sein eigenes Urteil und auf seine moralischen Grundwerte. So haben sich Kennedy und Chruschtschow im Jahr 1962 bei der Entschärfung der äußerst bedrohlichen Kuba-Raketenkrise verhalten; so später erneut beide Supermächte bei ihren einvernehmlichen SALT-, Start- und ABM-Verträgen. Nicht so Bush jun., als er im Dezember 2001 den seit 1972 geltenden ABM-Vertrag mit der Sowjetunion kündigte, so erneut, als er 2002 den Anspruch auf präventive Kriegführung zur offiziellen strategischen Doktrin erhob – und schließlich, als er den Irak angriff. Wenn dem Fehlurteil dann auch ein großer Fehlschlag folgt, kann die Mehrheit eines Volkes sich vom Krieg abwenden, dadurch die Niederlage und außerdem den Sturz der Regierung auslösen.

Seit 1949 ist kein Bundeskanzler solchen Gefahren ausgesetzt gewesen, dank der Einbettung unserer auswärtigen Politik in die europäische Integration und in die NATO. Wenn Deutschland bis Afghanistan ein halbes Jahrhundert lang an keinem Krieg beteiligt gewesen ist, so ist das zum Teil auch ein Verdienst der Bundesregierungen. Hysterien und Psychosen hat es zwar gegeben – ich erinnere an agitatorische Parolen wie »Soldaten sind Mörder« oder »Lieber rot als tot« –, aber keine dieser Parolen hat sich gegen einen anderen Staat gerichtet.

Unseren äußeren Frieden zu bewahren erscheint mir als das maßgebende Prinzip für alle Außenpolitik. Dieser Maßstab zwingt uns gewiß zu mancherlei Kompromissen. Ebenso sicher zwingt er uns nicht zur Unterwerfung unter fremde Gewalt. Wohl aber gelten für auswärtige Streitigkeiten die gleichen moralischen Maßstäbe wie für Streitigkeiten im Innern des Vaterlandes: Alle Konfliktlösungen bedürfen der voraufgehenden Entscheidung im eigenen Gewissen. Es darf keine moralische Eigengesetzlichkeit der auswärtigen Politik geben, die sich auf »realpolitische Notwendigkeit« beruft. Der Patriotismus, für den ich eintrete, hat deshalb nichts zu tun mit jenem Nationalismus im Sinne von »Deutschland, Deutschland über alles« oder »Right or wrong – my Country«. Das Gebot im Artikel 1 unseres Grundgesetzes, die »Würde des Menschen« nicht anzutasten, ist nicht auf deutsche Menschen beschränkt, das Grundgesetz meint vielmehr jeden einzelnen Menschen. Es schließt einen Gegner ebenso ein wie einen eventuellen Feind.

Das Gewissen als höchste Instanz

Demokratische Politiker führen nicht allein durch ihr Handeln, sondern auch durch öffentliche Reden; so war es schon zu Zeiten von Perikles oder Cicero, so ist es noch heute. Geniale, mitreißende Reden haben im Laufe der Jahrhunderte immer wieder zahlreiche Menschen bewegt und dadurch Politik gemacht. Als Kennedy 1961 in seiner idealistischen Inaugurationsansprache seine Landsleute aufrief, nicht zu fragen, was sie von ihrem Vaterland erwarten, sondern umgekehrt zu fragen, was sie für ihr Vaterland tun können – »Don't ask what your country can do for you … ask what you can do for your country!« –, war ich hingerissen. Später erst habe ich begriffen, daß derselbe Kennedy – zum Teil abermals aus Idealismus – Amerika in den Vietnam-Krieg verwickelte, was sich als ein folgenschwerer Fehler erwies.

Der politische Wettbewerb verleitet die Beteiligten oft zu Übertreibungen. Deswegen habe ich mich in öffentlicher Rede mit der Verkündung moralischer Prinzipien generell zurückgehalten. Die Bürger, so glaubte ich, würden auch ohne meine rhetorische Nachhilfe erkennen, daß ich nach den Kriterien der Vernunft und der Moral regierte. Darin habe ich mich gründlich geirrt, denn manch einer hat das leider nicht erkennen können oder nicht erkennen wollen – so auch der damalige Oppositionsführer Helmut Kohl. Über die Frage der geistigen und moralischen Führung der Nation entbrannte damals eine sich über Jahre hinziehende Kontroverse. Die CDU/CSU verlangte von der sozialliberalen Koalition »geistige und moralische Führung«, und

Kohl fragte nach »der großen Vision«. Ich verwahrte mich wiederholt gegen den Anspruch, die Regierung habe eine für Volk und Gesellschaft sinnstiftende Instanz zu sein: »Regierung und Parlament haben vielmehr die Aufgabe, Freiheit zu sichern, Gerechtigkeit zu sichern, sich um Solidarität zu bemühen und (auch) darum, Freiheit, Gerechtigkeit und Solidarität erfahrbar zu machen.« In einer Gesellschaft mit vielfältigen religiösen und philosophischen Grundüberzeugungen sei geistige und moralische Führung Aufgabe von vielen, nicht aber der Regierung; das geistige Leben des Landes beruhe auf »Vielfalt und Toleranz«.

Diese Debatten liegen heute über ein Vierteljahrhundert zurück. Auch wenn in der Hitze des parlamentarischen Gefechts manches vielleicht ein wenig einseitig formuliert wurde, möchte ich doch bei meiner Haltung bleiben. Ich erinnere mich, Richard von Weizsäcker zugestimmt zu haben, der damals hervorhob, es sei nicht Aufgabe des Bundeskanzlers, für den Bürger den Sinn des Lebens zu stiften. Die geistige und moralische Grundlage unserer Gesellschaft liegt allein in den unveränderlichen Grundrechten des Grundgesetzes, insbesondere im Prinzip der Unantastbarkeit der Würde des Menschen, die im Artikel 1 verankert ist. Die Regierung darf Orientierung nur hier, nicht aber an anderen Orten und in anderen Gefilden suchen. Ohne Ironie füge ich hinzu: Als Kohl im Oktober 1982 als Kanzler die »geistig-moralische Wende« verkündete, wendete sich allein der liberale Koalitionspartner, indem er aus Parteiinteresse die Koalition wechselte. Soviel ich erkennen konnte, hat später auch die christlich-liberale Regierung unter Helmut Kohl weder geistige noch moralische Führung ausgeübt.

Natürlich geht von den politischen Parteien und von der politischen Klasse insgesamt Führung aus, und deshalb kann eine Regierung auch Anstöße geben. Ein gutes Beispiel ist Willy Brandts Verständigungspolitik mit dem kommunistisch beherrschten Osten Europas. Sie schien in seinem Kniefall im ehemaligen Warschauer Ghetto zu gipfeln; was darin tatsächlich zum Ausdruck kam, war das Bekenntnis zur deutschen Schuld an der Vernichtung der Juden. Ein weiteres herausragendes Beispiel gab Richard von Weizsäcker als Bundespräsident mit seiner Rede vor dem Bundestag am 8. Mai 1985; sie verhalf vielen Deutschen endlich zu der Erkenntnis, daß der 8. Mai 1945 weniger eine Niederlage als vielmehr eine Befreiung der Deutschen gewesen ist. Beide Male gründete politisches Handeln im Bewußtsein von der Würde des Menschen. Brandt wie Weizsäcker haben in Übereinstimmung mit dem Grundgesetz gehandelt, sie haben sich nicht auf christliche oder andere Werte berufen müssen, um aus der deutschen Geschichte Konsequenzen zu ziehen. Daß es beide Male nicht nur Zustimmung, sondern auch heftige Ablehnung gab, gehört zu den Selbstverständlichkeiten einer offenen Gesellschaft, in der wir es mit einer Vielfalt von Wertvorstellungen zu tun haben.

Der Politiker steht nicht einfach vor der abstrakten Notwendigkeit, seine Pflicht zu erfüllen. Er ist im Alltag immer wieder mit konkreten Streitfragen konfrontiert, mit widerstreitenden Interessen und komplexen, schwer zu durchschauenden Problemen. Das reicht von einer simplen Veränderung eines Steuersatzes bis zu der schwerwiegenden Entscheidung über Beteiligung oder Nichtbeteiligung an einem Krieg gegen einen Diktator in Asien oder Afrika. Immer aufs neue geht es um die Antwort auf die gleichen Fragen: Was ist hier notwendig? Was ist gerecht? Was dient meinem Land? Was ist zweckmäßig? Was ist in dieser konkreten Lage meine Pflicht?

Natürlich hat ein Regierender sich vor dem Parlament zu verantworten, ein Abgeordneter muß seinen Wählern (und auch seiner innerparteilichen »Basis«) Rede und Antwort stehen, alle Politiker müssen sich vor der öffentlichen Meinung rechtfertigen. In einer Demokratie ist das wählende Volk die letzte Instanz. Aber die Wähler treffen mit ihrer Wahl meist nur eine allgemeine Richtungsentscheidung, manchmal auch eine direkte Personalentscheidung. Und oft treffen Wähler ihre Entscheidung nicht aufgrund sorgfältiger Abwägung, sondern nach Eingebung, Stimmung und Gefühl. Der Wähler ist niemandem Rechenschaft schuldig. Der gewählte Politiker hingegen muß sich verantworten: bei der nächsten Wahl vor den Wählern (falls er sich zur Wiederwahl stellt), in der Zwischenzeit vor dem Parlament. Aber auch wenn ihm eine Mehrheit des Parlaments, eine Mehrheit der öffentlichen Meinung oder in Ausnahmefällen auch das Verfassungsgericht recht geben: Jeder Politiker muß mit dem, was er tut und was er sagt, vor seinem Gewissen bestehen können. Für mich bleibt das eigene Gewissen die oberste Instanz.

Was die Moral von uns verlangt, läßt das Grundgesetz offen. Es spricht zwar in Artikel 2 vom »Sittengesetz«, gegen das keiner verstoßen darf; aber dessen Inhalt wird nicht einmal angedeutet. Weil gemeinsame moralische Grundlagen ein unverzichtbares Element jeder Gesellschaft sind, haben Menschen vieler Kulturen sich mit diesem Thema befaßt. Moral und Tugenden sind dem Menschen nicht angeboren, vielmehr lernt er beides durch Erziehung – durch Beispiel, Lob und Tadel. Das »Sittengesetz« scheint demnach nichts anderes zu sein als das im Laufe von Jahrtausenden erzielte Ergebnis dieser Erziehung zur Kultur.

In Deutschland ist bisweilen von Grundwerten oder von der Wertegemeinschaft die Rede. Meist bleibt unscharf und manchmal sogar umstritten, welche Inhalte damit gemeint sind. Dennoch spielt der Begriff »Grundwerte« seit dem Godesberger Grundsatzprogramm der SPD von 1959 eine erhebliche Rolle im politischen Prozeß. In Godesberg wurden allein »Freiheit, Gerechtigkeit und Solidarität« als *die* Grundwerte bezeichnet; dabei ist Freiheit vornehmlich ein Grund*recht*, Gerechtigkeit und Solidarität dagegen sind keine Rechte, sondern vornehmlich Tugenden. Allerdings haben wir in Godesberg weder einen vollständigen Katalog der Grundwerte oder der Tugenden postuliert, noch konnten und wollten wir »letzte Wahrheiten« verkünden. Wohl aber haben wir ein bedeutendes und weithin sichtbares Zeichen gesetzt.

Heute kommt es entscheidend auf die Tugenden an. Denn die Rechte des einzelnen erscheinen als hinreichend gesichert, die gemeinsame öffentliche Moral hingegen erscheint als gefährdet. Einige Verbände, einige Manager und Funktionäre, einige Politiker geben uns schlechte Beispiele. Es gibt zu wenige herausragende Vorbilder. Daher könnte das Bewußtsein verlorengehen, daß jedermann Verantwortung trägt und daß jedermann moralische Pflichten hat. Es ist deshalb notwendig, zu den Tugenden zu erziehen und an die Pflichten zu erinnern. Diese Notwendigkeit gilt gegenüber jedem politisch engagierten Staatsbürger, sie gilt besonders für den Politiker. Jeder, der Verantwortung für andere hat oder anstrebt, ist nicht nur für seine Ziele und Absichten verantwortlich, sondern ebenso für die Folgen seines Handelns und seines Unterlassens. Je mehr ein Mensch Macht hat über andere, je mehr Einfluß er auf andere und deren Leben ausübt – als Vater oder Mutter, als Vorgesetzter, als Lehrer oder Journalist, als Unternehmer, Manager oder Politiker –, desto schwerer lastet auf ihm die Verantwortung für das Gemeinwohl, um so schwerer wiegen seine Pflichten.

Beide deutsche Diktaturen, sowohl die Nationalsozialisten als auch die Kommunisten, haben unser Pflichtbewußtsein gröblich mißbraucht. Deshalb glauben einige der nachgeborenen Deutschen, es käme vor allem auf ihre Rechte an. Pflichten wollen sie nur insoweit befolgen, als sie auf staatlicher Macht beruhen und mit der Macht der Gesetze durchgesetzt werden. Tatsächlich sind unsere Rechte auf Dauer jedoch nicht gesichert, wenn nicht unser Pflichtbewußtsein hinzutritt. Keine Gesellschaft freier Bürger kann auf Dauer ohne die Tugenden der Bürger bestehen. Die Nation braucht nicht nur die Grundrechte, sondern ebenso die Tugenden. Beide zusammen bilden die Grundwerte, auf denen unsere demokratische Gesellschaft beruht.

Nur selten wird ein Politiker in seinen politischen oder philosophischen Überzeugungen oder in seiner Religion Entscheidungshilfen finden. Immer wieder wird er auf seine Vernunft angewiesen sein. Je schwieriger eine Frage, desto wichtiger die Anstrengung der Vernunft. Am Ende aber kommt es auf das persönliche Gewissen an. Das Gewissen wird den Politiker an die Grundwerte erinnern, die er nicht verletzen darf. Politik ohne Grundwerte bleibt gewissenlos – sie kann zum Verbrechen tendieren. Wer dazu beiträgt, die Tugenden im öffentlichen Bewußtsein zu halten und dort fest zu verankern, der leistet dem allgemeinen Wohl, der *salus publica*, einen notwendigen Dienst.

Ich will hier nicht in Konkurrenz treten mit meinen philosophischen und politischen Lehrmeistern, nicht mit Karl Popper oder Max Weber, weder mit Immanuel Kant noch mit Marc Aurel, noch mit Konfuzius. Auch gegen Ende meines Lebens eigne ich mich nicht dazu, einen Katalog der im demokratisch verfaßten Staat obligaten Tugenden aufzuschreiben. Die beiden ehrwürdigen Tugendkataloge der christlichen Überlieferung verzeichnen weder den Willen zur Freiheit noch den Willen zum Frieden, nicht einmal den Willen zur Wahrhaftigkeit. Ich halte es für einen gefährlichen Irrtum, die Gesinnungen der Freiheit, des Friedens und auch der Wahrhaftigkeit, die weder zu den theologischen noch zu den Kardinaltugenden gehören, deshalb abzuwerten. Ein Gleiches gilt für die Mißachtung der sogenannten Sekundärtugenden.

Worauf es mir ankommt, sind Tugenden, die ich die »bürgerlichen« Tugenden nenne: die Tugend des Verantwortungsbewußtseins, die Tugend der Vernunft und die Tugend der inneren Gelassenheit. Wenngleich ich in meinem Leben innerlich nicht gebetet habe, so haben mich doch zwei Gebete tief angerührt, nämlich das Vaterunser und sehr viel später das »Serenity Prayer« des Amerikaners Reinhold Niebuhr: »Gib mir die Gelassenheit, die Dinge zu ertragen, die ich nicht ändern kann; gib mir den Mut, die Dinge zu ändern, die ich ändern kann; gib mir die Weisheit, beides voneinander zu unterscheiden.«

Von unseren Politikern möchte ich verlangen, daß sie in schwieriger Lage sich an die alte römische Weisheit erinnern: *Sa-*

lus publica suprema lex. Im Zweifelsfall soll ihnen das Gemeinwohl höher stehen als ihre Karriere, der Erfolg des Ganzen höher
als ihr eigener oder der Erfolg ihrer Partei.

Wir dürfen von unserer Demokratie keine Wunder erwarten
oder gar verlangen. Sie bleibt mit Schwächen und Unvollkom-
menheit behaftet, und es wird immer auch Streit geben. Gleichwohl haben wir Deutschen angesichts unserer katastrophenreichen jüngeren Geschichte allen Grund, mit Zähigkeit an unserer
Demokratie und an unserem sozialen Rechtsstaat festzuhalten,
sie immer wieder zu erneuern, ihren Feinden aber immer wieder
tapfer entgegenzutreten. Nur wenn wir darin einig sind, nur dann
behält der schöne Vers von »Einigkeit und Recht und Freiheit«
seine Berechtigung.

Buchveröffentlichungen 1961 – 2008
(in Auswahl)

Verteidigung oder Vergeltung. Ein deutscher Beitrag zum strategischen Problem der NATO, Stuttgart: Seewald 1961

Beiträge, Stuttgart: Seewald 1967

Strategie des Gleichgewichts. Deutsche Friedenspolitik und die Weltmächte, Stuttgart: Seewald 1969

Als Christ in der politischen Entscheidung, Gütersloh: Mohn 1976

Der Kurs heißt Frieden, Düsseldorf: Econ 1979

Pflicht zur Menschlichkeit. Beiträge zu Politik, Wirtschaft und Kultur, Düsseldorf: Econ 1981

Freiheit verantworten, Düsseldorf: Econ 1983

Die Weltwirtschaft ist unser Schicksal. Wie eine weltweite Depression vermieden werden kann. Ein Weg aus der Krise, Frankfurt am Main: Robinson 1983

A Grand Strategy for the West. The Anachronism of National Strategies in an Interdependent World, New Haven: Yale University Press 1985; deutsche Ausgabe: Eine Strategie für den Westen, Berlin: Siedler 1986

Vom deutschen Stolz. Bekenntnisse zur Erfahrung von Kunst, Berlin: Siedler 1986

Menschen und Mächte, Berlin: Siedler 1987

Die Deutschen und ihre Nachbarn, Berlin: Siedler 1990

Mit Augenmaß und Weitblick. Reden und Aufsätze, Berlin (Ost): Verlag der Nation 1990

Einfügen in die Gemeinschaft der Völker, Frankfurt am Main: Luchterhand 1990

Kindheit und Jugend unter Hitler. Mit Beiträgen von Willi und Willfriede Berkhan, Ruth Loah, Ursula Philipp, Hannelore Schmidt und Dietrich Strothmann, Berlin: Siedler 1992

Handeln für Deutschland. Wege aus der Krise, Berlin: Rowohlt 1993

Das Jahr der Entscheidung, Berlin: Rowohlt 1994

Weggefährten. Erinnerungen und Reflexionen, Berlin: Siedler 1996

Globalisierung. Politische, ökonomische und kulturelle Herausforderungen, Düsseldorfer Vorlesungen, Stuttgart: Deutsche Verlags-Anstalt 1998

Auf der Suche nach einer öffentlichen Moral. Deutschland vor dem neuen Jahrhundert, Stuttgart: Deutsche Verlags-Anstalt 1998

Jahrhundertwende. Gespräche mit Lee Kuan Yew, Jimmy Carter, Shimon Peres, Valéry Giscard d'Estaing, Ralf Dahrendorf, Michail Gorbatschow, Rainer Barzel, Henry Kissinger, Helmut Kohl und Henning Voscherau. Hrsg. von Dorothea Hauser, Berlin: Siedler 1998

Die Selbstbehauptung Europas. Perspektiven für das 21. Jahrhundert, Stuttgart: Deutsche Verlags-Anstalt 2000

Hand aufs Herz. Helmut Schmidt im Gespräch mit Sandra Maischberger, München: Econ 2002

Die Mächte der Zukunft. Gewinner und Verlierer in der Welt von morgen, München: Siedler 2004

Auf dem Weg zur deutschen Einheit. Bilanz und Ausblick, Reinbek: Rowohlt 2005

Nachbar China. Helmut Schmidt im Gespräch mit Frank Sieren, Berlin: Econ 2006

Die Verantwortung des Politikers, zus. mit Peter Janich und Carl Friedrich Gethmann, Paderborn: Fink 2008

Namenregister